新时代新理念职业教育教材·高速铁路系列
行业紧缺人才、关键岗位从业人员培训教材
高速铁路客运服务专业系列教材

高速铁路动车组餐饮服务

主　编 ◎ 隋东旭
副主编 ◎ 刘颖异

北京交通大学出版社
·北京·

内 容 简 介

本书以高速铁路动车组餐饮服务岗位所要求的知识与技能为依据，系统地介绍了高速铁路动车组餐饮服务与管理的相关知识。本书包括 7 个项目，分别为：餐饮基础知识，食品营养与动车组餐饮安全，动车组餐饮经营与管理概述，动车组餐饮基础服务，动车组餐饮作业，动车组餐饮服务人员职业素养，动车组餐饮服务新模式、新技术。

本书图文并茂，实用性强，适合作为应用型本科院校、高职高专院校高速铁路类相关专业的教材，也可作为铁路企业相关职工培训教材。

图书在版编目（CIP）数据

高速铁路动车组餐饮服务 / 隋东旭主编. —北京：北京交通大学出版社，2023.4
ISBN 978-7-5121-4924-3

Ⅰ. ① 高… Ⅱ. ① 隋… Ⅲ. ①高速动车–饮食业–商业服务 Ⅳ. ① U293.3

中国国家版本馆 CIP 数据核字（2023）第 054281 号

高速铁路动车组餐饮服务
GAOSU TIELU DONGCHEZU CANYIN FUWU

策划编辑：刘　辉　　责任编辑：赵彩云
出版发行：北京交通大学出版社　　电话：010-51686414　　http://www.bjtup.com.cn
地　　址：北京市海淀区高梁桥斜街 44 号　　邮编：100044
印 刷 者：北京时代华都印刷有限公司
经　　销：全国新华书店
开　　本：185 mm×260 mm　　印张：13.25　　字数：339 千字
版 印 次：2023 年 4 月第 1 版　　2023 年 4 月第 1 次印刷
印　　数：1～3 000 册　　定价：49.80 元

本书如有质量问题，请向北京交通大学出版社质监组反映。对您的意见和批评，我们表示欢迎和感谢。
投诉电话：010-51686043，51686008；传真：010-62225406；E-mail：press@bjtu.edu.cn。

前言

本书以高速铁路动车组餐饮服务岗位所要求的知识与技能为依据，系统地介绍了高速铁路动车组餐饮服务的相关知识和技能。本书包括7个项目，分别为：餐饮基础知识，食品营养与动车组餐饮安全，动车组餐饮经营与管理概述，动车组餐饮基础服务，动车组餐饮作业，动车组餐饮服务人员职业素养，动车组餐饮服务新模式、新技术。

本书在介绍餐饮文化、食品营养等餐饮基础知识的基础上，系统地阐述了动车组餐饮服务的相关概念、规范、作业标准，以及从业人员的职业素养与服务技巧，并对高速铁路动车组餐饮服务新技术、新模式进行了介绍。这种知识编排方式，有利于读者循序渐进地进行高速铁路动车组餐饮服务知识的学习。本书图文并茂，理实结合，精练实用。

本书由隋东旭担任主编，刘颖异担任副主编。

由于编者水平有限，书中不妥之处在所难免，恳请广大读者批评指正。

编　者

2023年3月

目录

项目一

餐饮基础知识

思政目标

- 通过了解中国璀璨的餐饮文化，树立“文化自信”。

引导案例

看饿了！这趟高铁列车上的美食全国独有！

你知道开往北京冬奥会崇礼赛区的高铁列车餐车上的美食都有什么吗？

列车餐车位于5号车厢，车厢内处处流露出冬奥风情，风味披萨、意大利面、卤肉饭、麻辣香锅、照烧鸡排饭、蒲烧鳗鱼饭……

餐车内销售的餐食，中餐、西餐一应俱全，可以满足国内外旅客的各项需求，甚至还有轻食沙拉——减肥人士的福音。冬奥动车组餐车如图1–1所示。

你还可以在餐车内点上一杯咖啡、一份甜品，看看窗外的雪景，享受惬意的旅程。餐饮服务员为旅客上奶茶如图1–2所示。

图1–1 冬奥动车组餐车

图1–2 餐车服务员为旅客上奶茶

身着紫色制服的高铁小姐姐笑容甜美、举止端庄，是列车上一条亮丽的风景线。冬奥动车组餐饮服务员如图1–3所示。

图1–3 冬奥动车组餐饮服务员

任务一 认识菜肴

知识目标

- 了解菜肴的相关知识。

技能目标

- 能正确掌握中外菜系的基本情况，能对菜肴进行国别及流派分类。

相关知识

一、中餐

中国烹饪源远流长，闻名世界，是我国民族文化的宝贵遗产，是中华民族灿烂文化的一部分，其既是一种富有科学性的技术，也是一种独特的文化艺术。中国烹饪技术精湛，色、香、味、形、器俱佳，品种花式繁多，被当今世界公认为是三大烹饪（中国烹饪、法国烹饪和土耳其烹饪）流派之一。

我国地域辽阔，饮食习惯因地而异，逐渐形成了“帮口”。“帮”是指饮食业师傅的“地方性行帮”；“口”是指口味，即风味特色，如“广帮菜”是广东地区厨师烹制的广东风味菜肴。20 世纪 50 年代出现了“菜系”一词，即菜肴的体系，代替了原来的叫法。我国公认的四大菜系，分别为山东菜系（鲁菜）、四川菜系（川菜）、广东菜系（粤菜）和江苏菜系（淮扬菜）；但烹饪界不少人士认为全国有八大菜系，即四大菜系之外，再加上浙江菜系（浙菜）、福建菜系（闽菜）、安徽菜系（徽菜）和湖南菜系（湘菜）。此外，有人建议应该再把北京菜系和上海菜系加上，这样全国就有十大菜系。

（一）食材六品

1. 色

有些食材是为了装点颜色用的。比如在鱼翅羹里加一点藏红花。一般来说，在中餐的习俗中，任何点缀的东西都应该是可以食用的。

2. 香

一些食材可以起到增加香味的作用。事实上，胡椒、茴香等一些香辛料主要是去除食材的腥、膻或异味。也有一些特色菜肴，如叫花鸡，其用荷叶包裹，闻起来有一股清香。

3. 味

部分食材可以增强食物的味道。比如在饺子中加入的虾肉，使饺子更加鲜美。

4. 意

食材的名称、形状可代表菜肴意境。古时候，科举考生在赶考的时候要吃条红色鲤鱼，意为“鲤鱼跳龙门”。

5. 形

形的美感主要指食品的造型带来的审美反应。

6. 养

一些食材本身就有丰富的营养价值，甚至还有药用性。如红枣猪手汤的部分食材富含动物胶，对产妇非常有帮助。

（二）烹饪方法

1. 煎

一般日常所说的煎，是指用锅把少量的油加热，再把食物放进去，使其熟透，表面会呈金黄色乃至微煳。由于用油煎的温度比用水煮的温度高，因此煎食物的时间往往需时较短。煎出来的食物味道也会比水煮出来的食物可口，如煎饺、煎豆腐、韭菜盒子、煎饼、铜锣烧等。

2. 焖与煮

焖与煮相类似，两者都是把食物稍微炒一下，然后加水焖煮，直到熟透。

3. 蒸

蒸指把经过调味后的食物原料放在器皿中，再置入蒸笼，利用蒸汽使其成熟的过程，其可分为猛火蒸、中火蒸和慢火蒸三种。粉蒸肉、清蒸螃蟹、清蒸武昌鱼、蒸水蛋等均采用蒸的烹饪方法。

4. 炒

炒是最广泛使用的一种烹调方法，它主要是以油为主要导热体，将小型原料用旺火在较短时间内加热成熟、调味成菜的一种烹调方法。番茄炒蛋、宫保鸡丁、醋溜白菜等均采用炒的烹饪方法。炒如图 1–4 所示。

图 1–4 炒

（三）中餐特点

1. 选料方面

由于我国多数人在饮食上受宗教的禁忌约束较少，而在饮食上又喜欢猎奇，讲究物以稀为贵，所以中餐的选料非常广泛，几乎是“飞”“潜”“动”“植”无所不食。

2. 原料加工方面

中餐厨师非常讲究刀工，可以把原料加工成细小的丝、丁、片、末等。

3. 烹调方面

中餐做菜一般使用圆底锅、明火灶，所以中餐的烹调方法非常多。

4. 口味方面

中餐菜肴大都有明显的咸味，并富于变化，多数菜肴都是完全熟后再食用的。

5. 主食方面

中餐有明确的主、副食概念，主食有米、面等多种制品。

（四）八大菜系

中国是一个餐饮文化大国。长期以来在某一地区由于地理环境、气候物产、文化传统及民族习俗等因素的影响，形成有一定亲缘承袭关系、菜肴风味相近、知名度较高，并为部分群众喜爱的地方风味著名流派，称作菜系。其中，鲁菜、川菜、粤菜和淮扬菜为传统“四大菜系”，后加上浙菜、闽菜、徽菜、湘菜则共称为“八大菜系”。

1. 鲁菜

鲁菜是传统四大菜系中唯一的自发型菜系，在中国最早形成了系统的烹饪理论和烹饪技法框架，其源远流长、一脉相承，是历史最悠久、最见功力的菜系。鲁菜的风格是：大方高贵，堂堂正正而不走偏锋，普遍水准较高，而不是以一两样菜或偏颇之味来招揽食客。

山东位于黄河下游，气候温和，省内汇集有大河、大湖、丘陵、平原、大海等多样性的地貌，造就了鲁菜的食材选料品种异常丰富与均衡。丰富的食材品种直接激发了鲁菜烹饪技法的丰富多样。

鲁菜代表名菜有：葱烧海参、烩乌鱼蛋汤、蟹黄鱼翅、油爆双脆、德州扒鸡（见图 1–5）、一品豆腐、清汤西施舌、奶汤核桃肉、糖醋黄河鲤鱼、九转大肠、清汤银耳、油焖大虾、醋椒鱼、糟熘鱼片、酱爆里脊丝（京酱肉丝）、木须肉、糖醋里脊、红烧大虾、葱椒鱼等。

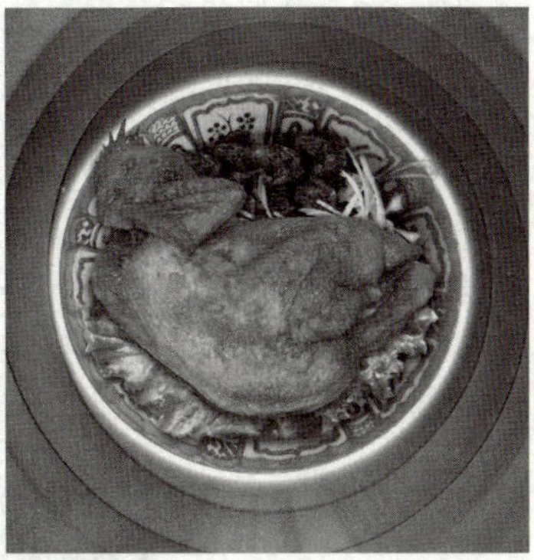

图 1–5 德州扒鸡

2. 川菜

川菜是传统四大菜系之一，也是最有特色的菜系，为民间最大菜系，因而被冠以“百姓菜”之称。

川菜起源于四川地区，以麻、辣、鲜、香为特色。川菜原料多选家常食材，宴客偶用山珍、江鲜，善用小炒、干煸、干烧、烩等烹调法。川菜以“味”闻名，味型较多、富于变化，以鱼香、红油、怪味、麻辣为特色。川菜的风格朴实而又清新，具有浓厚的乡土气息。川菜在口味上特别讲究色、香、味、形，兼有南北之长，以味的多、广、厚著称。历来有“七味”（甜、酸、麻、辣、苦、香、咸）“八滋”（干烧、酸、辣、鱼香、干煸、怪味、椒麻、红油）之说。川菜具有取材广泛、调味多样、菜式适应性强三个特征。

在国际上有“食在中国，味在四川”的说法。川菜代表名菜有：干烧岩鲤、鱼香肉丝、怪味鸡、宫保鸡丁、五香卤排骨、粉蒸牛肉、麻婆豆腐、毛肚火锅、干煸牛肉丝、灯影牛肉、担担面（见图 1–6）、赖汤圆、龙抄手等。

图 1-6　担担面

3. 粤菜

粤菜发源于岭南，其由广州菜（也称广府菜）、潮州菜（也称潮汕菜）、东江菜（也称客家菜）三种地方风味组成，三种风味各具特色。粤菜虽起步较晚，但影响深远，世界各国的中餐馆，多数是以粤菜风味为主。

粤菜取百家之长，用料广博，选料珍奇，配料精巧，善于在模仿中创新，依食客喜好而烹制。在烹调上以炒、爆为主，兼有烩、煎、烤，讲究清而不淡，鲜而不俗，嫩而不生，油而不腻，有“六味”（酸、甜、苦、辣、咸、鲜）之说。粤菜特点是丰富精细的选材和清淡的口味。粤菜可选原料多，自然也就精细。粤菜讲究原料的季节性，“不时不吃”。粤菜味道讲究“清、鲜、嫩、滑、爽、香”，追求原料的本味、清鲜味，粤菜调味品种类繁多，遍及酸、甜、苦、辣、咸、鲜，但只用少量姜、葱、蒜头做“料头”，而少用辣椒等辛辣调料作料，也不会大咸大甜。这种追求清淡、追求鲜嫩、追求本味的特色，既符合广东的气候特点，又符合现代营养学的要求，是一种科学的饮食文化。

粤菜代表名菜有：白切鸡、烧鹅、烤乳猪、红烧乳鸽、蜜汁叉烧、上汤焗龙虾、清蒸石斑鱼、阿一鲍鱼、鲍汁扣辽参、白灼虾、椰汁冰糖燕窝、麒麟鲈鱼、龙虾烩鲍鱼、干炒河粉（炒制干炒河粉见图 1-7）、老火靓汤、广州文昌鸡、煲仔饭、豉汁蒸排骨、香煎芙蓉蛋、鱼香茄子煲、太爷鸡、香芋扣肉、潮州卤水拼盘、卤水猪手、卤鹅肝、芙蓉虾、客家酿豆腐、盆菜等。

图 1-7　炒制干炒河粉

4. 淮扬菜

淮扬菜是传统四大菜系之一，素有“东南第一佳味”“天下之致美”的声誉，它始于春秋，兴在隋唐，盛于明清，几百年来其制作精细、风格雅丽、清鲜平和的特点一直为世人所称道。淮扬菜厨艺精湛、味兼南北、选料严谨、因材施艺；制作精细、追求本味、清鲜平和，格调高雅。

淮扬菜十分讲究刀工，尤以瓜雕享誉四方。菜品形态精致，滋味醇和；在烹饪上善用火候，讲究火功，擅长炖、焖、煨、焐、蒸、烧、炒；原料多以水产为主，注重鲜活，口味平和，清鲜而略带甜味。

淮扬菜代表名菜有：扬州炒饭（见图 1–8）、清炖蟹粉狮子头、煮干丝、三套鸭、水晶肴肉、狮子头、文思豆腐等。

图 1–8　扬州炒饭

5. 浙菜

浙菜是八大菜系之一。其由杭州菜、宁波菜、绍兴菜三部分组成，其中杭州菜最负盛名。浙菜口味清鲜爽脆，追求保持食材原汁原味，擅长炒、炸、烩、熘、蒸、烧，制作精细，富于变化。

浙菜代表名菜有：西湖醋鱼、龙井虾仁（见图 1–9）、东坡肉等。

图 1–9　龙井虾仁

6. 闽菜

闽菜是八大菜系之一。其有福州菜、闽南菜、闽西菜三路不同的技术和风格。闽菜烹调方法以清炖、干炸、爆炒为主，调味料常用红糟，味偏甜酸。

闽菜代表名菜有：佛跳墙（见图 1–10）、闽生果、菊花鱼球等。

7. 徽菜

徽菜是八大菜系之一。其由皖南菜、沿江菜、沿淮菜三部分组成，皖南菜是徽菜的典型代表。徽菜以烹制山珍野味著称，擅长烧、炖、蒸，而少爆炒，重油、色和火工，口味以咸、鲜、香为主。

徽菜代表名菜有：红烧头尾、清炖马蹄鳖、黄山炖鸽、腌鲜鳜鱼（见图 1–11）、毛峰熏、问政山笋等。

图 1-10　佛跳墙

图 1-11　腌鲜鳜鱼

8. 湘菜

湘菜是八大菜系之一。湘菜主要由湘江流域、洞庭湖和湘西山区三种地域风味组成。其特点是用料广泛，制作精细，品种多样，油重色浓；制作上以煨、炖、腊、蒸、炒等技法见长；口味注重香鲜、酸辣、软嫩。

湘菜代表名菜有：腊味合蒸、一鸭四吃、清蒸甲鱼、汤泡肚、油辣冬笋尖、冰糖湘莲、板栗烧菜心等。

二、西餐

西餐顾名思义是西方国家的餐食。其菜式与中餐不同，一般使用橄榄油、黄油、番茄酱、沙拉酱等调味料；不同的主食常搭配一些蔬菜，如番茄、西兰花等。东方人通常所说的西餐主要包括欧美国家的饮食菜肴，当然同时还包括东欧各国、地中海沿岸等国和一些拉丁美洲如墨西哥等国的菜肴。而东南亚各国的菜肴一般统称为东南亚菜，但也有独为一种菜系的，如印度菜。西餐一般以刀叉为餐具，以面包为主食，多以长形桌台为台形。西餐的主要特点是主料突出，形色美观，口味鲜美，营养丰富等。正规西餐应包括餐汤、前菜、主菜、餐后甜品及饮品。西餐大致可分为法式、英式、意式、俄式、美式、地中海式等多种不同风格的菜肴。

1. 法式菜肴

法式菜肴为西餐之首。法国人一向以善于吃并精于吃而闻名。

法式菜肴的特点是：选料广泛（如蜗牛、鹅肝等都是法式菜肴中的美味），加工精细，烹调考究，滋味有浓有淡，花色品种多；法式菜肴还比较讲究吃半熟食或生食，如牛排、羊腿以半熟鲜嫩为特点，海味的蚝也可生吃，烧野鸭一般以六成熟即可食用等；法式菜肴重视调味，调味品种类多样。什么样的菜选用什么酒都有严格的规定，如清汤用葡萄酒，海味品用白兰地酒，甜品用各式甜酒或白兰地等。法国人十分喜爱吃奶酪、水果和各种新鲜蔬菜。

法式菜肴的名菜有：马赛鱼羹、鹅肝排、巴黎龙虾、红酒山鸡、沙福罗鸡、鸡肝牛排等。

2. 英式菜肴

英式菜肴有“家庭美肴”之称。

英式菜肴的特点是：油少、清淡，调味时较少用酒，调味品大都放在餐台上由客人自己选用。烹调讲究鲜嫩，口味清淡，选料注重海鲜及各式蔬菜，菜量要求少而精。英式菜肴的烹调方法多以蒸、煮、烧、熏、炸见长。

英式菜肴的名菜有：鸡丁沙拉、薯烩羊肉等。“fish and chips”（鱼与薯条）是大众最熟悉的英式菜肴。

3. 意式菜肴

意式菜肴为西餐始祖。在罗马帝国时代，意大利曾是欧洲的政治、经济、文化中心，因此有“西餐烹饪始于意大利”之说。

意式菜肴的特点是：原汁原味，以味浓著称。烹调注重炸、熏等，以炒、煎、炸、烩等方法见长。

意大利人喜爱面食，做法甚多。其制作面条有独到之处，各种形状、颜色、味道的面条至少有几十种，如字母形、贝壳形、实心面条、通心面条等。意大利人还喜食意式馄饨、意式饺子等。

意式菜肴的名菜有：通心粉素菜汤、焗馄饨、奶酪焗通心粉、肉末通心粉、比萨饼等。

4. 美式菜肴

美式菜肴是在英式菜肴的基础上发展起来的，其继承了英式菜肴简单、清淡的特点，口味咸中带甜。美国人一般对辣味不感兴趣，喜欢铁扒类的菜肴，常用水果作为配料与菜肴一起烹制，如菠萝焗火腿等。

美国人对饮食要求并不高，强调营养、快捷，讲求的是原汁鲜味，但对肉质的要求很高，如烧牛柳配龙虾便选取来自美国安格斯的牛肉，其认为只有半生的牛肉才有美妙的牛肉原汁。

相对于传统西餐的复杂礼仪，美国人的饮食文化较为简单。餐台上并没有多少刀叉盘碟，仅放着最基本的刀、叉、勺子各一把。只有在非常正式的宴会或家庭宴客时，才会有较多的规矩和程序。

美式菜肴的名菜有：烤火鸡、橘子烧野鸭、美式牛扒、苹果沙拉等。各种派是美式菜肴的主打菜品。

5. 俄式菜肴

沙皇俄国时代的上层人士非常崇拜法国，贵族不仅以讲法语为荣，而且饮食和烹饪技术也主要学习法国。经过多年的演变，俄式菜肴逐渐形成了自己的烹调特色。俄国人喜食热食，爱吃鱼肉、肉末、鸡蛋和蔬菜制成的小包子和肉饼等，各式俄式小吃也颇具盛名。

俄式菜肴口味较重，喜欢用油，制作方法较为简单。口味以酸、甜、辣、咸为主，酸黄瓜、酸白菜往往是饭店或家庭餐桌上的必备食品。烹调方法以烤、熏、腌为特色。俄式菜肴在西餐中影响较大，一些地处寒带的北欧国家和中欧国家的人们日常生活习惯与俄罗斯人相似，大多喜欢腌制的各种鱼肉、熏肉、香肠、火腿、酸菜、酸黄瓜等。

俄式菜肴的名菜有：什锦冷盘、罗宋汤、鱼子酱、酸黄瓜汤、冷苹果汤、鱼肉包子、黄油鸡卷等。

6. 德式菜肴

德国人对饮食并不讲究，喜吃水果、奶酪、香肠、酸菜、土豆等，不求浮华只求实惠、营养。德国人发明了自助快餐。德国人喜喝啤酒，每年都举办慕尼黑啤酒节。

德式菜肴的传统菜品有：蔬菜沙拉、鲜蘑汤、焗鱼排等。

7. 其他菜肴

希腊菜肴：以清淡典雅、原汁原味为特点。

西班牙－葡萄牙菜肴：以米饭著称，常以焖烩的肉、海鲜为佐。

东欧菜肴：与俄式菜肴相近。

任务二　酒水文化

知识目标

● 了解酒水的种类等相关知识。

技能目标

● 能掌握酒水文化的相关知识。

相关知识

一、中国酒

在中国，酒的历史比茶还长。1986 年，在河南出土的一壶酒，就是 3 000 多年前的古酒。

中国的名酒很多，茅台、五粮液、汾酒、竹叶青、泸州老窖、古井贡酒、加饭酒、张裕葡萄酒、长城干红葡萄酒等，都是享誉世界的名酒。

中国历史上有关酒的故事有很多：晋代诗人陶渊明不能一日无酒；唐代大诗人李白常饮酒作诗；宋代梁山好汉武松喝酒后，赤手空拳打死了一只猛虎……

（一）中国白酒

1. 茅台酒

茅台酒历史悠久。茅台酒以优质高粱为原料，用小麦制成高温曲，用曲量多于原料。用曲多、发酵期长、多次发酵、多次取酒等独特工艺，是茅台酒风格独特、品质优异的重要原因。酿制茅台酒要经过两次加生沙（生粮）、八次发酵、九次蒸馏，生产周期长达八九个月；再储存三年以上，勾兑调配；然后再储存一年，使酒质更加和谐醇香、绵软柔和，方可装瓶出厂，全部生产过程近五年之久。

茅台酒是酱香型大曲酒的典型，故“酱香型”又称“茅香型”。其酒质晶亮透明，微有黄色，酱香突出，令人陶醉。敞杯不饮，香气扑鼻；开怀畅饮，满口生香；饮后空杯，留香更大，持久不散。口味幽雅细腻，酒体丰满醇厚，回味悠长。茅台酒液醇馥幽郁的特点，是由酱香、窖底香、醇甜三大特殊风味融合而成的。

2. 五粮液

天下三千年，五粮成玉液。五粮液是浓香型大曲酒的典型代表，其采用传统工艺，精选优质高粱、糯米、大米、小麦和玉米五种粮食酿制而成。具有“香气悠久、味醇厚、入口甘美、入喉净爽、恰到好处”的独特风格，是当今酒类产品中出类拔萃的精品。

3. 洋河大曲

洋河牌洋河大曲，已有400多年历史。该酒属浓香型大曲酒，以优质高粱为原料，以小麦、大麦、豌豆制作的高温火曲为发酵剂，辅以闻名遐迩的“美人泉”水精工酿制而成。沿用传统工艺“老五甑续渣法”，同时采用“人工培养老窖，低温缓慢发酵”“中途回沙，慢火蒸馏”“分等储存、精心勾兑”等新工艺和新技术，形成了“甜、绵、软、净、香”的独特风格。

4. 泸州老窖

泸州老窖特曲于1952年被国家确定为浓香型白酒的典型代表。泸州老窖窖池于1996年被国务院确定为我国白酒行业唯一的全国重点保护文物，被誉为“国宝窖池”。泸州老窖国宝酒是经国宝窖池精心酿制而成的，是当今最好的浓香型白酒之一。

按内在风格上的细微差异进行分级，泸州老窖大曲产品分为特曲、头曲、二曲、三曲，其品级最高的为特曲。

泸州老窖的主要原料是当地的优质糯高粱，用小麦制曲。泸州老窖大曲有特殊的质量标准，酿造用水为龙泉井水和沱江水，酿造工艺是传统的混蒸连续发酵法。蒸馏得酒后，再用“麻坛”储存一年至二年，最后通过细致的评尝和勾兑，达到固定的标准，方能出厂，这保证了泸州老窖大曲的品质和独特风格。

泸州老窖无色透明，窖香浓郁，清冽甘爽，饮后尤香，回味悠长，具有浓香、醇和、味甜、回味长四大特色。

5. 汾酒

山西汾酒是我国清香型白酒的典型代表，其工艺精湛，源远流长，素以入口绵、落口甜、饮后留香、回味悠长等特色而著称，在国内外消费者中享有较高的知名度、美誉度和忠诚度。汾酒有着4 000年左右的悠久历史，历史上，汾酒曾经过了三次辉煌。1 500年前的南北朝时期，汾酒作为宫廷御酒受到北齐武成帝的极力推崇，被载入《二十四史》，使汾酒一举成名；晚唐时期，大诗人杜牧一首《清明》写出千古绝唱：“借问酒家何处有？牧童遥指杏花村。”这是汾酒的第二次成名；1915年，汾酒在巴拿马万国博览会上荣获金质大奖章，成为中国酿酒行业的佼佼者。

杏花村有取之不竭的优质泉水，给汾酒以无穷的活力。马跑神泉和古井泉水都流传有美丽的民间传说，被人们称为“神泉”。汾酒酿造的“清蒸二次清”工艺，为继承和发扬我国传统名酒做出了杰出的贡献。1964年，轻工业部为进一步发扬我国传统名酒技艺，以汾酒工艺为试点，组织了以全国著名发酵专家秦含章先生为首的技术力量，系统地总结和论证了汾酒生产工艺的科学性，为进一步开展对汾酒的科学研究奠定了基础。

6. 郎酒

郎酒产地二郎滩是一方神韵十足的风水宝地，发源于云贵高原的赤水河，绵延千余公里，其流过的大部分地区海拔都在1 000米以上，而流经二郎滩，却陡然降至400余米。千百年来，在郎酒生产基地一带形成了独特的微生物圈。科学工作者发现，在郎酒成品中的微生物多达 400 多种，它们中的某些种类通过一系列复杂的组合，为郎酒催生 110 多种芳香成分，形成了郎酒的独特品位。

位于郎酒厂部右侧约两公里处的蜈蚣崖半山腰间，悬挂着两个天然酒库——天宝洞、地宝洞，这就是储藏郎酒的地方。一般白酒储藏期最多一年，而郎酒最少也在三年以上，藏得越久，酒中的有害物质越少，酒更香，也更健康。天宝洞、地宝洞内冬暖夏凉，常年保持 19 ℃的恒温，在洞内储藏郎酒，可以使新酒醇化、老熟更快，且酒的醇度和香气更佳。

天然溶洞储藏白酒，这在中国白酒生产厂家中是唯一的。在郎酒的“四宝”中，美境、郎泉和宝洞都是上天的馈赠，而其精湛的酿制工艺，则是郎酒不断总结前人经验又推陈出新的结果。郎酒的整个酿制工艺，艰难曲折，细致周密，精湛考究。

7. 古井贡酒

古井贡酒作为中国的老八大名酒之一，历史悠久，源远流长。其始于公元 196 年，曹操将家乡亳州产的“九酝春酒”和酿造方法献给汉献帝刘协，使其成为皇室贡品。它以“色清如水晶、入口甘美醇和、回味经久不息”的独特风格，四次蝉联全国白酒评比金奖，是巴黎第十三届国际食品博览会上唯一获金奖的中国名酒，先后获得中国驰名商标、中国原产地域保护产品、国家文物保护单位、国家非物质文化遗产保护项目等荣誉，被世人誉为“酒中牡丹”。

8. 西凤酒

西凤酒，产于凤翔县柳林镇，其始于殷商，盛于唐宋。凤翔是民间传说中产凤凰的地方，流传着凤鸣岐山、吹箫引凤等传说。唐朝以后，凤翔又是西府台的所在地，人称“西府凤翔”，西凤酒遂因此而得名。苏轼任职凤翔时，酷爱此酒。

9. 贵州董酒

董酒产于贵州省遵义市董酒厂，1929 年至 1930 年由程氏酿酒作坊酿出董公寺窖酒，1942 年定名为“董酒”。董酒的香型既不同于浓香型，也不同于酱香型，而属于其他香型。该酒的生产方法独特，将大曲酒和小曲酒的生产工艺融合在一起。

董酒属大曲其他香型优质白酒；其以独特的工艺、典型的风格，优良的品质驰名中外，在中国名酒中独树一帜。

董酒无色，清澈透明，香气幽雅，既有大曲酒的浓郁芳香，又有小曲酒的柔绵、醇和、回甜，还有淡雅舒适的药香和爽口的微酸，入口醇而浓郁，饮后甘爽味长。由于董酒酒质芳香奇特，被人们誉为其他香型白酒中独树一帜的“董香型”的典型代表。

10. 剑南春

剑南春酒，产于四川省绵竹县，因绵竹在唐代属剑南道，故称“剑南春”。四川的绵竹县素有“酒乡”之称，绵竹县因产酒而闻名，早在唐代就出产名闻遐迩的名酒——“剑南烧春”。相传李白为喝此美酒曾在这里把皮袄卖掉买酒痛饮，留下“解貂赎酒”的佳话。

（二）中国黄酒

黄酒以糯米、大米或黍米为主要原材料，经过蒸煮、糖化、发酵、压榨而酿成，是我国特有的传统饮用酒，至今已有 3 000 多年的历史，因其酒液呈黄色而得名。

黄酒为低度（15%～18%vol）原汁酒，色泽为金黄或褐红色，含有糖、氨基酸、维生素等多种浸出物，营养价值高，有增进食欲的功能，还可以作为烹调菜肴的调味料。黄酒主要产于长江中下游一带，代表名酒有浙江绍兴酒，福建龙岩沉缸酒。

绍兴酒产于浙江省绍兴市，因该地春秋时代属越国，亦名越酒，又因其历史悠久，具有越陈越香的特点，故又称绍兴老酒，历史上还称为山阴甜酒。绍兴酒具有橙光透明、香气浓郁、口味甘甜、醇厚适度、越陈越香、久藏不坏的特点。1979 年第三次全国评酒会议上，评出十八种名酒，绍兴的加饭酒、状元红酒、善酿酒就占了其中的三种。

绍兴的习俗是家中有孩子出生，父母就开始为儿女酿造几坛酒，并请画师在酒坛上绘山水花卉、戏曲人物等图案，然后将酒封存并埋入地下，待女儿出嫁、儿子娶妻时，才将酒取出，款待宾客。男孩的那坛称“状元红”，女孩的那坛称“女儿红”。

每酿造一批绍兴酒，前后需要一百天。其主要用料为上等糯米和麦曲，于每年冬天蒸煮投料，拌药发酵，春后过滤压榨，煎煮消毒；酒成后，放入酒坛泥封窑藏，少则三年到五年，多则一二十年。酒可久存，含脂量逐年增加，酒味就越发醇香。俗话说“名酒之地必有明泉”。

绍兴加饭酒天下闻名，除因使用优质原料外，还和鉴湖水质密切相关。鉴湖水来源于会稽山麓，会稽山峰峦高耸，有 36 条溪流从山上缓缓流下，沿途经砂石石岩层过滤净化后，注入鉴湖。鉴湖水清澈如镜，并含有微量矿物质，软硬适中，极适于酿酒。每年农历十月到次年二月，水质尤其稳定，所以一般酿酒都选用这个时节的水。用鉴湖水酿酒，是绍兴加饭酒得天独厚的水质条件。

（三）中国啤酒

啤酒是用大麦芽经糖化后加入啤酒花，由酵母酿制而成的一种低度酒饮料。它是一种营养丰富的酒精饮料，素有“液体面包”之称。它既能消暑降温，又有令人爽快的苦味，深受世界各国人民的喜爱。

我国工业化生产啤酒起步较晚。1903 年，英德联合在青岛建立了“英德啤酒”公司（现山东青岛啤酒厂），1905 年和 1915 年，中国人分别在哈尔滨、北京建立了“东北三省啤酒厂”和“双合盛五星啤酒汽水厂”（现北京五星啤酒厂）。1930 年，中国人又在烟台创办山东烟台啤酒厂，与外国啤酒商相抗衡。现在，我国的啤酒产量和消费量均居世界前列。

1. 啤酒的分类

（1）根据灭菌工艺，啤酒可分为生啤酒、熟啤酒、鲜啤酒。

（2）根据颜色，啤酒可分为淡色啤酒（又称黄啤）和深色啤酒（又称黑啤）。

（3）根据酒精含量不同，啤酒可分为低浓度啤酒、中浓度啤酒和高浓度啤酒。

2. 名牌啤酒

我国名牌啤酒主要有山东青岛啤酒、丰收牌北京特制啤酒、天鹅牌 12%特制上海啤酒和沈阳雪花啤酒。

青岛啤酒是最早进入国际市场的中国品牌之一。1963 年至 1985 年，青岛啤酒连续四届被评为国家名酒。1906 年，青岛啤酒在慕尼黑国际啤酒博览会荣获金奖。青岛啤酒除供应国内市场外，还远销多个国家和地区。

青岛啤酒选用的大麦是浙江省宁波、舟山地区的“三棱大麦”，这种大麦皮薄、粒大，淀粉含量多，蛋白质含量低，发芽率高，是酿造啤酒的上等原料。把这种大麦经过严格加工制成的麦芽，酿出的啤酒富有光泽，并有浓郁的麦芽香。青岛啤酒采用的啤酒花，是该厂自己的酒花基地精心培育的具有蒂大、花粉多、香味浓等特点的“青岛大花”，其能使啤酒更加清澈透明，有爽快的微苦味和酒花香，并能延长啤酒保质期，保证了啤酒的醇正风味。青岛啤酒厂就坐落在风景秀丽的崂山脚下，青岛啤酒酿造用水是著名的崂山矿泉水。崂山矿泉水是极适合酿造啤酒的软水，水质纯净、口味甘美，经过滤加工，对提高啤酒的质量能起到良好作用。

二、国外酒

国外酒是指进口酒类的总称，它包括烈酒、啤酒、葡萄酒、利口酒等不同酒精含量的酒水品种。

世界各地酒的种类有数万种之多，酿酒所用原材料和酒的酒精含量也有很大差异，人们为了便于了解和记忆，就用不同的方法将它们进行分类。

（一）酒类划分

根据饮用时机，酒有餐前酒（开胃酒）、佐餐酒、餐后酒和特饮酒之分。

根据酒精含量的不同，酒有低度酒、中度酒和高度酒之分。

根据性质不同，可以将酒归结为以下三大类。

1. 发酵酒类

发酵酒类包括葡萄酒、啤酒、米酒和果酒等。发酵是通过酵母菌的作用，将糖类分解成乙醇（酒精）的工艺过程。

2. 蒸馏酒类

蒸馏酒类包括白兰地、威士忌、伏特加、朗姆酒、特其拉酒（龙舌兰酒）等。

3. 精炼和综合再制酒类

精炼和综合再制酒类包括英国琴酒、利口酒、味美思酒（苦艾酒）、苦味酒、药酒等。

国际上酒度表示法有三种。第一种：标准酒度。标准酒度是法国著名化学家盖·吕萨克提出的，它是指在 20 ℃条件下，每 100 ml 酒液中含有多少毫升的酒精。这种表示法比较容易理解，因而使用较为广泛。标准酒度又称为盖·吕萨克酒度，通常用百分比表示。第二种：英制酒度。英制酒度是 18 世纪由英国人克拉克提出的一种酒度计算方法。第三种：美制酒度。美制酒度用酒精纯度表示，1 个酒精纯度相当于 0.5%的酒精含量。

（二）国外蒸馏酒的分类

国外蒸馏酒（简称洋酒）按制造原料可分为白兰地（brandy）、威士忌（whisky）和朗姆酒（rum）。白兰地以葡萄为原料，以其他水果为原料制成的蒸馏酒，则在白兰地前冠以水果的名称，如苹果白兰地、樱桃白兰地、梨子白兰地，等等。

威士忌以麦芽和谷类为原料，单纯的粮谷威士忌一般不能市售，只有和麦芽威士忌组成混合威士忌方可销售。美国的波旁威士忌（bourbon whisky）则主要以玉米为原料。

朗姆酒则以甘蔗糖蜜为原料，分为深色和浅色两种。

此外，还有以高纯酒精为基础酿制而成的杜松子酒（gin）和伏特加酒（vodka），杜松子酒为药用植物杜松子和食用酒精经串蒸或冷混而成。伏特加酒可分为纯酒精伏特加（中性酒精）和调香伏特加两大类。

国外蒸馏酒有代表性的还有日本的烧酒、泡盛酒，以及墨西哥的龙舌兰酒。烧酒的工艺和食用酒精的制作工艺相同，泡盛酒工艺与中国的小曲酒类似，即半固态发酵，缸中陈放。龙舌兰酒则以墨西哥特有植物龙舌兰为原料发酵、蒸馏而成，这三种蒸馏酒为少数国家生产，不具普遍性。

（三）知名品牌

1. 法国白兰地

法国白兰地是一种烈酒，由葡萄或者其他水果发酵后蒸馏而成。世界各国都出产白兰地，而以法国产的最好。法国著名白兰地产区有两个：一个为干邑地区（cognac），另一个为雅文邑地区（armagnac）。

按法国酒类命名原产地保护法规定，只有在法国干邑地区经过发酵、蒸馏和在橡木桶中储存的葡萄蒸馏酒才能称为干邑酒，在别的地区按同样工艺生产的葡萄蒸馏酒不能叫干邑酒。雅文邑酒所用葡萄品种同干邑酒完全一致，只是储存方式不一样，雅文邑酒在黑橡木桶中储存，定位为田园型白兰地；干邑酒则大多在“利得森”橡木桶中储存，定位为都会型白兰地。干邑酒知名品牌有轩尼诗（hennessy），人头马（remy martin），马爹利（martell），拿破仑（courvoisier），百事吉（bisquit prvivilege），路易老爷（louts royer），奥吉尔（angler），豪达（otard）及金花（camus）。

干邑酒，其等级与原酒在橡木桶中储存年限的长短有直接关系，干邑酒等级从低到高分别为 VS 级（酒龄在 4 年半以下的）、VSOP 级（酒龄在 4 年半至 6 年半之间的）、XO 级（6 年半以上的）、EXTRA 级等，干邑酒储存时间越长，质量越好，价格越高。

2. 威士忌

威士忌酒是用大麦、黑麦、玉米等谷物为原料，经发酵、蒸馏后放入旧的木桶中进行酵化而酿成的。世界上许多国家和地区都有生产威士忌的酒厂，但最著名、最有代表性的威士忌分别是苏格兰威士忌、美国威士忌和加拿大威士忌。

苏格兰威士忌（scotch whisky）：原产自苏格兰，用经过干燥、泥炭熏焙产生独特香味的大麦芽作酵造原料制成，其酿制经六道工序，即：将大麦浸水发芽、烘干，粉碎麦芽、入槽加水糖化，入桶加入酵母发酵，蒸馏两次，陈酿，混合。苏格兰威士忌至少要储存 8 年以上，15～20 年为最优质的成品酒，超过 20 年质量会下降。威士忌色泽棕黄带红，清澈透亮，气味焦香，带有浓烈的烟味。

美国威士忌：以玉米和其他谷物为原料，原产自美国南部，用加入了麦类的玉米作酿造原料，经发酵、蒸馏后放入内侧熏焦的橡木酒桶中酿制 4～8 年。装瓶时加入一定数量蒸馏水加以稀释，美国威士忌没有苏格兰威士忌那样浓烈的烟味，但具有独特的橡树芳香。

加拿大威士忌：主要由黑麦、玉米和大麦混合酿制，采用二次蒸馏，在木桶中储存 4 年、6 年、7 年、10 年不等。出售前要进行勾兑掺和。加拿大威士忌气味清爽，口感轻快、爽适，不少北美人士都喜爱这种酒。

3. 朗姆酒

朗姆酒也叫糖酒，是制糖业的一种副产品，它以蔗糖作原料，先制成糖蜜，然后再经发酵、蒸馏，在橡木桶中储存 3 年以上而制成。

根据不同的原料和不同的酿制方法，朗姆酒可分为：朗姆白酒、朗姆老酒、淡朗姆酒、朗姆常酒等。朗姆酒酒液有琥珀色的、棕色的，也有无色的。根据风味特征，可将朗姆酒分为：浓香型、清香型。

4. 伏特加酒

伏特加源于俄文的“生命之水”一词。伏特加酒以谷物或马铃薯为原料，经过蒸馏制成高达 95%的酒精，再用蒸馏水淡化至 40%～60%，并经过活性炭过滤，使酒质更加晶莹澄澈，无色且清淡爽口，使人感到不甜、不苦、不涩，只有烈焰般的刺激，这是伏特加酒独具一格的特色。在各种调制鸡尾酒的基酒之中，伏特加酒是最具有灵活性、适应性和变通性的一种酒。

俄罗斯是生产伏特加酒的主要国家，德国、芬兰、波兰、美国、日本等国也都能酿制优质的伏特加酒。特别是在第二次世界大战期间，制造伏特加酒的技术传到了美国，使美国也一跃成为生产伏特加酒的大国之一。

伏特加酒分两大类，一类是无色、无杂味的上等伏特加；另一类是加入各种香料的伏特加。

5. 特其拉酒

特其拉酒产于墨西哥，它的生产原料是一种叫作龙舌兰（不是芦荟）的珍贵植物，其属于仙人掌类，是一种怕寒的多肉花科植物，经过 10 年的栽培方能酿酒。

特其拉酒在制法上也不同于其他蒸馏酒，在龙舌兰长满叶子的根部，经过 10 年的栽培后，会形成大菠萝状茎块；将叶子全部切除，再将含有甘甜汁液的茎块切割后放入专用糖化锅内煮大约 12 小时；待糖化过程完成之后，将其榨汁注入发酵罐中，加入酵母和上次的部分发酵汁，有时为了补充糖分，还得加入适量的糖；发酵结束后，发酵汁除留下一部分做下一次发酵的配料之外，其余的在单式蒸馏器中蒸馏两次。第 1 次蒸馏后，将会获得一种酒精含量约为 25%的液体；而第 2 次蒸馏，在经过去除首馏和尾馏的工序之后，将会获得一种酒精含量约为 55%的可直接饮用的烈性酒。虽然是经过了两次蒸馏，但最后获得的酒液，其酒精含量仍然比较低。酒液中含有很多原材料及发酵过程中所产生的特殊成分，这些成分造就了特其拉酒独特的风味。

6. 鸡尾酒

鸡尾酒是一种混合饮品，它是以朗姆酒、特其拉酒、伏特加酒、威士忌等烈酒或是葡萄酒作为基酒，再配以果汁、蛋清、苦精、牛奶、咖啡、可可、糖等其他辅助材料，加以搅拌或摇晃而成的一种饮料，最后还可用柠檬片、水果或薄荷叶作为装饰物。鸡尾酒起源于 1776 年美国纽约州埃尔姆斯福一家用鸡尾羽毛作装饰的酒馆。一天当这家酒馆各种酒都快卖完的时候，一些军官走进来要买酒喝。一位叫贝特西·弗拉纳根的女侍者，便把所有剩酒统统倒在一个大容器里，并随手从一只大公鸡身上拨了一根毛，把酒搅匀端出来奉客。军官们品不出是什么酒的味道，就问贝特西，贝特西随口就答："这是鸡尾酒！"一位军官听了这个词，高兴地举杯祝酒，还喊了一声："鸡尾酒万岁！"从此便有了"鸡尾酒"之名。

三、茶

（一）饮茶起源

追溯中国人饮茶的起源，有的认为起于上古，有的认为起于周，起于秦汉、三国、南北朝、唐代的说法也都有。唐代以前无"茶"字，而只有"荼"字的记载。唐代《茶经》一书的作者陆羽，将荼字减一画而写成"茶"字，因此有茶起源于唐代的说法。

（二）茶叶品种

中国茶一般分为：绿茶、红茶、乌龙茶、白茶、黄茶、黑茶。

1. 绿茶

绿茶，是中国的主要茶种之一，是经采集茶树的新叶或芽，未经发酵，经杀青、整形、烘干等工艺制作而成的。其制成品的色泽和冲泡后的茶汤较多地保存了鲜茶叶的绿色格调。常饮绿茶能防癌、降脂和减肥，对吸烟者也可减轻其受到的尼古丁伤害。绿茶是未经发酵制成的茶，保留了鲜茶叶的天然物质，含有的茶多酚、叶绿素、咖啡碱、氨基酸、维生素等营养成分也较多。绿茶中的这些天然营养成分具有防衰老、防癌、抗癌、杀菌、消炎等特殊效果，是其他茶类所不及的。中国生产绿茶的范围极为广泛，河南、贵州、江西、安徽、浙江、江苏、四川、陕西、湖南、湖北、广西、福建是我国绿茶的主产省份。

2. 红茶

红茶，起源于中国，最早的红茶叫作正山小种，由福建省武夷山市星村镇桐木村江氏先祖，于明朝中后期（约 1568 年）创制而成。武夷山市桐木村江氏家族是生产正山小种红茶的茶叶世家。红茶属于全发酵茶类，是以茶树的芽叶为原料，经过萎凋、揉捻、发酵、干燥等典型工艺过程精制而成的。因其干茶色泽和冲泡的茶汤以红色为主调，故名红茶。红茶种类较多，产地较广，祁门红茶闻名天下，工夫红茶和小种红茶处处留香，高端红茶——金骏眉使得红茶发展到全新的阶段。此外，从中国引种发展起来的印度、斯里兰卡等产地的红茶也很出名。

3. 乌龙茶

乌龙茶，也称青茶、属半发酵茶，是中国几大茶种中独具特色的茶叶品类。乌龙茶是经过杀青、萎凋、摇青、半发酵、烘焙等工序制出的品质优异的茶类。乌龙茶由宋代贡茶——龙团凤饼演变而来。品乌龙茶后齿颊留香，回味甘鲜。乌龙茶的药理作用突出表现在分解脂肪、减肥健美等方面。其在日本被称为“美容茶”“健美茶”。乌龙茶为中国特有的茶类，主要产于福建、广东、台湾三个省，近年来四川、湖南等省也有少量生产。乌龙茶除了内销外，主要出口日本、东南亚和港澳地区。

4. 白茶

白茶，属微发酵茶，是中国茶农创制的传统名茶。白茶是一种采摘后不经杀青或揉捻，只经过晒或文火干燥后，再行加工的茶。其具有外形芽毫完整，满身披毫，毫香清鲜，汤色黄绿清澈，滋味清淡回甘的特点。白茶因其成品茶多为芽头，满披白毫，如银似雪而得名。白茶主要产区在福建福鼎、政和、松溪、建阳，以及云南景谷等地。白茶基本制作工艺包括萎凋、烘焙（或阴干）、拣剔、复火等工序。云南白茶工艺主要特色为晒青，晒青茶的优势在于口感保持茶叶原有的清香味。萎凋是形成白茶品质的关键工序。

5. 黄茶

黄茶，属轻发酵茶，加工工艺近似绿茶，只是在干燥过程的前或后，增加一道“闷黄”的工艺，促使其多酚叶绿素等物质部分氧化。其制作过程为：鲜叶杀青、揉捻、闷黄、干燥。黄茶的杀青、揉捻、干燥等工序均与绿茶制法相似，其最重要的工序在于闷黄，这是决定黄茶品质的关键，闷黄是将杀青和揉捻后的茶叶用纸包好，或堆积后用湿布盖好，经过几十分钟至几个小时的时间，促使茶坯在水热作用下进行非酶性的自动氧化，形成黄色。黄茶是中国特产，其按芽叶老嫩和大小又分为黄芽茶、黄小茶和黄大茶。

6. 黑茶

黑茶，因其成品茶的外观呈黑色而得名。黑茶属后发酵茶，主产区为四川、云南、湖北、湖南、陕西、安徽等地。黑茶采用的原料较粗老。黑茶制茶工艺一般包括杀青、揉捻、渥堆和干燥四道工序。黑茶按地域分布，主要分为湖南黑茶、四川藏茶、云南黑茶（普洱茶）、广西六堡茶、湖北老黑茶及陕西黑茶、安徽黑茶等。

（三）茶叶的作用

1. 有助于防治老年性痴呆

茶对大脑细胞有保护作用，茶能有效延缓大脑退化，有助于维持大脑血管的健康。最新研究表明，多喝茶可改善记忆力和防止老年性痴呆。

2. 有抗压力和抗焦虑作用

现代生活工作节奏快、压力大，常给人们带来焦虑、紧张、烦躁不安、抑郁等精神心理症状。绿茶含有茶氨酸，它是一种松弛剂，有助于人们控制焦虑情绪，提高注意力，改善精神状态和身体机能，一般3～4杯绿茶能含有100～200 mg的茶氨酸，这使得绿茶在抗压力和抗焦虑方面有较好的功效。

3. 能提高免疫力

哈佛大学研究人员研究发现，连续2周每天喝5杯茶的人，其体内会产生大量的抗病毒干扰素，其含量是不喝茶的人的10倍，这种可以抵抗感染的蛋白可以提高人体免疫力并有效帮助人体抵御流感。

4. 能提高杀菌力

埃及学者的研究发现，绿茶可使抗生素药力大增，最高杀菌效率可提高3倍以上，绿茶还有降低各种病菌耐药性的作用。

5. 有减肥瘦身效果

研究者发现，喝茶10年以上者与不喝茶者相比，男性体脂比例约减少20%，女性约减少30%。不仅如此，茶还是对皮肤有很好保护作用的美容剂。

6. 其他保健作用

茶还具有消除疲劳、提神、明目、消食、利尿解毒、防止龋齿、消除口臭等作用。

四、咖啡

咖啡是用经过烘焙的咖啡豆制作出来的饮料，与可可、茶同为流行于世界的主要饮品。

咖啡树属茜草科，日常饮用的咖啡是用咖啡豆配合各种不同的烹煮器具制作出来的。咖啡豆是咖啡树果实里面的果仁用适当的方法烘焙而成的。一杯标准的咖啡品尝起来的味道不应该是苦涩的，一名合格的咖啡师在制作咖啡时会严谨地进行每一步操作，最后为客人呈上的咖啡在味觉上会呈现出不同程度的甜度、酸度、醇厚度或是纯净度。

“咖啡”一词源自希腊语“Kaweh”，其意思是“力量与热情”。在世界各地，人们越来越爱喝咖啡。随之而来的“咖啡文化”充满生活的每个角落。无论在家里、还是在办公室，或是在各种社交场合，越来越多的人都在饮用咖啡，咖啡逐渐与时尚、现代生活联系在一起。

1. 咖啡的产生

咖啡树原产于非洲埃塞俄比亚西南部的高原地区。据说一千多年以前一位牧羊人发现羊吃了一种植物后，变得非常兴奋、活泼，这种植物就是咖啡。还有一种说法是因野火偶然烧毁了一片咖啡林，烧烤咖啡的香味引起了周围居民的注意，之后人们开发了咖啡的食用价值。当地土著人经常把咖啡树的果实磨碎，再把它与动物脂肪掺在一起揉捏，做成许多球状的丸子。这些土著部落的人将这些咖啡丸子当成珍贵的食物，专供那些即将出征的战士享用。直到11世纪左右，人们才开始用水煮咖啡作为饮料。16世纪末，咖啡通过意大利开始大规模传入欧洲。

起初咖啡在欧洲价格不菲，只有贵族才能饮用咖啡，咖啡甚至被称为“黑色金子”。直到1690年，一位荷兰船长航行到也门，得到几棵咖啡苗并在印度尼西亚种植成功，才将咖啡价格初步降下来。1727年荷属圭亚那的一位外交官的妻子，将几粒咖啡种子送给一位在巴西的西班牙人，这几粒咖啡种子在巴西试种取得了很好的效果。巴西的气候非常适宜咖啡生长，从此咖啡在南美洲迅速蔓延，因大量生产而价格大幅下降的咖啡开始成为欧洲人的重要饮料。

2. 咖啡的制作器具

1）滴滤器具

滴滤器具（见图1－12）是德国人发明的冲煮咖啡工具。简单地说就是把咖啡磨粉后，放在一个漏斗里或者再加层滤纸，上面浇上热水（理想水温80 ℃到85 ℃之间），由于地球引力作用，咖啡就从底下流出来。通常是7～10 g咖啡粉可以做大约120 ml的成品咖啡。

图1－12 滴滤器具

2）虹吸壶

虹吸壶是咖啡馆普遍使用的咖啡冲煮工具之一，其原理为：在酒精灯的燃烧下，下层容器中的水温达到92 ℃时，水流被吸到有咖啡粉末的上层容器中，通过浸泡、搅拌后，制成的咖啡液再原路返回。

3）摩卡壶

摩卡壶（见图1－13）的基本原理是利用加压的热水快速通过咖啡粉末来萃取咖啡液。最早的摩卡壶是意大利人发明的，摩卡壶在欧洲使用比较普遍。

图1－13 摩卡壶

4）比利时壶

兼有虹吸壶和摩卡壶特色的比利时壶，结合了数种自然的力量：火、蒸汽、压力、重力，这些使得比利时壶的操作更具可看性。

5）法式滤压壶

法式滤压壶简称法压壶，是一种同时具备冲茶器功能的咖啡壶，其原理为：用浸泡的方式，通过水与咖啡粉末全面接触的焖煮法来释放咖啡的精华。

6）电动咖啡机

一般市面上常见的电动咖啡机有美式滴漏咖啡机、意大利式蒸汽咖啡机。美式滴漏咖啡机的价格与虹吸壶不相上下，适合中度或偏深度烘焙的咖啡，其研磨颗粒略细，口味偏苦涩。它通过电力将水煮沸，这样做黑咖啡最简单，但由于用沸水制作，口感稍逊一筹。意大利式蒸汽咖啡机是通过高压、高温让蒸汽快速通过咖啡粉末来萃取咖啡的机器。用意大利式蒸汽咖啡机冲泡的咖啡比较浓，温度也比较高，口味比美式滴漏咖啡机冲泡的咖啡要重。

3. 咖啡的饮用

1）咖啡杯的用法

在餐后饮用的咖啡，一般都是用袖珍型的杯子盛出。这种杯子的杯耳较小，手指无法穿出杯耳。即使用较大的杯子，也不要用手指穿出杯耳再端杯子。咖啡杯的正确拿法，应是拇指和食指捏住杯把，再将杯子端起。

2）咖啡加糖方法

给咖啡加糖时，砂糖可用咖啡匙舀取，直接加入杯内；也可先用糖夹子把方糖夹在咖啡碟的近身一侧，再用咖啡匙把方糖加在杯子里。如果直接用糖夹子或手把方糖放入杯内，有时可能会使咖啡溅出，从而弄脏衣服或台布。

3）咖啡匙的用法

咖啡匙是专门用来搅拌咖啡的，饮用咖啡时应当把它取出来。不要用咖啡匙舀着咖啡一匙一匙地慢慢喝，也不要用咖啡匙来捣碎杯中的方糖。

4）咖啡冷却

刚刚煮好的咖啡太热，可以用咖啡匙在杯中轻轻搅拌使之冷却，或者等待其自然冷却，然后再饮用。用嘴把咖啡吹凉，是很不文雅的动作。

5）杯碟的用法

盛放咖啡的杯碟都是特制的。它们应当放在饮用者的正面或者右侧，杯耳应指向右方。饮咖啡时，可以用右手拿着咖啡的杯耳，左手轻轻托着咖啡碟，慢慢地移向嘴边轻啜。不宜大口吞咽，也不宜俯首去就咖啡杯。喝咖啡时，不要发出声响。添加咖啡时，不要把咖啡杯从咖啡碟中拿起来。

6）咖啡品尝方法

咖啡的味道有浓淡之分，所以，不能像喝茶或喝可乐一样，连续喝三四杯。一次饮用咖啡 80～100 ml 为适量，有时候若想连续喝三四杯，就要将咖啡的浓度冲淡，或加入大量的牛奶。要考虑到生理上能够承受的程度，来确定咖啡的浓度，也就是不要造成腻或恶心的感觉。在糖分的调配上也不妨多些变化，使咖啡更加美味。

7）会客中的咖啡

在家里请客人喝咖啡，作为主人不要帮着客人操作，特别是客人也是咖啡爱好者的时候，让他们自己动手加奶或加糖。另外，还要细心地为懂得喝咖啡的行家准备一杯凉开水，使客人能在凉开水和咖啡之间交替品尝出咖啡的口味。

在朋友家里做客喝咖啡时，不必客气，将咖啡趁热喝完，才显得有礼貌。不过，不要一口气把咖啡喝完，而要慢慢啜饮。如果只顾聊天，冷落了咖啡，也就浪费了主人的一份心意。

五、其他常见饮料

1. 纯净水（矿泉水）

纯净水是不含杂质的水，是符合生活饮用水卫生标准的纯水，是通过蒸馏法等适当的加工方法制成的无色透明液体。

饮用天然矿泉水是从地下深处自然涌出的或经人工挖掘的未受污染的地下矿泉水，其含有一定量的矿物盐、微量元素和二氧化碳气体。矿泉水因富含多种人体不可缺少的矿物质，水质好，营养丰富，深受人们的欢迎。矿泉水有微咸和微甜两种，饮之清凉爽口，可助消化。

2. 蛋白饮料

蛋白饮料是以蛋白质含量较高的植物果实、种子，以及核果类、坚果类植物的果仁等为原料，与水按一定比例磨浆去渣后调制而成的液体制品。最典型的蛋白饮料是豆浆。

3. 乳品饮料

乳品饮料是指以鲜乳或乳制品为原料，经加工处理制成的液状或糊状的饮料。

1）新鲜牛奶

新鲜牛奶即低温保鲜奶，通常是指用原奶进行巴氏灭菌的牛奶，也叫巴氏奶，俗称鲜奶。

这种牛奶一般不添加任何稳定剂、增稠剂、乳化剂等，是目前市场上销售量最大的一种乳品饮料。巴氏灭菌，就是将牛奶加热至60～63 ℃，并维持此温度30 min，这样既能杀死全部致病菌，又能保持牛奶的营养成分，杀菌效果可达99%。

2）发酵牛奶

发酵牛奶有许多种，下面介绍几种常见的品种。

酸乳是用脂肪含量在18%以上的乳品，加入乳酸菌发酵后，再加入特定的甜味料，使其具有苹果、菠萝等风味的饮料。

酸奶以新鲜牛奶为原料，经过巴氏杀菌后再向牛奶中添加有益菌（发酵剂），经发酵后，再冷却灌装的一种牛奶制品，其有较高营养价值和特殊风味。目前市场上的酸奶制品多以凝固型、搅拌型，以及添加各种果汁、果酱等辅料的果味型为主。酸奶不但保留了牛奶的所有优点，而且在某些方面还扬长避短，成为更加适合人们食用的营养保健品。

3）冰激凌

冰激凌是以牛乳或其制品为主要原料，加入糖类、蛋品、香料及稳定剂，经混合配制、杀菌冷冻而成的松软的冷冻食品，其一般为固体，但在经营上通常归为冷饮。

4. 碳酸饮料

碳酸饮料是在一定条件下充入二氧化碳气体的饮品，也就是通常所说的汽水。饮用碳酸饮料，泡沫多而细腻，饮后清爽畅快。

（1）普通型碳酸饮料，通常是在经过纯化的饮用水中压入二氧化碳气体，一般不添加甜味剂和香料。常见的有苏打水和含气矿泉水。

（2）果味型碳酸饮料，通常是加入一定的食用香精和着色剂，使汽水具备水果香型和色泽。它的特点是颜色鲜艳，但不含任何水果营养成分。常见的果味型汽水有柠檬汽水、汤力水和干姜水等。

（3）果汁型碳酸饮料，通常是在汽水中添加一定量的新鲜果汁制成。它与果味型碳酸饮料相比除了颜色鲜艳，具备水果的色、香、味之外，还有一定的营养成分，有利于人体健康。

（4）可乐型碳酸饮料，可乐是一种含有可乐果提取物及其他调味品的碳酸饮料，其起源于美国，现流行于世界各地。

5. 果蔬汁

果蔬汁是指以新鲜水果、蔬菜为原料制取的汁液或以水果、蔬菜为原料，经压榨后所得的汁液，再添加食盐或糖等配料调制而成的饮品。

果蔬汁由于原料天然、色彩诱人、制作方便，且含有丰富的矿物质、维生素、糖类、蛋白质等营养成分，较易被人体吸收和利用，深受消费者喜爱。

常见的果蔬汁有橙汁、西瓜汁、番茄汁、黄瓜汁等；还有两种及两种以上单口味果蔬汁调制在一起的混合果蔬汁。

6. 功能性饮料

功能性饮料是通过调整饮料中营养素的成分和含量比例，以适应某些特殊人群营养需要的制品。此类饮料基本上是以水为基础，添加氨基酸、牛磺酸、电解质、咖啡因、维生素等调制而成。红牛、宝矿力水特、脉动等均是此类饮料。

7. 其他类型饮料

其他类型饮料有：可可饮料、谷物饮料（如玉米汁、薏米汁）等。

任务三 部分少数民族的饮食文化

知识目标

- 掌握部分少数民族饮食的相关知识。

技能目标

- 能正确掌握部分少数民族饮食的相关要求。

相关知识

一、朝鲜族

朝鲜族多从事水稻生产，这直接影响了其主食偏好。在朝鲜族传统饮食中，稻谷类和蔬菜为基本食物，菜肴通常以辣为特征。在朝鲜族日常饮食中，一般以米饭为主食，以菜汤为副食，兼食各种风味小菜。朝鲜族历来以素食为主，不喜欢吃油腻的食物，其饮食特点可以概括为辛辣、爽凉、清淡。

二、满族

满族菜肴极富特色，最能代表满族、汉族饮食文化交融的莫过于“满汉全席”。日常生活中，满族民间还有许多风味小吃和种类繁多的点心。

三、藏族

藏族有着自己独特的食品结构和饮食习惯，其中酥油、茶叶、糌粑、牛羊肉被称为藏族饮食的“四宝”，此外，还有青稞酒和各式奶制品等特色食品。

四、维吾尔族

维吾尔族传统饮食以面食为主，喜食牛、羊肉，蔬菜吃得相对较少。主食的种类很多，最常吃的有馕、抓饭、拉面等。

五、苗族

苗族的主食为大米，也有玉米、红薯、小米等杂粮。

苗族人尤其喜欢吃酸，几乎家家户户都自制酸汤、酸菜。苗族的酸汤鱼肉嫩汤鲜，清香可口，闻名遐迩。

六、回族

回族有严格的饮食习惯和禁忌。

回族著名的菜肴有羊肉泡馍、手抓羊肉、涮羊肉等，颇具地方特色和民族风格。

七、壮族

壮族是最早栽培和种植水稻的民族之一，稻米也自然成为壮族人民的主食，稻米制作方法多种多样，有蒸、煮、炒、焖、炸等，各种米饭、米粥、米粉、米糕、糍粑等，是壮族人民日常喜爱的食品。

八、黎族

黎族的主食主要是大米，其次是玉米、番薯等杂粮。

竹筒香饭，是黎族一种颇具特色的食品。

九、白族

白族一般以稻米和小麦作主食，山区的白族则以玉米为主食。

十、土家族

土家族过去多以玉米为主食，稻米为辅食，近年来以稻米为主食的地区已占多数。

十一、傣族

傣族食品中以糯米为材料的种类很多。傣族的膳食烹调别具一格，并已形成具有食品文化意义的“傣族风味”。

十二、蒙古族

蒙古族传统饮食离不开肉和奶，肉以牛、羊肉为主，喜欢将新鲜骨带肉一起煮熟后食用或将新鲜肉切成条，风干后慢慢食用。在长期的游牧生活中，蒙古族创造了一套制作和保存奶类食品的方法。鲜牛奶经发酵、蒸、煮、晒等工序后，可以制成奶油、奶酒、奶干、奶皮等。这些食品既有营养又有独特的味道。

任务四 世界主要国家的饮食文化

知识目标

- 了解世界主要国家的饮食文化。

技能目标

- 掌握世界主要国家的饮食文化知识。

相关知识

一、美国饮食文化

美国是一个多民族的移民国家，融合了来自世界各地不同种族、不同民族的文化，这使得美国的饮食文化颇具特色。美国饮食文化的主要特征就是粗犷实在。

美国人的早餐以面包、牛奶、鸡蛋、果汁、麦片、咖啡、香肠等为主。午餐一般在工作地点用快餐（快餐是典型的美国饮食文化，十分普及），一般有三明治、水果、咖啡、汉堡包、热狗等。晚餐是正餐，比较丰盛，如牛排、猪排、烤肉、炸鸡等，配面包、黄油、青菜、水果、点心等。美国人在临睡前有吃点心的习惯，成人以水果、糖果为主，孩子则食用牛奶和小甜饼。

美国人喜欢吃生、冷食品。菜肴的味道一般是咸中带点甜。煎、炸、炒、烤为主要烹调方式，很少使用红烧、蒸等方式。美国人爱吃的甜食有蛋糕、家常小馅饼、冰激凌等。美国人喜欢吃青豆、菜心、豆苗、刀豆、蘑菇等蔬菜。

二、法国饮食文化

法国饮食文化源远流长，17 世纪后，法国菜不断地精益求精，并将以往的古典菜肴进行了创新。法国菜讲究风味、天然性、技巧性、装饰和颜色的搭配。由于地理位置的不同，法国菜有许多地域性菜肴。法国北部畜牧业发达，盛产各式奶油和奶酪，南部则盛产橄榄、海鲜、大蒜、蔬果和香料。

法国菜在材料的选用上较偏好牛肉、羊肉、家禽、海鲜、蔬菜、蜗牛、松露、鹅肝及鱼子酱；而在配料方面采用大量的酒、牛油、鲜奶油及各式香料；在烹调时，火候占了非常重要的一环，如牛、羊肉通常烹调至七分熟即可，海鲜烹调时须熟度适当，不可过熟。尤其在酱料的制作上，更是下足功夫，酱料使用的材料很广泛，无论是高汤、酒、鲜奶油、牛油或各式香料、水果等，都运用得非常灵活。

法国是世界上白兰地的主产地之一，因此，法国人对于酒在餐饮上的搭配和使用非常讲究。如在饭前饮用较淡的开味酒；食用肉类时饮用红酒；而饭后则饮用少许白兰地。另外，香槟酒常用于庆典时，如结婚、生子、庆功等场合。

法国的奶酪也非常有名，种类繁多。奶酪依形态分为新鲜而硬的、半硬的、硬的、蓝莓的和烟熏的五大类。通常食用奶酪时会附带面包、干果（如核桃等）、葡萄等。

法国菜的烹调方法很多，几乎包括了西方菜所有的近 20 种烹调方法。一般常用的有烤、煎、烩、焗、铁扒、焖、蒸等。

三、英国饮食文化

公元 1066 年，法国公爵威廉继承了英国王位，带来了灿烂的法国和意大利的饮食文化，为英国菜的发展打下了基础。受自然条件所限，英国的农业不是很发达，粮食每年都要进口，而且英国人也不像法国人那样崇尚美食，因此英国菜相对来说比较简单，英国人也常嘲笑自己不精于烹调。然而英式早餐却比较丰富，英式下午茶也是格外的丰盛和精致。英国菜选料比较简单，虽是岛国、海域广阔，可是受自然地理条件所限，渔场不太好，所以英国人不讲究吃海鲜，比较偏爱牛肉、羊肉、禽类等。英式早餐非常丰盛，一般有各种蛋品、麦片粥、咸肉、火腿、香肠、黄油、果酱、面包、牛奶、果汁、咖啡等。英式早餐首先将玉米片浇上牛奶后食用；然后食用主菜，一般是咸肉、香肠和煎鸡蛋配以煎蘑菇或西红柿，当然还有烤面包；最后饮用咖啡或红茶，也可以是英国传统的奶茶。

四、德国饮食文化

德国菜是指德意志地区的菜系，口味较重，材料上较偏好猪肉、牛肉、动物肝脏类、鱼类、家禽及蔬菜等；调味品方面使用大量芥末、白酒、牛油等，而在烹调上较常使用煮、炖或烩的方式。

德国菜以酸、咸口味为主，调味较为浓重。烹调方法以烤、焖、串烧、烩为主。蓝格的桌布上摆着一筐面包，客人在等待中可以慢慢享用，德国面包很有嚼劲，牙齿好的人才能品尝出味道。德式的汤一般比较浓厚，德国人喜欢把原料打碎在汤里，这大概与当地天寒地冻的气候有关。

德国人通常较注重早餐和午餐，而晚餐则较为随便，大多吃些冷肉、沙拉、洋芋、面包、啤酒等，但他们很讲究晚餐的气氛，一般都会放些音乐或点些蜡烛来增加气氛及食欲。

五、印度饮食文化

印度居民多信印度教，在饮食上一般以稻米、面食为主。印度人善于调制奶制品，在口味上尤其喜食咖喱，嗜好酸辣，重油重色。烹调方法以烧、煮、烩、炸、炒为主。饮食时人们喜用手抓食。在众多的印度菜肴中，咖喱类菜为其最大特色。

六、日本料理文化

日本料理主要分为本膳料理、怀石料理和会席料理三类。

本善料理是以传统的文化、习惯为基础的料理体系。在十分正式的日本宴席上将菜放在有脚的托盘上食用。

怀石料理是日本料理中，最早、最正统的烹调系统。距今已有450多年的历史。据日本古老的传说，“怀石”一词是由禅僧的“温石”而来。那时候，修行中的禅僧必须遵行的戒律是只食用早餐和午餐，下午不必吃饭。可是年轻的僧侣耐不住饥饿和寒冷，将加热的石头包于碎布中，顶在胃部以耐饥寒。后来逐步发展为少吃一点东西，起到“温石”御饥寒的作用。

怀石料理也是与“茶道”一起发展起来的。“茶道”可以说是一种隆重的品尝茶的仪式，也是接待贵客的方式之一。如果在请客人喝茶时，客人腹中饥饿，不仅影响品茶，而且对身体不好。因此，在举行茶道仪式时，先请客人吃点心或便饭，然后再请客人喝茶。这就是在茶道仪式中产生的“怀石料理”的本意。经过几百年的演变，现在“怀石料理”作为一个古老的饮食文化，其特点是在菜的烹制方法上一直采用古代沿袭下来的程序，尽量保持原材料本身的味道。原料上以鱼和蔬菜为主，每个月要有当季有代表性的鱼和蔬菜，因此每个月的菜单也是不一样的。

会席料理指晚会上的丰盛宴席菜式。历史上，随着日本普通人社会活动的增多，产生了料理店，形成了会席料理。其是以本膳料理和怀石料理为基础，简化而成的。其中也包括各种乡土料理。会席料理通常在专门做日本菜的饭馆里可以品尝到。

日本料理质精量小，注重菜品的营养价值。一般不喜太咸，爱甜、酸和微辣味。日本人习惯以米饭为主食，对什锦炒饭、红豆饭、八宝饭、小笼包、水饺、汤面、炒面等较为偏爱。日本人爱吃鱼类，尤其爱吃生鱼片；还喜食牛肉、野禽、蛋类、虾、蟹、海带、瘦猪肉；也爱吃紫菜、茄子、白菜、黄瓜、萝卜、竹笋、芹菜、西红柿、菠菜、豆芽、青椒、菜花、圆白菜、鲜蘑、木耳和豆腐等；调料喜用紫菜、生姜、白糖、芝麻、酱油等。日本人对凉拌、煎、炒、蒸、炸、串烤制出的菜肴也较偏爱。

七、韩国料理文化

韩国饮食的主要特点为：多蔬菜、喜清淡、忌油腻，好凉辣。韩国人自古以来把米饭当作主食。菜肴以炖、煮和烤制为主，基本上不做炒菜。韩国的酱和泡菜延续了数千年的历史，蕴含着久远的传统。韩国料理或是原汁原味，平平淡淡；或是华丽无比，令人不忍食用。从豪华的宫廷宴席到简单的四季小菜，韩国料理具有自己独特的风味。

韩国料理具有代表性的菜肴是烤肉、冷面、拌饭，以及参鸡汤、牛肉汤等。

韩国有句俗话：“泡菜是半个粮食。”不管多么奢华的宴会，餐桌上也少不了泡菜。韩国人无论贫富，一日三餐都离不开泡菜。

八、俄罗斯饮食文化

一般来说，传统的俄罗斯饮食比较简朴、单一。按照俄罗斯人的习惯，午餐和晚餐通常有三道菜。头道菜是热汤类，第二道菜一般是肉、鱼、禽、蛋制品及蔬菜，第三道菜通常是水果、饮料或甜食。在吃头道菜时还可以有冷盘。

俄罗斯的主食主要为白面包和黑面包，肉食为猪肉、牛肉、羊肉、禽类及其制成品——香肠、罐头食品等。在俄罗斯人的饮食中，奶类、奶制品占有重要位置，常见的有牛奶、奶渣、鲜奶油、酸奶油、奶酪、黄油等。蔬菜的品种主要有圆白菜、土豆、西红柿、葱头、黄瓜、西葫芦、蘑菇、各种豆类等。

俄罗斯菜中鱼类食品占重要地位，鱼的烹制有多种方式：鲜鱼、干鱼、风干鱼、咸鱼、炸鱼，等等。鱼子酱是俄罗斯人引以为豪的一种珍贵美肴，有黑鱼子酱和红鱼子酱之分，黑鱼子酱价格昂贵，营养丰富，有“黑色黄金”之称。

俄罗斯人常喝的饮料有蜂蜜、格瓦斯、野果汁等。在酒文化上，俄罗斯的伏特加是世界名酒。俄罗斯人爱喝酒，除了伏特加，其他烈性酒还爱喝白兰地、威士忌等。另外葡萄酒、啤酒也很受大众欢迎。俄罗斯人主要饮用红茶，他们饮茶时总要配一些食物，主要是甜点，如饼干、点心、果酱、糖果等。

素质拓展

饮食是人类能够生存和发展不可缺少的首要条件，在人类文明的发展中，烹饪饮食是最重要的文化之一。世界各国的烹饪饮食文化各具特色，而中华历史文化长河中积淀、蕴藏、发展出来的鲜明而独特的餐饮文化，更是令人叹服。

中国餐饮文化有自己的优秀传统，其中蕴含着丰富的哲理与精湛的科学。它既提倡“食不厌精，脍不厌细”的高标准口味，同时提倡“惟辟玉食”的精美制作，然而“节饮食”的告诫代代相传，“扶衰养病”的卫生原理随着中医医学越来越高度发达，地域、季节和饮食的关系常常是中国烹饪学的重要课题。饮食既是生活仪式，又是科学技术，同时还是美的享受（艺术）。

中华人民共和国成立后，在中华餐饮文化的继承与创新上取得了令人欣喜的成果。中国各地的传统风味菜肴获得发展，除北京的仿膳菜外，西安、杭州、开封、扬州等地还挖掘研制了仿唐菜、仿宋菜、官府菜和红楼菜等，在饮食文化创新方面，除根据时代发展，减少甚至停止珍贵野生动物类食材（如熊掌）为主体的菜肴外，开发出新川菜、新粤菜等创新菜式，还在餐饮与新技术融合方面进行了尝试，在中式快餐、中央厨房、中式预制菜等领域取得了突破性的发展。

中华餐饮文化作为中华文化的重要名片，将继往开来，走向新的辉煌。

复习思考题

1. 简述中餐食材六品的内容。
2. 简述中国八大菜系的特点。
3. 简述法国菜的特点。
4. 简述茶的起源。
5. 简述各民族的饮食文化特点。

6. 简述各主要国家的饮食文化。

实训安排

实训项目：餐饮文化

【实训目标】

（1）掌握菜肴的相关知识。

（2）能正确掌握中西餐饮文化差异。

【实训内容与要求】

（1）以小组为单位。

（2）针对中西方饮食文化差异，撰写调研报告。

【实训成果与检测】

每位学员写一份简要的调研报告，全班进行一次交流与讨论，由教师根据调研报告为每位学员评估、打分。

项目二

食品营养与动车组餐饮安全

思政目标

● 学习二十大关于人民健康、“人民至上”的相关精神，将食品安全放在高速铁路餐饮服务工作的首要位置。

引导案例

全路取消常温链盒饭供应

预包装常温链易发生包装容器破损，造成霉变，2018 年，中国铁路总公司（现国铁集团）表示，将丰富冷链盒餐供应，取消温链盒饭供应。

据新华社消息，国务院督查组高度重视“北京开往武汉高铁供应盒饭发霉”一事，连日来，国务院第五督查组先后到京铁列车服务有限公司等地进行实地督查，力促问题解决。铁路总公司表示，自 2018 年 9 月 29 日起，全国铁路将停止使用常温链盒饭，并将完善相关机制，强化全链条管控。

2018 年 9 月 8 日 G505 次列车上供应 40 元盒饭竟然发霉，有一名旅客吃完后出现上吐下泻的状况。9 月 9 日晚上，中国铁路广州局集团有限公司回应称经查该霉变盒饭由上海新成食品有限公司生产，广州动车餐饮有限公司采购并销售给旅客；将立即调查整改，暂停采购上海新成食品有限公司动车盒饭。G505 次列车上发霉的盒饭如图 2－1 所示。

图 2－1　G505 次列车上发霉的盒饭

9月17日，督查组与铁路总公司进行了部门座谈。国务院第五督查组副组长吴圣光指出，高铁已成为人们重要的出行工具，高铁盒饭问题备受社会关注。

据有关部门介绍，目前动车组供餐以冷链为主，以预包装常温链为应急准备。冷链盒饭由铁路或地方动车供餐基地企业加工，保质期为 72 小时，贮运温度在 0 ℃至 10 ℃，超过保质期的未销售盒饭，统一收回处理；常温链盒饭是工业化集中加工生产，实行高温、高压、充氮、密闭操作，不添加任何防腐剂。

常温链盒饭采取了罐头生产工艺，正常状态是安全的，食品安全风险控制点在于防止包装容器破损而导致霉变。冷链盒饭也应强化过程控制，盯紧食材采购、生产加工、包装入库、物流配送、全程温控等关键环节，守好安全底线。对此，铁路总公司表示，已采取食品控制措施，全部封存下架涉事产品；同时，已委派调查组开展调查，并已部署开展食品安全专项检查。

据铁路总公司有关负责人透露，由于常温链盒饭储运时间长，易发生包装容器破损造成霉变等影响食品安全的问题，自 2018 年 9 月 29 日起，全国铁路将停止使用常温链盒饭。下一步，全国铁路系统将完善相关机制，强化全链条管控，确保铁路餐饮和食品安全；同时，丰富冷链盒餐供应，不断提升餐饮质量。

任务一　食品营养常识

知识目标

- 了解各类食品的营养知识。

技能目标

- 能够根据旅客的膳食要求提供相应的餐饮。

相关知识

一、营养概述

营养是机体摄取食物，经过消化、吸收、代谢和排泄，利用食物中的营养素和其他对身体有益的成分构建组织器官、调节各种生理功能，维持正常生长、发育和防病保健的过程。

营养素是指食物中可给人体提供能量、构成机体和修复组织及具有生理调节功能的化学成分。凡是能维持人体健康及提供生长、发育和劳动所需要的各种物质都可称为营养素。人体所必需的营养素有蛋白质、脂肪、糖类、维生素、水、无机盐（矿物质）、膳食纤维（纤维素）7 类，还包含许多非必需营养素。其中蛋白质、脂肪、糖类、水、膳食纤维在食品中存在和摄入的量较大，称为宏量营养素或常量营养素。而维生素和矿物质在膳食中仅需少量，故称为微量营养素。

1. 蛋白质

蛋白质是维持生命不可缺少的物质。人体组织、器官由细胞构成，细胞结构的主要成分为蛋白质。机体的生长、组织的修复、各种酶和激素对体内生化反应的调节、抵御疾病的抗体的组成、维持渗透压、传递遗传信息，无一不是蛋白质在起作用。婴幼儿生长迅速，蛋白质需要量高于成人，平均每天每千克体重需要 2 g 以上。肉、蛋、奶、豆类含大量优质蛋白质，是每日必须摄入的。

2. 脂肪

脂肪是储存和供给能量的主要营养素。每克脂肪所提供的热能为同等质量碳水化合物或蛋白质的 2 倍。机体细胞膜、神经组织、激素的构成均离不开它。脂肪还起保暖隔热，保护内脏、关节、各种组织，促进脂溶性维生素吸收的作用。

3. 糖类

糖类又称碳水化合物，是为生命活动提供能源的主要营养素，它广泛存在于米、面、薯类、豆类、各种杂粮中，是人类最重要、最经济的食物。这类食物每日提供的热量应占总热量的 60%～65%。任何碳水化合物到体内经生化反应最终均分解为糖。

4. 维生素

维生素是人和动物为维持正常生理功能而必须从食物中获得的一类微量有机物质，在人体生长、代谢、发育过程中发挥着重要的作用。维生素既不参与构成人体细胞，也不为人体提供能量，但在物质代谢中起重要作用。

5. 矿物质

矿物质是人体主要组成物质，碳、氢、氧、氮约占人体总重量的 96%，钙、磷、钾、钠、氯、镁、硫占 3.95%，其他则为微量元素，矿物质共 41 种，常被人们提到的有铁、锌、铜、硒、碘等。每种元素均有其重要的、独特的、不可替代的作用，各元素间又有密切相关的联系，都有重要的生理功能：① 构成骨骼的主要成分；② 维持神经、肌肉正常生理功能；③ 组成酶的成分；④ 维持渗透压，保持酸碱平衡。许多疾病与矿物质缺乏相关，例如缺钙与佝偻病；缺铁与贫血；缺锌、缺碘与生长发育缓慢等，均应引起足够的重视。

6. 膳食纤维

膳食纤维的定义有两种：一种是从生理学角度将膳食纤维定义为哺乳动物消化系统内未被消化的植物细胞的残存物，包括纤维素、半纤维素、果胶、抗性淀粉和木质素等；另一种是从化学角度将膳食纤维定义为植物的非淀粉多糖加木质素。膳食纤维可分为水溶性膳食纤维和非水溶性膳食纤维。非水溶性膳食纤维不被人体消化吸收，只停留在肠道内，可刺激消化液的产生和促进肠道蠕动，吸收水分以利于排便，对肠道菌群的建立也起有利的作用；水溶性膳食纤维可以进入血液循环，降低血浆胆固醇水平，改善血糖生成反应，影响营养素的吸收速度和部位。

7. 水

水是生命的源泉，人体对水的需要仅次于氧气，水是维持生命必需的物质，机体的物质代谢、生理活动均离不开水的参与。人体细胞的重要成分是水，正常成人身体中水分大约占体重的 70%，婴儿体重的 80%左右是水分，老年人身体体重的 55%是水分。每天每千克体重需水约 150 ml。人如果不摄入某一种维生素或矿物质，也许还能继续活几周或带病活上若干年，但人如果没有水，却只能活几天。水有利于体内化学反应的进行，在人体内还起到运输物质的作用。水对于维持人体温度的稳定起很大作用。

二、正常人体所需要的能量

人体能量是指在生命活动过程中，一切生命活动都需要的能量，这些能量主要来源于食物。碳水化合物、脂肪和蛋白质经体内氧化可释放能量，三者统称为“产能营养素”或“热源质”。粮谷类和薯类食物含碳水化合物较多，是膳食能量最经济的来源；油料作物富含脂肪；动物性食物一般比植物性食物含有更多的脂肪和蛋白质，但大豆和坚果类例外，它们含丰富的油脂和蛋白质。人体每日摄入的能量不足，机体会运用自身储备的能量甚至消耗自身的组织以满足生命活动的能量需要。人长期处于饥饿状态，在一定时期内机体会出现基础代谢降低、体力活动减少和体重下降以减少能量的消耗，使机体产生对于能量摄入的适应状态，此时，能量代谢由负平衡达到新的低水平上的平衡，其结果是引起儿童生长发育停滞，成人消瘦和身体机能下降。

三、合理营养的相关概述

所谓合理营养是指膳食营养在满足机体需要方面能合乎要求，也就是说由膳食提供给人体的营养素，种类齐全，数量充足，能保证机体各种生理活动的需要。合理营养可维持人体的正常生理功能，促进健康和生长发育，提高机体的劳动能力、抵抗力和免疫力，有利于某些疾病的预防和治疗。缺乏合理营养将产生障碍以致发生营养缺乏病或营养过剩性疾病（肥胖症和动脉粥样硬化等）。

若按每日 3 餐的热能分配，以早餐占 25%～30%、午餐占 35%～45%、晚餐占 30%～35% 较为合理，当然还可以根据各地的生活和作息时间而做适当的修改。要达到合理营养，必须合理调配膳食，满足人体对各种营养素的要求。每个国家都根据各自公民的体质特征、生活习惯、食物的生产和供应情况，提出各种不同年龄、性别人群推荐的膳食供给量。

合理的营养能促进机体的正常生理活动，改善机体的健康状况，增强机体的抗病能力，提高免疫力。合理营养可使老年人精力充沛，对抗老防衰、延年益寿具有极其重要的作用。

实现合理膳食的基本方法如下。

（1）膳食中热量和各种营养素必须能满足人体生理和劳动的需要。膳食中必须含有蛋白质、脂肪、糖类、维生素、无机盐，以及微量元素、水和膳食纤维等人体必需的营养素，且保持各营养素之间的数量平衡，避免有的缺乏、有的过剩，因为任何一种天然食物都不能提供身体所必需的一切营养素，所以多样化的食物是保证膳食平衡的必要条件。

（2）良好的饮食习惯。如餐次安排得当，可采取早晨吃好、中午吃饱、晚上吃少的原则。早餐最好要吃，很多人有不吃早餐的习惯，不吃早餐体内胆固醇增高，长期不吃早餐还容易患胆结石。

（3）适当的烹调方法。要以利于食物的消化吸收，且有良好的食品感官性状，能刺激食欲为原则来选择烹调方法。

（4）食品必须卫生且无毒。

由于人们的生活环境不同，饮食习惯、健康状况等也千差万别，对营养的要求也各不相同。在实际生活中，只有根据合理营养的基本要求，按照每个人的性别、年龄、劳动状况、健康情况等方面综合考虑，安排好每日膳食，才能真正达到合理膳食的要求。

四、各类食物的营养价值

食物营养是身体健康的最重要的因素。食物营养价值指食物中所含的热能和营养素能满足人体营养需要的程度。根据性质和来源，大致可把食品归为三类。动物性食品：畜禽肉类、动物内脏、鱼和虾等水产品、奶类和蛋类等。植物性食品：粮谷类、豆类、油料、蔬菜和水果、薯类、坚果类等。各种食物的制品：以天然食物为原料，通过加工制作的食品，如糖、罐头、糕点及各种小食品等。

（一）动物性食物的营养价值

动物性食物是以动物为来源的食物，包括畜禽肉、蛋类、水产品、奶及其制品等，主要为人体提供蛋白质、脂肪、矿物质、A 族和 B 族维生素。不同类型的动物类食物之间的营养价值相差较大，但是在给人体提供蛋白质方面十分接近。

1. 畜禽肉类

肉类可分为畜肉和禽肉两种，前者包括猪肉、牛肉、羊肉等，后者包括鸡肉、鸭肉和鹅肉等。肉类食物中含有丰富的脂肪、蛋白质、矿物质和维生素，但碳水化合物较植物性食物少，不含植物纤维素。肉的组成不仅取决于肥肉与瘦肉的相对数量，也因动物种类、年龄及所取部位等不同而有显著差异。

1）肉类中含有的各种营养成分及特点

（1）蛋白质。

肉类提供的蛋白质对人体有重要的生物学意义。构成蛋白质的氨基酸，共有 20 多种，其中有 8 种是人体不能自身合成的，必须靠摄取含有这 8 种氨基酸的食物来获得；而肉类食物的蛋白质是完全蛋白质，可以提供人体所需的全部种类的氨基酸。当肉类蛋白质在人体内被消化时，分解出来的氨基酸即可被吸收。与肉类蛋白质相比，植物类食物所提供的蛋白质有时则不如肉类蛋白质的氨基酸成分那么全面。一般的瘦猪肉的蛋白质含量为 10%～17%，肥猪肉则只有 2.2%；瘦牛肉为 20%左右，肥牛肉为 15.1%；瘦羊肉为 17.3%，肥羊肉 9.3%；兔肉 21.2%；鸡肉 23.3%；鸭肉 16.5%；鹅肉 10.8%。其中，兔肉高蛋白，低脂肪（0.4%），且胆固醇含量低，非常适合患高血压、心脏病及动脉粥样硬化这些病症的人食用。除肉外，动物的内脏作为肉类食物的另一部分，也能提供蛋白质。猪、羊、牛的肝脏，蛋白质含量约为 21%，鸡、鸭、鹅的肝脏，蛋白质含量为 16%～18%。

（2）碳水化合物。

肉类的碳水化合物含量比较低，一般为 1%～5%。动物肌肉中含有肌糖原，当动物死亡时，肌糖原会转化成乳酸。乳酸的产生使肉中的酸性增强，pH 值下降，使得组织蛋白酶的活性增强，因为动物存活时，pH 值较高，抑制了这种酶的活性。组织蛋白酶让肉中的蛋白质部分地水解，从而使肉逐渐变软，恢复保水能力，进而肉味变得鲜嫩，更合人的胃口。动物被宰杀后，其胴体的肉的这一变化过程，为肉的存熟期。但要使这一过程完美地进行，则需要在一定的条件下保存生肉；包括控制并保持冷藏温度，存储时间不能过长或过短。

（3）脂肪。

脂肪是肉的所有成分中，所占比例变化范围最大的，平均含量是 10%～30%。常见的肉类的脂肪含量平均值为：猪肉 20%～35%，牛肉 10%～20%，牛犊肉 5%～10%，绵羊肉 10%～20%。畜类脂肪中饱和脂肪酸高于禽类脂肪。脂肪的主要成分包括甘油三酯、脂肪酸及少量的卵磷脂、胆固醇、游离脂肪酸、脂溶性色素等。含大量脂肪的 100 g 肥猪肉，可提供 830 千卡的热量。动物脂肪的熔点因相对较高，故不易被人体消化和吸收。脂肪及脑、肝、肾等内脏，都有高含量的胆固醇，这对高血脂或动脉粥样硬化这样的患者是有害的。

（4）无机盐。

肉类含铁、磷、钾、钠、铜、锌、镁等许多种矿物质，其中含磷较丰富，130～170 mg/100 g；钙含量颇少，7～10 mg/100 g。肉类食物中无机盐的含量占 0.6%～1.1%，瘦肉的无机盐含量高于肥肉，内脏的含量高于瘦肉。动物的肝脏、肾脏含铁较丰富，且利用率高。

（5）微量元素。

肉类含 B 族维生素，含极少的脂溶性维生素 A、维生素 D 及维生素 C。

2）畜禽肉类的健康吃法

（1）远离腌腊熏烤肉。

腌腊熏烤类熟食在制作过程中，煤炭、汽油、柴油、柴木等燃料及肉中脂肪在不完全燃烧的过程中，容易产生对健康不利的物质，甚至会致癌，所以要尽量少吃或不吃。

（2）肉类搭配豆类。

豆制品中含有大量的卵磷脂，可以乳化血浆，使胆固醇与脂肪的颗粒变小，悬浮在血浆中，不易向血管壁沉积，防止了硬化斑块的形成。

（3）吃肉喝汤两者兼顾。

有些人认为，炖肉的汤是最有营养的，喝汤可以充分摄取肉中的养分，实际上炖汤时仍然有很大一部分营养物质不能从组织细胞中渗出，因而喝汤和吃肉应该一起进行才能更好地吸收营养。

2. 蛋类

常见的蛋类有鸡蛋、鸭蛋、鹅蛋和鹌鹑蛋等。其中产量最大，食用最普遍，食品加工工业中使用最广泛的是鸡蛋。

各种禽蛋的结构都很相似，主要由蛋壳、蛋清、蛋黄三部分组成。以鸡蛋为例，每只蛋平均重约 50 g 上下，蛋壳重量占全部的 11%，其主要成分是 96%碳酸钙，其余为碳酸镁和蛋白质。蛋壳表面布满角质膜，在蛋的钝端角质膜分离成一气室。蛋壳的颜色由白到棕色，深度因鸡的品种而异。颜色与蛋的营养价值无关。蛋清包括两部分，外层为中等黏度的稀蛋清，内层包围在蛋黄周围的为稠蛋清。蛋黄表面包有蛋黄膜，有两条韧带将蛋黄固定在蛋的中央。

1）蛋类中含有的各种营养成分及特点

据分析，100 g 鸡蛋含蛋白质 12.8 g，主要为卵白蛋白和卵球蛋白，其中含有人体必需的 8 种氨基酸，并与人体蛋白的组成极为近似，人体对鸡蛋蛋白质的吸收率可高达 98%。每百克鸡蛋含脂肪 11～15 g，主要集中在蛋黄里，也极易被人体消化吸收，蛋黄中含有丰富的卵磷脂、蛋黄素及钙、磷、铁、维生素 A、维生素 D 及 B 族维生素。这些成分对增进神经系统的功能大有裨益，因此，鸡蛋又是较好的健脑食品。

蛋清和蛋黄分别约占总可食部的 2/3 和 1/3。蛋清中营养素主要是蛋白质，不但含有人体所需要的必需氨基酸，且氨基酸组成与人体组成模式接近，价值极高。这种蛋白质几乎能被人体完全吸收利用，是食物中最理想的优质蛋白质。蛋清也是核黄素的良好来源。

蛋黄比蛋清含有更多的营养成分。钙、磷和铁等无机盐多集中于蛋黄中。蛋黄还含有较多的维生素 A、D、B_1 和 B_2。维生素 D 的含量随季节、饲料组成和鸡受光照的时间不同而有一定变化。

蛋黄中含磷脂较多，还含有较多的胆固醇，100 g 约含 1 500 mg。蛋类的铁含量较多，但因有卵黄高磷蛋白的干扰，其吸收率只有 3%。

生蛋清中含有抗生物素和抗胰蛋白酶，前者妨碍生物素的吸收，后者抑制胰蛋白酶的活力，但当蛋煮熟时，即被破坏。

2）各种蛋类的功效

（1）鸡蛋。

鸡蛋是家鸡的卵，又名鸡子、鸡卵。由于含有丰富的营养，被人们称为“人类最理想的营养库”。鸡蛋含有的 18 种氨基酸中，包括人体所需的 8 种必需氨基酸，与人体蛋白质组成最为接近，人体对其蛋白质的吸收率最高。为了使鸡蛋的营养能充分地被人的机体吸收，老年人食用鸡蛋时，在制作方法上要合理得当，不吃生鸡蛋。生鸡蛋不卫生，不易吸收。鸡蛋不宜煮得过老，加热过长蛋白质变性。不宜油煎、油炸。油脂过多，产生热量较高，较易形成肥胖，应采用蒸、煮等方法。对于健康的老年人，每天只吃一个鸡蛋，并不会增加血中胆固醇浓度。100 g 鸡蛋（可食部分）含胆固醇 585 mg。对于高脂血症、高血压者，每周食用鸡蛋 1～2 个就可以了。

（2）鸭蛋。

鸭蛋和鸡蛋一样，既是营养丰富的食品，又可做食疗之用。鸭蛋性味甘、咸、凉、无毒，有滋阴清热之功效。鸭蛋还含有 18 种氨基酸，属于完全蛋白质。与其他蛋类相比，鸭蛋含矿物质及维生素 E 较多，有利于低磷、低钙者食用。由于鸭蛋较粗，且有腥味，不宜炒食或煮食，一般多将其制成咸鸭蛋来食用，患有高血压、心脏病、肾病者不宜食用。

（3）鹅蛋。

鹅蛋，又称为家雁蛋，其外形大于其他蛋类，吃起来有腥味，有益气补虚、和胃止渴之功效。鹅蛋在各种蛋类中脂肪及胆固醇含量最高，产生的热量也高于其他蛋类，对于患肥胖症的人不宜长期食用。

（4）鹌鹑蛋。

鹌鹑蛋又名鹑鸟蛋、鹌鹑卵。鹌鹑蛋虽小，但营养价值很高，是食物中的珍品，含有丰富的脑磷脂、卵磷脂。其还含有 18 种氨基酸，属于完全蛋白质，其中铁、钾及维生素 A 的含量高于其他蛋类。具有补益气血，强身健脑之功效，是良好营养补品。经常服用鹌鹑蛋对贫血、营养不良、神经衰弱、高血压、血管硬化患者可起到滋补、调养作用。

（5）松花蛋。

松花蛋，又称皮蛋、变蛋、彩蛋，是鲜鸭蛋在氢氮化钠等碱性物质的作用下形成的再制蛋。因碱性物质的作用，使其呈半透明状，并产生松花斑纹而得名。其特点是蛋清透明，蛋黄呈金黄色，外硬内软，清心爽口，滋味纯香，不加烹调即可食用，是我国人民的传统食品，又是下酒的冷盘佳肴。松花蛋营养丰富，其胆固醇及矿物质含量较高，维生素含量较少。松花蛋有泻热醒酒之功效，可治泻痢、醉酒，清热解毒，血压高者常食用可降低血压，冠心病、高脂血症、肥胖病者则不宜经常食用。

3）蛋类的健康吃法

一般烹调方法，温度不超过 100 ℃，对蛋的营养价值影响很小，仅 B 族维生素有一些损失，如维生素 B_2 不同烹调方法的损失率为：荷包 13%、油炸 16%、炒 10%。煮蛋时蛋白质变得软且松散，容易消化吸收，利用率较高。烹调过程中的加热不仅具有杀菌作用，而且具有提高消化吸收率的作用，因为生蛋清中存在的抗生物素和抗胰蛋白酶经加热后被破坏。

皮蛋制作过程中加入烧碱产生一系列化学变化，使蛋清呈暗褐色透明体，蛋黄呈褐色。由于烧碱的作用，使 B 族维生素被破坏，但维生素 A、D 保存尚好。

3. 水产品类

水产品是海洋和淡水渔业生产的水产动植物产品及其加工产品的总称，具体包括：①捕捞和养殖生产的鱼、虾、蟹、贝、藻类、海兽等鲜活品；②经过冷冻、腌制、干制、熏制、熟制、罐装和综合利用的加工产品。水产食品营养丰富，风味各异。低值鱼类和加工废弃物等制成的鱼粉、浓鱼汁等是重要的蛋白质饲料。利用水产动植物制成的油脂、维生素、激素和其他制品，具有多种化工、医药用途。

1）鱼类营养成分及健康吃法

鱼肉属于瘦肉型，100 g 鱼肉所含脂肪不足 2 g，而 100 g 香肠含脂肪多于 10 g。即便最油腻的挪威鲑鱼，其所含的热量也比猪排少一半。鱼肉还是蛋白质的重要来源。鱼肉容易被人体吸收，100 g 鱼肉保证人体每天所需的蛋白质的一半。鱼肉还供给人体所需要的维生素 A、D、E 等。鱼肉中还含有多种脂肪酸，这种物质能够防止血黏度增高，可有效防止心脏病的发生，并能强健大脑和神经组织及眼睛的视网膜。对孕妇和婴儿来说，这些脂肪酸更是不可缺少。科学家的一项最新研究表明，脂肪酸还起到治疗慢性炎症、糖尿病和某些恶性肿瘤的作用。鱼肉含有叶酸、维生素 B_2 等维生素，有滋补健胃、消肿、通乳、清热解毒、止嗽下气的功效。鱼肉含有丰富的镁元素，对心血管系统有很好的保护作用，有利于预防高血压、心肌梗死等心血管疾病。鱼肉中富含维生素 A、铁、钙、磷等，常吃鱼还有养肝补血、泽肤养发的功效。鱼肉含有大量的蛋白质，鱼肉所含的蛋白质都是完全蛋白质，而且蛋白质所含必需氨基酸的量和比值最适合人体需要，容易被人体消化吸收。鱼肉的脂肪含量一般比较低，大多数只有 1%～4%，如黄鱼含 0.8%、带鱼含 3.8%、鲢鱼含 4.3%、鲤鱼含 5%、鲫鱼含 1.1%、胖头鱼含 0.9%、墨斗鱼只含 0.7%。鱼肉的脂肪多由不饱和脂肪酸组成，不饱和脂肪酸的碳链较长，具有降低胆固醇的作用。鱼肉的无机盐、维生素含量较高。海水鱼和淡水鱼都含有丰富的磺，还含有磷、钙、铁等无机盐。鱼肉还含有大量的维生素 A、维生素 D、维生素 B_1、尼克酸。这些都是人体需要的营养素。

鱼肉味道鲜美，不论是食肉还是作汤，都清鲜可口，引人食欲，是人们日常饮食中比较喜爱的食物，但是鱼类因水分和蛋白质含量高，结缔组织少，较畜禽肉更易腐坏变质，特别是青皮红肉鱼，极易氧化破坏，对人体有害。因此打捞的鱼类需及时保存或加工处理，防止变质。同样有些鱼具有极强的毒素，如河豚，虽味道鲜美，若加工处理不善，可引起食用者急性中毒而死亡。

2）软体动物类的营养成分及健康吃法

软体动物按其形态不同，可以分为双壳类软体动物和无壳软体动物两大类。双壳类软体动物包括牡蛎、扇贝等；无壳软体动物包括章鱼、乌贼等。软体动物含有丰富的蛋白质和微量元素，其中一些软体动物还含有较多的维生素 A 和维生素 E，但脂肪和碳水化合物含量普遍较低。贝类肉质中还含有丰富的牛磺酸，并且含量普遍高于鱼类。软体动物微量元素的含量以硒最为突出，其次是锌。

采用煮熟或者清蒸方式对软体动物进行烹饪都比较合适，可根据自己的口味选择不同的烹饪方式。

4. 奶类及其制品

奶类是指鲜奶及所有以奶为主要原料制成的产品的总称，包括原料奶、巴氏消毒奶、超高温灭菌奶、酸奶、奶粉、炼乳、黄油、冰激凌、雪糕、干酪等产品。奶类及其制品具有很高的营养价值，是婴儿、孕妇及老人的主要营养食品。

1）奶类

奶类除不含纤维素外，几乎含有人体所需要的各种营养素。奶类的水分含量为 86%～90%，是一般食物中水分含量较高的。

奶中蛋白质含量约为 3.0%，牛奶的蛋白质组成，以酪蛋白为主，例如牛奶中酪蛋白占总蛋白量的 86%；其次是乳清蛋白，约为 9%，乳球蛋白较少，约为 3%；其他还有血清免疫球蛋白和多种酶类等。奶中脂肪含量为 3%～4%，马奶较低。乳脂中油酸含量占 30%，亚油酸和亚麻酸分别占 5.3%和 2.1%。奶中的脂肪颗粒很小，呈高度分散状态，易于消化吸收。奶中碳水化合物含量为 4%～6%，主要是乳糖。乳糖有调节胃酸，促进胃肠蠕动和消化腺分泌作用。还能促进肠道乳酸菌的繁殖，抑制腐败菌的生长，可改善幼儿肠道细菌的分布状况。

牛奶中维生素的含量受很多因素的影响，可因奶牛的饲养条件，季节和加工方式不同有一定的变化。如维生素 A 和胡萝卜素，在牛棚中饲养，每升中分别含 377 国际单位和 0.089 mg，而在牧场放牧时，分别增至 1 266 国际单位和 0.237 mg；在有新鲜饲料时，奶中维生素 A、胡萝卜素与维生素 C 含量较冬春季喂干饲料时有明显增加。奶中维生素 D 含量不高，但夏季日照多时，其含量有一定增加。

奶中无机盐含量也较丰富，为 0.6%～0.7%。其中钙含量尤为丰富，且容易消化吸收。每升牛奶可提供 1 200 mg 钙，是婴幼儿、孕妇钙的良好来源。但是，奶中铁含量较少，1 升中仅含 3 mg 铁，如以牛奶喂养婴儿，应同时补充含铁高的食物，如新鲜果汁和菜泥，以增加铁的供给。此外，奶中的成碱元素（如钙、钾、钠等）多于成酸元素（氯、硫、磷），因此，奶与蔬菜和水果一样，属于碱性食品，有助于维持体内酸碱平衡。

2）奶制品

奶制品，指的是使用牛乳或羊乳及其加工制品为主要原料，加入或不加入适量的维生素、矿物质和其他辅料，根据法律法规及相关标准规定的要求，加工制作的产品。奶制品包括液体乳（巴氏杀菌乳、灭菌乳、调制乳、发酵乳）、乳粉（全脂乳粉、脱脂乳粉、部分脱脂乳粉、调制乳粉、牛初乳粉）、其他乳制品等。

（1）酸奶。

酸奶的发酵过程使奶中糖类、蛋白质有 20%左右分别被水解成为小的分子（如半乳糖和乳酸、小的肽链和氨基酸等），奶中脂肪含量一般是 3%～5%。经发酵后，乳中的脂肪酸可比原料奶增加两倍，这些变化使酸奶更易消化和吸收，各种营养素的利用率得以提高。酸奶由纯牛奶发酵而成，除保留了鲜牛奶的全部营养成分外，在发酵过程中乳酸菌还可以产生人体营养所必需的多种维生素。

（2）奶粉。

奶粉是将牛奶除去水分后制成的粉末，它适宜保存。奶粉是以新鲜牛奶或羊奶为原料，除去乳中几乎全部的水分，干燥后添加适量的维生素、矿物质等加工而成的冲调食品。全脂奶粉：它基本保持了牛奶的营养成分，适用于全体消费者，但最适合于中青年消费者。脱脂乳粉：牛奶脱脂后加工而成，口味较淡，适于中老年、肥胖和不适于摄入脂肪的消费者。速溶奶粉：和全脂奶粉相似，具有分散性、溶解性好的特点，一般为加糖速溶大颗粒奶粉或喷涂卵磷脂奶粉。加糖奶粉：由牛乳添加一定量蔗糖加工而成，适于全体消费者，多具有速溶特点。

（3）炼乳。

炼乳是一种奶制品，是用鲜牛奶或羊奶经过消毒浓缩制成的食品，它的特点是可储存较长时间。炼乳通常是将鲜乳经真空浓缩或其他方法除去大部分的水分，浓缩至原体积 25%～40%的乳制品，再加入 40%的蔗糖装罐制成的。

按是否加糖可分为：加糖炼乳（即甜炼乳）、无糖炼乳（即淡炼乳）；

按原料乳是否脱脂可分为：全脂炼乳、脱脂炼乳和半脱脂炼乳；

按添加物的种类可分为：可可炼乳、咖啡炼乳、维生素等强化炼乳及模拟人乳组成的婴儿配方炼乳等。

炼乳中的碳水化合物和抗坏血酸（维生素 C）比奶粉多，其他成分，如蛋白质、脂肪、矿物质、维生素 A 等，皆比奶粉少。炼乳并不是发酵制品，所以其营养成分不易被人体消化和吸收。

3）奶类及其制品的健康吃法

奶类营养丰富，但是加热消毒时煮的时间太久，可使某些营养素被大量破坏。如牛奶，当温度达到 60 ℃时，呈胶体状的蛋白微粒由溶胶变成凝胶状态，其中的磷酸钙也会由酸性变为中性而发生沉淀；加热到 100 ℃时，奶中的乳糖开始焦化，逐渐分解为乳酸并产生少量甲酸，降低了色、香、味，故牛奶不宜久煮。一般加热至沸即可。

既然加热对奶类的营养价值有影响，那么是否可以直接喝生奶呢？为了防止感染疾病和有利于消化吸收，奶类须经过加热消毒后再食用。因为奶在挤取、装桶和运输过程中易被大肠杆菌、腐败菌、结核杆菌和链球菌等细菌污染。

关于奶的食用时间，也应多加注意。有些人以为早晨空腹喝牛奶是最滋补身体的，其实不然。因为空腹时饮用牛奶，奶中对人体极为有用的蛋白质等就会被当作碳水化合物变成热能消耗，很不经济。合理的食用方法是在喝奶前吃一点馒头、饼干和稀饭之类的食物，这样可充分发挥奶类食品的作用。现在已发现牛奶中含有多种免疫球蛋白，如含有抗沙门氏菌抗体、抗脊髓灰质炎病毒抗体等，这些抗体能增强人体抗病能力。

（二）植物性食物的营养价值

中国人自古以来，除部分少数民族外，均以植物性食物为主。植物性食物除了能提供人体所需的蛋白质、碳水化合物、脂肪三大营养素外，大多数维生素、矿物质和膳食纤维也能靠植物性食物来提供。植物性食品是指以植物的种子、果实或部分组织为原料，直接或加工以后为人类提供能量或物质来源的食品，主要有谷物、豆类及其制品、水果蔬菜制品等。

1. 谷物

谷类主要是指禾本科植物的种子。它包括稻米、小麦、玉米等及其他杂粮。谷物通过加工成为主食。

1）结构及营养分布

各种谷粒的构造基本相似，都是由谷皮、糊粉层、内胚乳和胚芽四部分组成。

（1）谷皮是种子的最外层，主要由纤维素和半纤维素组成，其含有一定量的维生素和无机盐。

（2）糊粉层位于谷皮下方，其有较多的蛋白质、脂肪、维生素、纤维素。在加工较细的米、面中，糊粉层中的大部分营养素将损失掉。

（3）内胚乳占有全谷粒的最大部分，几乎全为淀粉，蛋白质、脂肪、维生素、无机盐含量都很少。

（4）胚芽含有丰富的蛋白质、脂肪、糖、无机盐、维生素和一些酶类。

2）谷物营养价值

谷类所含的营养素主要是碳水化合物，其主要成分是淀粉，平均含量约占碳水化合物的 90%，消化利用率很高；其次是蛋白质，一般在 7.5%～15.0%，燕麦和青稞分别可达 15%和 13%，由于谷类是我国人民传统主食，所以目前它仍是我国居民膳食蛋白质的主要来源。谷类赖氨酸的含量较低，尤其是小米和小麦中赖氨酸最少。马铃薯的蛋白质中赖氨酸很丰富。玉米蛋白质中缺乏赖氨酸和色氨酸，而小米和马铃薯中色氨酸较多。因此，把多种粮食混合食用，可以起到蛋白质的互补作用，提高谷类蛋白质的营养价值。谷类中脂肪含量一般都不高，约占2%。

谷类含无机盐1.5%～5.5%，以谷皮和糊粉层含量最多，其中约一半为磷。谷类的钙含量并不高，100 g含40～80 mg，而含铁更少，100 g含1.5～3.0 mg。谷类是我国居民膳食中维生素的重要来源。谷类还含有泛酸、尼克酸、硫胺素和核黄素。在小米和黄玉米中，还含有少量胡萝卜素和维生素E。

3）谷物的健康吃法

由于谷类食品是我国居民多种营养物质的主要来源，因此膳食中谷类食品不可缺。这一点对于处于生长发育阶段的少年儿童来说，尤为重要。

精制大米和面粉，由于谷胚和谷皮被碾磨掉，使维生素含量明显减少。为提高膳食中谷类的营养价值，可以采取多种粮食混合食用，如谷类与豆类和薯类混合食用，这样能达到蛋白质的互补作用和氨基酸平衡。为了减少谷类B族维生素和无机盐的丢失，粮食碾磨和加工不可过度精细。

2. 豆类及其制品

豆类作物种类很多，主要有大豆、蚕豆、豌豆、绿豆、赤豆、莱豆、豇豆、刀豆、扁豆等。豆类作物的种子含有大量的淀粉、蛋白质和脂肪，是营养丰富的食料。

1）普通豆类的营养价值

豆类及豆制品含蛋白质很高，一般在20%～40%之间，以大豆含量最高。有人计算，1 kg黄豆蛋白质的含量相当于2 kg多瘦猪肉或3 kg鸡蛋或12 kg牛奶的蛋白质含量。因此，黄豆被人们称为“植物肉”。豆类及豆制品的蛋白质不仅含量高，而且质量也好。豆类蛋白质的蛋氨酸组成与动物蛋白质相似。接近人体需要，其中谷类食物中较为缺乏的赖氨酸在豆类中含量丰富，因此豆类宜与谷类搭配食用。

豆类的脂肪含量因种类不同相差很大，大豆含18%左右，故可作为食油原料。而除大豆外的其他豆类仅含脂肪1%左右。大豆脂肪多由不饱和脂肪酸组成，易于消化吸收，并含有丰富的亚麻油酸和磷脂，是优质脂肪，因此，大豆和豆油常被推荐为防治冠心病、高血压、动脉粥样硬化等疾病的理想食品。

豆类所含氨基酸的组成接近于人体的需要，是我国人民膳食中蛋白质的良好来源。豆类含糖量以蚕豆、赤豆、绿豆、豌豆含量较高，为50%～60%，大豆含糖量较少，约为25%。因此，豆类供给的热量也相当高。豆类中维生素以B族维生素最多，比谷类含量高。此外，还含有少量的胡萝卜素。豆类富含钙、磷、铁、钾、镁等无机盐，是膳食中难得的高钾、高镁、低钠食品。

大豆异黄酮是黄酮类化合物中的一种，主要存在于豆科植物中，大豆异黄酮是大豆生长中形成的一类次级代谢产物。由于是从植物中提取，与雌激素有相似结构，因此大豆异黄酮又称植物雌激素，能够弥补30岁以后女性雌性激素分泌不足的缺陷，改善皮肤水分及弹性状况，缓解更年期综合征和改善骨质疏松，使女性再现青春魅力。大豆异黄酮的雌激素作用影响到激素分泌、代谢生物学活性、蛋白质合成、生长因子活性，是天然的癌症化学预防剂。

2）其他不同豆类的营养价值

（1）红豆。

红豆补心脏。红豆被李时珍称为“心之谷”。红豆含有较多的膳食纤维，具有润肠通便、降血压、降血脂、解毒抗癌、预防结石、健美减肥的作用，同时有良好的利尿作用。

（2）绿豆。

绿豆汤是防暑佳品。绿豆对清热解毒、消解嘴唇干燥、嘴部生疮、痱子、暗疮等特别有效，多食还可以保持眼睛免遭病菌侵害，达到明目美眼的功效。

（3）黑豆。

黑豆含铁元素比一般豆类都高，多食可增强体质，抗衰老，令头发乌黑亮丽。黑豆还可以润肤，多食黑豆有利于胃肠道的消化和吸收功能。

（4）豌豆。

中医认为，豌豆性味甘平，有补中益气、利小便的功效，此外，豌豆含有丰富的维生素A 原，食用后可在体内转化为维生素 A，有润肤的作用，皮肤干燥者应该多吃，但豌豆吃多了容易腹胀，消化不良者不宜大量食用。

3）豆制品的营养价值

豆制品是以大豆、小豆、绿豆、豌豆、蚕豆等豆类为主要原料，经加工而成的食品。大多数豆制品是由大豆的豆浆凝固而成的豆腐及其再制品。

豆制品是大豆经加工制成的，如豆腐、豆腐丝、豆腐干、豆浆、豆腐脑、腐竹、豆芽菜等。因大豆经过加工，不仅蛋白质含量不减，而且还提高了消化吸收率。同时，各种豆制品美味可口，促进食欲，豆芽菜中还含有丰富的维生素 C，在缺菜的冬春季节可起调剂作用。

豆制品的营养主要体现在其较高的蛋白质含量上。豆制品所含人体必需的氨基酸与动物蛋白相似，同样也含有钙、磷、铁等人体需要的矿物质，含有维生素 B_1、B_2 和纤维素。然而豆制品中却不含胆固醇，因此，有人提倡肥胖、动脉硬化、高脂血症、高血压、冠心病等患者多吃豆类和豆制品，对健康群体而言，营养来源单一是不可取的，豆制品可以作为蛋白质的来源之一。豆制品是平衡膳食的重要组成部分。

3. 蔬菜与水果

蔬菜、水果是膳食的重要组成部分，我国居民蔬菜每天人均摄入量为 276.2 g，水果每天人均摄入量为 45 g。

1）蔬菜的主要营养成分及特点

蔬菜的营养物质主要包含矿物质、维生素、纤维等，这些物质的含量越高，蔬菜的营养价值也越高。此外，蔬菜中的水分和膳食纤维的含量也是重要的营养品质指标。通常，水分含量高、膳食纤维少的蔬菜鲜嫩度较好，其食用价值也较高，但从保健的角度来看，膳食纤维也是一种必不可少的营养素。蔬菜的营养素不可低估，1990 年国际粮农组织统计人体必需的维生素 C 的 90%、维生素 A 的 60%均来自蔬菜，可见蔬菜对人类健康的贡献之巨大。此外，蔬菜中还有多种植物化学物质是被公认的对人体健康有益的成分，如类胡萝卜素、二丙烯化合物、甲基硫化合物等。许多蔬菜还含有独特的微量元素，对人体具有特殊的保健功效，如西红柿中的番茄红素。研究发现，蔬菜中有许多维生素、矿物质微量元素及相关的植物化学物质、酶等都是有效抗氧化剂，所以蔬菜不仅是低糖、低盐、低脂的健康食物，同时还能有效地减轻环境污染对人体的损害，同时蔬菜还对各种疾病起预防作用。

（1）十字花科甘蓝类蔬菜：如青花菜、花菜、甘蓝、叶甘蓝、芥蓝等含有类胡萝卜素、维生素 C 等，对防治肿瘤、心血管病有较好的作用，特别是青花菜。

（2）芦笋含有丰富的谷胱甘肽、叶酸，对防止新生儿脑神经管缺损，防肿瘤有良好作用。

（3）胡萝卜中含有丰富的类胡萝卜素及大量可溶性纤维素，有益于保护眼睛提高视力，可降低血胆固醇，可减少癌症与心血管病发病。

（4）葱蒜类蔬菜，有丰富的二丙烯化合物，甲基硫化物等多种功能植物化学物质，有利于防治心血管疾病，常食可预防癌症，还有消炎杀菌等作用。

（5）茄果类蔬菜，番茄中丰富的番茄红素高抗氧化剂能抗氧化，降低前列腺癌及心血管疾病的发病。茄子中含有多种生物碱，有抑癌、降低血脂、杀菌、通便作用。辣椒、甜椒含丰富维生素、类胡萝卜素、辣椒多酚等，能增强血凝溶解，有天然阿司匹林之称。

2）水果的主要营养成分及特点

（1）水果及干果。

水果分为三大类。

① 浆果类：草莓，蓝莓，黑莓，桑葚，覆盆子，葡萄，黑加仑等。

② 柑橘类：蜜橘，砂糖橘，金橘，蜜柑，甜橙，脐橙，西柚，柚子，葡萄柚，柠檬等。

③ 核果类：桃（油桃，蟠桃，水蜜桃，黄桃），李子，樱桃，杏，杨梅，西梅，乌梅，大枣，沙枣，海枣，蜜枣，橄榄，荔枝，龙眼（桂圆）等。

新鲜水果的水分含量较高，营养素含量相对较低。蛋白质、脂肪含量均不超过 1%，碳水化合物含量差异较大，低者为 6%，高者可达 28%。矿物质含量除个别水果外，相差不大。维生素 B_1 和维生素 B_2 含量也不高，胡萝卜素和维生素 C 含量因品种不同而异，其中含胡萝卜素最高的水果为柑、橘、杏和鲜枣；含维生素 C 丰富的水果为草莓、橙、柑等。水果中的碳水化合物主要以双糖或单糖形式存在，所以食之甘甜。

干果是由新鲜水果经过加工晒干制成，如葡萄干、杏干和柿饼等。由于加工的影响，维生素损失较多，尤其是维生素 C，但干果便于储运，并别具风味，有一定的食用价值。

（2）坚果。

坚果，是闭果的一个分类，果皮坚硬，内含 1 粒或者多粒种子。如板栗，杏等的果实。坚果是植物的精华部分，一般都营养丰富，含蛋白质、油脂、矿物质、维生素较高，对人体生长发育、增强体质、预防疾病有极好的功效。

坚果中含有蛋白质、脂肪、碳水化合物，还含有维生素（B 族维生素、维生素 E 等）、微量元素（磷、钙、锌、铁）、膳食纤维等。另外，坚果中还含有单不饱和脂肪酸、多不饱和脂肪酸，包括亚麻酸、亚油酸等人体的必需脂肪酸。坚果对人体健康的好处主要表现在以下几个方面：首先是降低心脏性猝死率；其次是补脑益智，脑细胞由 60%的不饱和脂肪酸和 35%的蛋白质构成。坚果类食物中含有大量的不饱和脂肪酸，还含有 15%～20%的优质蛋白质和十几种重要的氨基酸，这些氨基酸都是构成脑神经细胞的主要成分；最后是坚果可以提高视力，咀嚼强度对提高视力起着一定的作用，多吃坚果可以提高视力。

3）蔬菜水果的健康吃法

（1）蔬菜。

蔬菜需要加工才能够食用，如果加工（如清洗、烹调等）不当，其中的营养素就很容易流失。蔬菜应先洗后切，因为蔬菜中含有大量的维生素 C，而维生素 C 又是水溶性维生素，很容易溶解于水中，如果把整个菜放入水中清洗，然后再切，这样就可以减少维生素C和其他水溶性维生素的流失。一些带皮的蔬菜最好连皮一起吃，例如，茄子、萝卜等。因为皮中的维生素含量要比里面的肉含量高，所以建议大家在吃的时候不要削皮，这样既保证了营养素不流失又节省了时间。在蔬菜烹调过程中，最好用大火去炒，因为蔬菜加热的时间越长，其中的营养素流失就越多。例如水溶性维生素等，它们是怕热的，所以烹调的时间越短也就越好。蔬菜只有生吃的时候，它们才能更有效地接触人体黏膜细胞，进而更好地发挥作用。同时，生蔬菜中的营养物质含量，不仅远远超过熟蔬菜，而且具有阻止上皮细胞发生恶变的作用，因此可以阻断致癌物质与宿主细胞的结合。如生蔬菜中的β胡萝卜素、木质素、挥发油、酶等，被人体吸收后可以激发巨噬细胞的活力，增强免疫力，把已经癌变的细胞吞噬掉，起到积极的抗癌作用。

（2）水果。

一般的水果都是生食，不经过加工，洗干净就直接吃了，这样维生素很少损失，能弥补蔬菜的不足。因此最好把水果也作为膳食结构的组成部分，每餐都安排一份水果，借以补充维生素特别是维生素 C，这对提高每餐的整体营养质量大有裨益。不少家庭习惯一天吃一次水果，那显然在早餐时食用更理想，因为早餐较为简便，很少有菜肴佐餐，更需要水果来提供维生素。另外，经过一夜熟睡，胃肠道已经清空，水果中的膳食纤维更能起到“清道夫”的作用，清除肠壁上的有害物质，消除肠道患肿瘤的风险。膳食纤维还有调节、改善血糖和血脂、提高人体免疫力的功能。

（三）其他制品的营养价值

1. 调料及其营养价值

调料是人们用来制作食品的辅助用品。它包括各种酱油、食盐等单一调味料及鸡精调味料等复合调味料。

1）调料的种类

（1）咸味调料：咸味自古就被列为五味之一。烹饪应用中咸味是主味，是绝大多数复合味的基础味，有百味之主之说，不仅一般菜品离不开咸味，就是糖醋味、酸辣味等也要加入适量的咸味才能使其滋味浓郁适口。咸味调料包括：酱油、食盐、酱。

（2）甜味调料：甜味在烹饪中可单独用于调制甜味食品；也可以参与调剂多种复合味型，使食品甘美可口，还可用于矫味（去苦、去腥等），并有一定的解腻作用。甜味调料包括：蜂蜜、食糖、饴糖。

（3）酸味调料：酸味为五味之一，在烹饪中应用十分广泛，但一般不宜单独使用。酸有收敛固涩的效用，可助肠胃消化；还能去鱼腥、解油腻，提味增鲜，生香发色，开胃爽口，增强食欲，尤宜在春季食用。酸味调料包括：醋、番茄酱。

（4）辣味调料：辣味实际上是触觉痛感而非味觉。不过由于习惯，所以也把它当作一味。功能是促进食味紧张、增进食欲。辣味调料包括：花椒、辣椒、姜、葱、蒜。

（5）鲜味调料：鲜味是人们饮食中努力追求的一种美味，它能使人产生一种舒服愉快的感觉。鲜味主要来自氨基酸、核苷酸和琥珀酸，其大多存在于肉畜、鱼鲜、禽蛋等主料中。鲜味调料包括：鱼露、味精、蚝油。

2）主要调料的营养价值

（1）酱油。

酱油是中国传统的调味品，是用豆、麦、麸皮酿造的液体调味品。酱油色泽为红褐色，有独特酱香，滋味鲜美，有助于促进食欲。酱油是以大豆、小麦等原料，经过原料预处理、制曲、发酵、浸出淋油及加热配制等工艺生产出来的调味品，营养极其丰富，主要营养成分包括氨基酸、可溶性蛋白质、糖类、酸类等。氨基酸是蛋白质分解而来的产物，酱油中氨基酸有 18 种，它包括了人体 8 种必需氨基酸，它们对人体有着极其重要的生理功能。酱油能产生一种天然的抗氧化成分，它有助于减少自由基对人体的损害，其功效比常见的维生素 C 和维生素 E 等抗氧化剂高十几倍。还原糖也是酱油的一种主要营养成分。淀粉质原料受淀粉酶作用，水解为糊精、双糖与单糖等物质，均具还原性，它是人体热能的重要来源，人体活动的热能 60%～70%由它供给，它是构成机体的一种重要物质，并参与细胞的许多生命过程。

（2）醋类。

醋是一种很常见的调味品，按原料可以分为粮食醋和水果醋；按颜色可以分为黑醋和白醋。粮食醋的主要原料是大米、高粱、麦芽、豆类等。通过蒸煮使淀粉糊化，在霉菌分泌的淀粉酶作用下转变为小分子糊精、麦芽糖和葡萄糖，再经过酵母发酵，转变成酒精，经醋酸发酵产生有机酸。其中加入少量盐、糖、鲜味剂和各种香辛料，可以制成各种调味醋。

粮食醋的主要成分是醋酸，还含有丰富的钙、氨基酸、琥珀酸、葡萄酸、苹果酸、乳酸、B 族维生素及盐类等对身体有益的营养成分。

水果醋是以水果，包括棠梨、山楂、桑葚、葡萄、柿子、杏、柑橘、猕猴桃、苹果、西瓜等，或果品加工下脚料为主要原料，利用现代生物技术酿制而成的一种营养丰富、风味优良的酸味调味品。它兼有水果和食醋的营养保健功能，是集营养、保健、食疗等功能为一体的新型饮品。科学研究发现，果醋具有多种功能。水果醋含有 10 种以上的有机酸和人体所需的多种氨基酸，醋酸等有机酸有助于人体三羧酸循环的正常进行，从而使有氧代谢顺畅，有利于清除沉积的乳酸，起到消除疲劳的作用。

（3）食用盐。

食用盐是指从海水、地下岩（矿）盐沉积物、天然卤（咸）水获得的以氯化钠为主要成分的经过加工的食用盐，不包括低钠盐。食用盐的主要成分是氯化钠，同时含有少量水分和杂质及其他铁、磷、碘等元素，尤其碘元素，可有效预防碘营养的缺乏。盐每日必用，使用数量基本恒定，是营养强化的绝佳载体之一。食盐不仅提供咸味，也是食品保存中最常应用的抑菌剂。

（4）糖。

食品中天然含有的各种单糖和双糖都具有甜味。日常使用的食糖主要成分为蔗糖，是食品中甜味的主要来源。

食品用蔗糖主要分为白糖、红糖两类，其中白糖又分为白砂糖和绵白糖两类。

白砂糖是食糖的一种。其颗粒为结晶状，均匀，颜色洁白，甜味纯正，甜度稍低于红糖。烹调中常用。适当食用白糖有补中益气、和胃润肺、养阴止汗的功效。绵白糖简称绵糖，也叫白糖，是我国人民比较喜欢的一种食用糖。它质地绵软、细腻，结晶颗粒细小，并在生产过程中喷入了 2.5%左右的转化糖浆。白砂糖的主要成分是蔗糖，故绵白糖的纯度不如白砂糖高。红糖含有 95%左右的蔗糖，保留了较多甘蔗的营养成分，也更加容易被人体消化吸收，因此能快速补充体力、增加活力，所以又被称为“东方的巧克力”，其不仅含有可提供热能的碳水化合物，还含有人体生长发育不可缺少的苹果酸、核黄素、胡萝卜素、烟酸和微量元素锰、锌、铬等元素。

2. 食用油

食用油也称为“食油”，是指在制作食品过程中使用的，动物或者植物油脂。常温下为液态。由于原料来源、加工工艺及品质等原因，常见的食用油多为植物油脂，包括菜籽油、花生油、大豆油、玉米油、橄榄油、山茶油、棕榈油、芝麻油、核桃油等。

1）各种食用油的营养价值及其特点

（1）大豆油。

大豆油富含卵磷脂和不饱和脂肪酸，易于消化吸收。卵磷脂被誉为与蛋白质、维生素并列的三大营养素之一，可以增强脑细胞活性，帮助维持脑细胞的结构，减缓记忆力衰退，对增强记忆力很有帮助。而不饱和脂肪酸可以降低胆固醇，保护血液循环畅通。不饱和脂肪酸在高温下易产生油烟和有毒物质，因此，在食用的时候要掌握正确的操作方法，注意安全。

（2）橄榄油。

橄榄油含有丰富的不饱和脂肪酸、矿物质和维生素。橄榄油中含有不饱和脂肪酸可以降低低密度胆固醇，不会伤害到人体的其他有益成分。橄榄油被认为是“迄今所发现的油脂中最适合人体营养的油脂”，具有非常高的营养价值，其中的抗氧化成分，还可以防止许多慢性疾病，而且由于橄榄油在生产过程中未经过任何化学处理，其天然的营养成分保持得非常完好。

（3）菜籽油。

菜籽油取自油菜籽。人体对菜籽油的消化吸收率较高，但部分菜籽油中含有相对较高的芥酸，影响其营养价值。其脂肪酸的组成受气候、品种等的影响较大，如一般寒带地区芥酸含量较低，亚油酸含量相对较高，气温较高地区则相反。

（4）花生油。

花生富含脂肪、卵磷脂、维生素 A、B、E、K，以及锌、钙、磷、铁等元素，营养丰富。花生油成分中 80%以上都是不饱和脂肪酸，包括人体所必需的亚油酸、亚麻酸等多种不饱和脂肪酸。其中微量元素锌的含量也是食用油类中最高的，每百克花生油含锌元素 8.48 mg，是菜籽油的 16 倍，豆油的 7 倍。

2）食用油的健康吃法

食用油是必需脂肪酸的重要来源，为了满足人体的需要，在膳食中不应低于总脂肪来源的 50%。因食用油中含有较多的不饱和脂肪酸，易发生酸败，产生一些对人体有害的物质，所以不宜长时间储存。

五、特殊人群的膳食特点

1. 老年人的膳食特点

（1）饮食要多样化；

（2）主食中要包括一定量的粗粮、杂粮；

（3）每天饮用牛奶或食用奶制品；

（4）多吃大豆或其制品；

（5）适量食用动物性食品；

（6）多吃蔬菜、水果。

2. 儿童（3～12 岁）的膳食特点

（1）多供给优质蛋白质，如动物性食物或豆类；

（2）多供给含钙、含铁高的食物，如海带、紫菜、虾皮、骨汤等；

（3）多食用新鲜蔬菜和水果，以补充维生素和其他无机盐，食物要质地细软，易于消化。

3. 孕妇、哺乳期妇女的膳食特点

（1）多摄入富含叶酸的食物或补充叶酸；

（2）常吃含铁丰富的食物；

（3）保证摄入加碘食盐，适当增加海产品的摄入；

（4）适当增加鱼、禽、蛋、瘦肉的摄入量。

任务二　动车组餐饮安全管理

知识目标

- 了解动车组餐饮安全管理的基本要求；
- 了解食品污染的种类及预防措施；
- 了解食品中毒的种类及预防措施。

技能目标

- 能够养成良好的卫生习惯；
- 能够防止动车组食品被污染，能够确保动车组餐饮安全。

相关知识

一、食品污染及预防

食品是构成人类生命和健康的要素之一。食品一旦受污染，就要危害人类的健康。食品污染是指人们吃的各种食品，如粮食、水果、蔬菜、鱼、肉、蛋等，在生产、运输、包装、储存、销售、烹调过程中，混进了有害、有毒物质或者病菌。

食品污染分为生物性、化学性及物理性污染三类。

（一）生物性污染及其预防

生物性污染是指有害的病毒、细菌、真菌及寄生虫污染食品。

1. 食品的细菌污染及预防

食品的细菌污染是指暴露于环境中的食品通过不同途径被细菌污染，在细菌作用下腐败变质，失去其应有的营养成分，从而影响其食用性和安全性的现象。人们在食用了被有害细菌污染的食品后，会发生各种中毒现象。细菌污染是最常见的食品污染之一，全世界所有食源性疾病暴发案例中，有60%以上为细菌性致病菌污染食物所致。

1）沙门氏菌污染及预防

沙门氏菌广泛分布于家畜、鸟、鼠类肠腔中，其在动物中广泛传播并能感染人群。患沙门氏菌病的带菌者的排泄物或带菌者自身都可直接污染食品，常被污染的食物主要有各种肉类、鱼类、蛋类和乳类食品，其中以肉类居多。

沙门氏菌随同食物进入机体后在肠道内大量繁殖，破坏肠黏膜，并通过淋巴系统进入血液，出现菌血症，引起全身感染。沙门氏菌能释放出毒力较强的内毒素，内毒素侵害肠黏膜继而引起炎症，出现体温升高和急性胃肠炎等症状。内毒素同时会引起机体中毒，潜伏期平均为12～24 h，短者6 h，长者可达48～72 h，中毒初期表现为头痛、恶心、食欲不振，后期有呕吐、腹痛、腹泻、发热等症状，严重者可出现痉挛、脱水、休克等症状。

预防沙门氏菌感染应注意环境卫生，加强对食品、饮用水的卫生监督，对病人做到早期发现，及时隔离和治疗。对食品加工和餐饮服务人员进行定期检查。一旦发现感染者，应立即把病人送往医院进行救治，对症治疗，补充水分和盐，病重者可使用抗生素，必要时采用升压或抗休克等治疗。

2）大肠杆菌污染及预防

大肠杆菌是人畜肠道中的常见菌，随粪便排出后广泛分布于自然界，可通过粪便污染食品、水和土壤，在一定条件下可引起肠道外感染，以食源性传播为主，水源性和接触性传播也是重要的传播途径。

肠道外感染多为内源性感染，以泌尿系统感染为主，如尿道炎、膀胱炎、肾炎，也可引起腹膜炎、胆囊炎、阑尾炎等。某些血清型大肠杆菌能引起人类腹泻。细菌侵入肠道后，主要在十二指肠、空肠和回肠上段大量繁殖。

预防大肠杆菌可能带来的危害，要加强控制饮用水或食物的卫生情况，避免感染。此外，若个人卫生欠佳，也可能会通过人传人的途径，或因进食受粪便污染的食物而感染。因此，必须对被粪便污染的食物和水源按卫生学要求严格进行管理和控制，养成良好的个人卫生习惯。

3）葡萄球菌污染及预防

食品中葡萄球菌的污染源一般来自患有化脓性炎症的病人或带菌者。被葡萄球菌污染的食品是多种多样的，主要是营养丰富的含水食品，如剩饭、糕点、凉糕、冰激凌、乳及乳制品，其次是熟肉类，偶见于鱼类及其制品、蛋制品等。

葡萄球菌中，金黄色葡萄球菌致病能力最强，可产生肠毒素、杀白细胞素、溶血素等，引起食物中毒的毒素主要是肠毒素。这种毒素的生物活性在于能刺激呕吐中枢产生催吐作用。金黄色葡萄球菌污染食物后，在适宜的条件下大量繁殖产生肠毒素，食用这类食品极易发生中毒。

应注意搞好食品卫生，加强卫生宣传教育，讲究个人卫生，特别是手和鼻腔的卫生，皮肤创伤应及时处理，合理用药，避免滥用抗生素。家庭应注意将带奶油的糕点及其他奶制品低温保存，避免产生肠毒素。

2. 食品的真菌污染及预防

真菌毒素是真菌在食品或饲料里生长所产生的代谢产物。常见的真菌毒素为黄曲霉毒素。

真菌毒素对人和动物都有极大危害。防止真菌毒素病害，首先要防止食物和饲料霉变。

粮食饲料在收获时未被充分干燥或储运过程中温度或湿度过高，就会使粮食饲料上的真菌迅速生长。几乎所有在粮食仓库中生长的真菌（仓储真菌）都会产生毒素。谷物的含水量是真菌生长和产毒的重要因素。一般把粮食储存在相对湿度低于 70%的条件下，谷物的含水量在 15%以下就可控制霉菌的生长。

大部分真菌在 20～28 ℃都能生长，在 10 ℃以下或 30 ℃以上，真菌生长显著减弱，在 0 ℃几乎不能生长。一般控制温度可以减少真菌毒素的产生。真菌为喜好氧气的微生物，在厌氧条件下几乎不能生长。谷物储存时采用抽真空或充氮气等方法都是有效的保存措施。如果谷物储存时做到及时通风也能防止霉菌的生长和产毒，因为通风可以带走谷物中的水分并降低温度。干燥、低温、厌氧是防止霉变的主要措施，其中以保持干燥最为重要。根据国家有关食品卫生要求和规定，加强食品卫生监测，限制各种食品中黄曲霉毒素含量，是控制黄曲霉毒素对人体危害的重要措施。

（二）化学性污染及其预防

化学性污染是由有害、有毒的化学物质污染食品引起的。各种农药是造成食品化学性污染的一大来源，还有含铅、镉、铬、汞、硝基化合物等有害物质的工业废水、废气及废渣，食用色素、防腐剂、发色剂、甜味剂、固化剂、抗氧化剂等食品添加剂，作食品包装用的塑料、纸张、金属容器等。化学性污染是指有害化学物质的污染。在农田、果园中大量使用化学农药，是造成粮食、蔬菜、水果化学性污染的主要原因。这些污染物还可以随着雨水进入水体，然后进入鱼虾体内。

1. 农药污染及其预防

农药污染，是指农药使用后残存于生物体、农副产品及环境中的微量农药原体、有毒代谢产物、降解产物及杂质超过农药的最高残留限制而形成的污染现象。残留的农药对生物的毒性称为农药残毒，而保留在土壤中则可能形成对土壤、大气及地下水的污染。

1）农药的分类

农药分为有机农药和无机农药。

有机农药可分为有机磷农药、有机氯农药、有机氮农药、有机硫农药、有机金属农药，以及含硝基、酰胺等基团的有机农药。

2）农药污染的危害

（1）土壤污染。

由于农药的大量、大面积使用，不当滥用，以及农药的不可降解性，已对地球造成严重的污染，并威胁着人类的安全。

（2）环境污染。

由于农药的使用通常采用喷雾的方式，农药中的有机溶剂和部分农药飘浮在空气中，污染大气；农田被雨水冲刷，农药则进入江河，进而污染海洋。这样，农药就由气流和水流带到世界各地，残留在土壤中的农药则可通过渗透作用到达地层深处，从而污染地下水。

（3）生态破坏。

农药的不当滥用，导致害虫、病菌产生抗药性。大量和高浓度使用杀虫剂、杀菌剂的同时，杀伤了许多害虫天敌，破坏了自然界的生态平衡，使过去未构成严重危害的病虫害大量发生，如红蜘蛛、介壳虫、叶蝉及其他病害。此外，农药也可以直接造成害虫迅速繁殖。长期大量使用化学农药不仅误杀了害虫天敌，还杀伤了对人类无害的昆虫，影响了以昆虫为生的鸟、鱼、蛙等生物；在农药生产、施用量较大的地区，鸟、兽、鱼、蚕等非靶生物伤亡事件也时有发生。

3）农药污染的预防

（1）发展高效、低毒、低残留农药。所谓高效就是用量少，杀虫效果好；而低毒是指对人畜的毒性低，不致癌、不致畸、不产生特异病变。低残留是农药在使用后降解速度快，在食品中残留量少。

（2）合理使用农药。

（3）加强对农药的生产经营和管理，许多国家都有严格的农药管理和登记制度。

（4）规定农药在上市食品中的残留量。

2. 食品容器和包装材料污染及预防

食品在加工、运输、储藏、销售、消费者使用的过程中均需包装。食品包装容器通常是指与食品直接接触的包装容器，即内包装容器。包装材料是指包装、盛放食品用的纸、竹、木、金属、陶瓷、塑料、化学纤维、玻璃等制品和接触食品的涂料。

应根据相关规定，合理使用食品容器、包装材料用助剂。

（1）塑料本身应纯度高，禁止使用有可能游离出有害物质（如酚、甲醛）的塑料。酚具有凝结组织中蛋白质的作用。酚中毒时，口腔、咽喉及胃有烧灼感，易发生呕吐，重者呼吸困难。

（2）树脂和成型品应符合国家规定的塑料卫生标准。餐饮业在选购食具和食品包装材料时应注意选择符合国家卫生标准的塑料制品，不得使用再生塑料。

（3）橡胶的污染问题主要是单体和添加剂。接触食品的橡胶不可使用氧化铅作硫化促进剂。

（三）物理性污染及其预防

物理性污染主要来源于复杂的多种非化学性的杂物，虽然有的污染物可能并不威胁消费者的健康，但是严重影响了食品应有的感官性状和营养价值，食品质量得不到保证。物理性污染主要有：① 来自食品产、储、运、销的污染物，如粮食收割时混入的草籽、液体食品容器池中的杂物、食品运销过程中的灰尘及苍蝇等；② 食品的掺假，如粮食中掺入的沙石、肉中注入的水、奶粉中掺入大量的糖等；③ 食品的放射性污染，主要来自放射性物质的开采、冶炼、生产、应用及意外事故造成的污染。

食品的物理性污染通常指食品生产加工过程中的杂质超过规定的含量，或食品吸附、吸收外来的放射性核素所引起的食品质量安全问题。

例如在小麦粉生产过程中，混入磁性金属物，就属于物理性污染。物理性污染的另一类表现形式为放射性污染，如天然放射性物质在自然界中分布很广，它存在于矿石、土壤、天然水、大气及动植物的所有组织中，特别是鱼类、贝类等水产品对某些放射性核素有很强的富集作用。放射性物质的污染主要是通过水及土壤污染农作物、水产品、饲料等，经过生物圈进入食品，并且可通过食物链转移。放射性核素对食品的污染有三种途径：一是核试验的降沉物的污染；二是核电站和核工业废物的排放的污染；三是意外事故泄漏造成局部性污染。

二、食物中毒及预防

食物中毒是指患者所进食物被细菌或细菌毒素污染，或食物含有毒素而引起的急性中毒性疾病。食物中毒的症状主要包括：恶心、呕吐、腹痛、腹泻、头晕、头痛、乏力、发热等。

（一）食物中毒的特点

（1）人中毒之后，潜伏期短、发病急，短时间内可能会导致许多人同时发病，病程较短。

（2）出现症状一般与食品有关，患者在近期内或者短时间内都食用过相同的食物，发病范围局限在食用该有毒食物的人群中，未食用者不会有任何症状。

（3）中毒病人的临床表现一般具有相似的特征。

（4）食物中毒病人患病突然，但是不具传染性，只要是未食有毒食物不会中毒。

（二）食物中毒的分类

1. 细菌性食物中毒

细菌性食物中毒是指患者摄入被细菌或其毒素污染的食物或水所引起的急性中毒性疾病。细菌性食物中毒全年皆可发生，但在夏秋季节发生十分频繁，这主要是由于气温高、适合细菌生长和繁殖，另外，人体肠道的防御机能下降，易感性增强。

引起细菌性食物中毒的食物主要为肉、乳、蛋和水产等动物性食品，少数是植物性食品，如剩饭、糯米凉糕等引起的。细菌性食物中毒与非细菌性食物中毒相比，一般潜伏期较长，急性胃肠炎症状明显，有低或中度发热，病情较轻，易治疗。

2. 真菌（霉菌）毒素食物中毒

真菌性食物中毒主要是谷物、油料或植物储存过程中生霉，未经适当处理即作食料，或是已做好的食物放久发霉变质误食引起，也有的是在制作发酵食品时被有毒真菌污染。发霉的花生、玉米、大米、小麦、大豆、小米，以及黑斑白薯是引起真菌性食物中毒的常见食料。

一般来说，急性真菌性食物中毒潜伏期短，先有胃肠道症状，如上腹不适、恶心、呕吐、腹胀、腹痛、厌食、偶有腹泻等（镰刀霉菌中毒较突出）。以后依各种真菌毒素的不同作用，发生肝、肾、神经、血液等系统的损害，出现相应症状，如肝脏肿大、压痛，肝功异常，出现黄疸（常见于黄曲霉菌中毒），蛋白尿，血尿，甚至尿少、尿闭等。有些真菌中毒易发生神经系统症状，有头晕、头痛、迟钝、躁动、运动失调甚至惊厥、昏迷、麻痹等表现。

3. 化学性食物中毒

化学性食物中毒是指健康人经口摄入了正常数量、在感官无异常，但含有较大量化学性有害物的食物后，引起的身体出现急性中毒的现象。通常引发化学性食物中毒的原因主要有：有害、有毒的化学物质直接污染食品或被误作食品，如误将化学毒物当调味剂或添加剂；误食用刚喷洒过农药的蔬菜和水果；误用被化学毒物污染的容器；有毒、有害的化学物质间接污染食品；无毒或毒性小的化学物质在体内转化为毒性强的物质，硝酸盐转变为亚硝酸盐。

4. 动植物性食物中毒

有毒动植物食物中毒是指误食有毒动植物或食用方法不当而引起的食物中毒，包括：有毒动物组织中毒，如河豚、贝类、动物甲状腺及肝脏等；有毒植物中毒，如木薯、四季豆、发芽马铃薯、山大茴及鲜黄花菜等。

（三）食物中毒的预防

1. 细菌性食物中毒

1）防止细菌对食品的污染

对于直接入口食品尤其是肉类熟食品的加工、运输、储藏及销售等一系列过程进行卫生监督。任何步骤都要做到符合卫生规范要求，符合卫生标准，提倡小包装出售，冷冻运输、低温储藏，防尘、防蝇，从业人员的个人卫生也要符合要求等。

2）控制细菌繁殖及产生毒素

人们吃的食品其实是不能完全做到避免微生物污染的。不管是包装还是搁置，都会有少量微生物与食品一起被人吃进去，但是正常情况下并不会引起食物中毒；只有被大量毒菌污染的食品才会引起食物中毒，为了防止食品中细菌繁殖，加工后的食品要尽早食用，低温储存，这是预防食品中毒的重要一环。

3）高温杀菌

给食品不断加热，使食品的中心温度达到 80 ℃以上，这样不耐热的病菌就会被杀灭。这是预防食品中毒的又一措施：杀灭病原菌。

2. 化学性食物中毒

在饮食过程中，千万别误食有毒动植物，具体措施是要加强宣传教育，让更多的人了解有毒动植物的种类。尤其是采购、加工、捕捞、批发、零售的企业及人员要仔细挑选，剔出有毒动植物。人们不应随便采食野生动植物；尤其是未经毒性鉴定的野生动植物，无法对其毒性进行准确识别的，不可随意采集及加工食用。

（四）对于食物中毒病人的应急处理

1. 中毒病人的抢救处置原则

阻止人体对毒物的吸收，并降低其毒性，最主要的措施是加速排除体内的毒物，给予特殊解毒药物，根据不同的症状给予相应的治疗，及时催吐、洗胃、导泻、彻底排除胃肠内的有毒食物。

2. 排出毒物的方法

（1）催吐；

（2）洗胃；

（3）导泻；

（4）灌肠；

（5）毒物排泄；

（6）对症治疗。

三、动车组餐车卫生管理

（一）餐饮从业人员要求

1. 动车组餐饮从业人员的必备条件

动车组餐饮从业人员应符合《铁路运营食品安全管理办法》的有关规定，经铁路食品安全监督机构许可后，方可从事食品经营活动。食品经营单位的食品安全管理制度健全，《餐饮服务许可证》有效，从业人员个人卫生良好，持有效健康证明上岗工作。

（1）食品餐饮及公共场所从业人员有健康证和培训上岗证方可上岗。

（2）餐饮生产经营人员应当经常保持个人卫生，生产、销售食品时，必须将手洗干净，穿戴清洁的工作衣帽；销售直接入口食品时，必须使用售货工具。

2. 不能参与餐饮服务的人群

患有细菌性痢疾，伤寒，病毒性肝炎，活动性肺结核，渗出性、化脓性皮肤病，以及有其他不适合从事直接为旅客服务的疾病的人员，不得从事食品和铁路运输场所的服务工作。

（二）餐饮从业人员个人卫生要求

动车组餐车的每一名服务人员，都必须特别注重个人卫生，养成良好的卫生习惯。

（1）在任何时间里，服装都要保持整洁、合身，操作时应穿戴清洁的工作衣帽，头发不得外露，上岗必须穿工作服，穿工作鞋，鞋袜清洁、无味，内衣、外衣要保持整洁。

（2）禁止浓妆艳抹，不要喷洒香水。

（3）操作前应洗净手部，操作过程中应保持手部清洁，便后、准备食物前、摸了脸或头发之后、处理完脏东西后、咳嗽、打喷嚏或擤鼻涕后、接触生食物后、摸了钱后，都应该用肥皂、热水把手洗净并消毒，要保持指甲洁净，不涂指甲油。

（4）不要穿戴珠宝首饰，不得将私人物品带入食品处理区。

（5）在工作区域内禁止吸烟、嚼口香糖、吃零食。

（6）在工作区域内不要梳理头发、喷洒发胶、修剪指甲或化妆。

（7）不要在离食品近的地方咳嗽、打喷嚏。不能使用口袋里的手绢，如果有需要，就使用专门配置的纸巾，然后扔到指定的垃圾收集处。

（8）为客人服务前注意不食韭菜、大蒜、大葱等有强烈气味的食品。在客人面前咳嗽、打喷嚏须用手帕掩住口鼻，并背向客人。

（9）当身体被割伤、戳伤时，以及发生刀伤或烫伤事故时，应立即用止血胶带包扎好。

（10）不得在食品处理区内吸烟、饮食或从事其他可能污染食品的行为。

女性从业人员上班时要淡妆打扮，切勿浓妆艳抹，一定要显得干练、卫生。男性从业人员面部不化妆，但要保持清洁，经常修胡须、剪鼻毛。

在餐车加热、供应餐食时，所有从业人员都要戴口罩、手套；女性从业人员穿围裙。

（三）卫生防疫要求

动车组应达到无鼠、蟑、虫害的卫生标准，餐饮、食品售货场所需配备防鼠、防虫设施和药品。

四、动车组餐饮安全管理

（一）动车组食品安全要求

（1）动车组食品生产经营单位应当自觉遵守国家食品安全法律、法规和食品安全标准规范，建立食品安全责任制度，落实食品安全第一责任人，设置专（兼）职食品安全管理员，建立食品安全自检制度，采用先进技术设备，保证食品质量安全。

（2）动车组食品经营者、专供动车组的食品配餐生产者，应按《铁路餐饮服务和食品流通许可管理办法》，向辖区铁路食品安全监督管理办公室申办食品餐饮流通许可证。

（3）动车组食品经营者应达到以下要求。

① 为旅客提供餐饮服务的动车组应建立食品经营操作规程，配备必要的食品冷（热）储藏、加热、清洗、餐（饮）具消毒、保洁等设施、设备，并做到安全无害，清洁卫生，性能达标。

② 预包装食品应达到食品安全标准要求，包装标签符合《食品安全法》规定。

③ 一次性餐饮具必须符合食品安全标准要求和《一次性可降解餐饮具通用技术条件》标准，达到环保要求。

④ 经营冷（热）藏快餐食品的，应严格执行“四控一规范”制度，生产、保质时间应标

注年、月、日、时、分，超过保质期的食品不得销售。

⑤ 经营冷藏快餐盒饭的，冷藏温度持续不高于 10 ℃，保存时间不超过 24 h；供餐前应经充分加热，加热后食品中心温度不低于 70 ℃。

⑥ 经营热藏快餐盒饭的，热藏温度持续不低于 60 ℃，2 h 内中心温度应持续不低于 60 ℃，保存时间不超过 4 h。无温控存放条件的，存放时间不得超过 2 h。

⑦ 冷（热）藏快餐产品卫生指标应达到铁路运营食品安全要求。

⑧ 食品经营环境整洁。食品、餐饮具等用品应定位存放，避免生熟混放、混用。垃圾污染物应密闭存放、防止食品污染。

（4）经营过程中，发现食品感官性状异常、包装破损不洁、包装标签不符合要求或不清楚，应立即停止经营该食品。

（5）对国家、地方或铁路食品安全监督机构公布的不符合食品安全标准要求或存在食品安全隐患的食品，动车组食品经营单位应立即停止该食品的经营。

（6）动车组食品经营单位应当制定食品安全事故应急处置方案。发生食品安全事故时，应立即封闭经营场所和封存经营食品，组织救治患者，并及时报告前方停靠车站、主管部门和铁路食品安全监督机构，协助做好调查处理工作。

（二）动车组销售食品应符合的要求

（1）实行烹调加工的配送食品，冷藏温度持续不高于 10 ℃，供餐前应经充分加热，加热后中心温度应持续不低于 60 ℃；无适当存放条件的，存放时间不超过 2 h。

（2）预包装食品应标明生产厂名、厂址、生产时间、保质期和食用方法，符合国家卫生标准。

（3）一次性餐饮具必须符合《一次性可降解餐饮具通用技术条件》标准，达到绿色环保要求；餐饮具必须洗净消毒。

（4）为旅客提供餐饮服务的动车组应配备必要的食品储存、加热、冷藏或热藏、水池、餐饮具消毒、保洁等设施、设备，并做到安全无毒、清洁卫生。餐饮具、食品应定位存放，避免生熟混放、混用。

（三）餐饮包装

（1）餐饮外包装必须标明餐饮成分、食用方法、保质期、生产日期、质量安全图示等标识。

（2）包装材料必须选择可重复使用、可回收利用或可降解的材料，确保印制或粘贴的标识标签无毒，且不直接接触食品。

（3）CRH 商标的使用要严格按《商标使用许可协议》施行，CRH 商标应印制在产品外包装的显著位置。未经许可，餐饮服务运营商不得标注自有商标和标识。

（四）食品配送

（1）配送过程应坚持全程冷链原则。准冷链配送时，必须严格控制时间，确保食品安全。

（2）配送的餐饮包装完好，交接流程规范。配送的物品、车辆清洁卫生。配送人员服装统一，整洁卫生。

（3）餐饮要及时送至站台，确保开车前 5 分钟所有餐食上车完毕。

（五）餐饮安全

（1）餐饮服务运营商在采购、加工、储存、配送、销售、回收过程中，必须确保餐饮质量卫生安全；在配送、销售、回收过程中，应避免造成旅客人身伤害。

（2）餐饮服务运营商在站内作业时，必须遵守车站相关管理规定，服从车站工作人员指挥，确保铁路行车安全。

（3）餐饮服务运营商在站内和列车上进行食品加热、加工作业时、应规范操作，确保不发生火灾事故。

（4）发生安全事故时，按照《动车组餐饮服务授权经营合同》的规定，明确责任，及时处理。

素质拓展

党的二十大是在全党全国各族人民迈上全面建设社会主义现代化国家新征程、向第二个百年奋斗目标进军的关键时刻召开的一次十分重要的大会，具有里程碑意义。大会强调，人民健康是民族昌盛和国家强盛的重要标志。深入学习贯彻落实党的二十大精神，必须坚持以人民为中心的发展思想，以更加有力的措施，纵深推进食品药品安全治理，有效维护人民群众健康权益，不断增强新时代广大人民群众的获得感、幸福感和安全感。食品药品安全是广大人民群众最关心、最直接、最现实的问题。党的十八大以来，习近平总书记就加强食品药品安全工作做出一系列重要指示批示，深刻阐述了食品药品安全工作的重大意义、基本原则、工作重点、工作方法等，为全面加强食品药品安全工作提供了根本遵循、指明了发展方向。党的二十大报告系统阐述了习近平新时代中国特色社会主义思想及其所蕴涵的世界观和方法论。“坚持人民至上”被列为第一要求和首要任务。

多年来，党和政府高度重视食品安全工作，采取了一系列政策措施强化食品安全监管，食品安全形势总体稳中向好。餐饮服务是从农田到餐桌食品生产经营链条的最后一个环节，食品安全风险具有累积性、广泛性和显现性等特点。同时，餐饮服务与广大人民群众日常生活密切相关，社会关注度和期望值高，食品安全保障任务十分繁重。全面加强餐饮服务食品安全监管，必须坚持政府监管和社会监督相结合、专业监管与社会参与相结合的原则，努力形成全社会共同参与餐饮服务食品安全工作的良好格局。这是新形势下做好餐饮服务食品安全工作的客观需要，也是加强社会管理、创新监管方式的必然要求。各级食品药品监管部门、全国餐饮企业、餐饮从业人员应采取更加积极有效的措施，进一步担负起餐饮食品安全责任，不断提升餐饮服务食品安全能力和水平。

复习思考题

1. 营养素可分为哪几大类？
2. 脂肪的主要作用是什么？
3. 老年人的膳食特点是什么？
4. 儿童的膳食特点是什么？
5. 动车组餐饮服务人员个人卫生的要求有哪些？
6. 食物中毒的原因有哪些？
7. 食物中毒的种类有哪些？

实训安排

实训项目：对动车组餐饮服务人员及食材进行检查

【实训目标】

（1）掌握动车组餐饮工作对食材的要求。

（2）掌握动车组餐饮服务人员的健康行为规范。

【实训内容与要求】

（1）参观动车组餐饮供应部门。

（2）对动车组餐饮方面存在的问题进行分析，并提出解决方案。

（3）与动车组餐饮服务人员沟通，观察其卫生行为是否符合相关规范。

【实训成果与检测】

每位学员写一份简要书面分析报告，并进行一次交流与讨论，由教师根据分析报告与讨论表现为每位学员评估打分。

项目三

动车组餐饮经营与管理概述

思政目标

- 学习二十大关于企业经营管理的相关精神，提升铁路餐饮企业的经营管理水平。

引导案例

全路首条冷链餐食全自动分装包装生产线正式启用

2022 年 12 月 1 日，全路首条冷链餐食全自动分装包装生产线（见图 3－1）在成都局集团公司成都铁路川之味旅服有限责任公司高铁配餐基地正式启用，标志着高铁冷链餐食生产向自动化、现代化、信息化发展迈出了关键一步。

图 3－1　全路首条冷链餐食全自动分装包装生产线

该套自动化生产线由 2 条全自动分装包装线、10 套定制全自动称重投料装置（见图 3－2）以及定制全自动输送机、全自动封口包装机组成，突破了传统分装环节只能由人工作业的瓶颈，实现了物料智能称重、定量传输、定位封口的技术创新。

图 3－2　全自动称重投料装置

同时，配套搭载的定制双层速冷隧道、自动速冷传输驳接装置、金属检测仪、X 光检测仪等高精度检测设备，不仅大幅提升产品周转效率，更有效保障了食品安全。

据介绍，该套设备启用后，能够达到每小时 4 500 份盒饭的产能，单条线生产效率较之前大幅提高 50%，预计全年节约人工成本 400 万元，实现效率效益双提升。

“从今年 7 月开始立项，到 12 月 1 日正式启用，我们通过积极开展设备技术革新，把智能化的数控系统和自动化的包装工艺有机结合起来，实现了高铁冷链餐食从热调、包装到入库全流程自动化，成功打造出了全路首条冷链餐食全自动分装包装生产线。”成都铁路川之味旅服有限责任公司高铁配餐基地相关负责人说。生产线上的列车盒饭如图 1–3 所示。

图 1–3　生产线上的列车盒饭

下一步，该公司还将持续聚焦“进一步提升铁路运输服务保障水平”的任务目标，继续秉承“铁路美好生活服务商”的发展愿景，立足打造高铁餐食标杆企业发展要求，抓稳抓实“安全、便捷、优质”的生产服务核心，以实际行动擦亮“川之味”高铁餐饮名片。

任务一　动车组餐饮经营相关法律法规

知识目标

- 了解动车组餐饮服务相关的法律法规；
- 熟悉餐饮产品市场准入程序。

技能目标

- 能够运用动车组餐饮相关法律法规解决实际问题。

相关知识

一、中华人民共和国消费者权益保护法

《中华人民共和国消费者权益保护法》是维护全体公民消费权益的法律规范，是为了保护消费者的合法权益，维护社会经济秩序稳定，促进社会主义市场经济健康发展而制定的一部法律。

《中华人民共和国消费者权益保护法》1993 年 10 月 31 日由八届全国人大常委会第四次会议通过，自 1994 年 1 月 1 日起施行。2013 年 10 月 25 日，第十二届全国人大常委会第五次会议对该法进行了第二次修正。

2014 年 3 月 15 日，新修订的《中华人民共和国消费者权益保护法》（以下简称新《消费者权益保护法》）正式实施。

（一）重要意义

新《消费者权益保护法》对保护消费者的合法权益，规范经营者的行为，维护社会经济秩序，促进社会主义市场经济健康发展具有十分重要的意义。它为打击假冒伪劣、提高产品质量提供了有力的法律保障。它还是维护市场秩序的一个重要手段。

（二）适用范围

消费者为生活消费需要而购买、使用商品或者接受服务，其权益受新《消费者权益保护法》保护，但自然人、法人或其他组织以牟利为目的购买、使用商品或接受服务的，不适用新《消费者权益保护法》。

（三）主要内容

1. 消费者的权利

（1）消费者在购买、使用商品和接受服务时享有人身、财产安全不受损害的权利。消费者有权要求经营者提供的商品和服务，符合保障人身、财产安全的要求。

（2）消费者享有知悉其购买、使用的商品或者接受的服务的真实情况的权利。消费者有权根据商品或者服务的不同情况，要求经营者提供商品的价格、产地、生产者、用途、性能、规格、等级、主要成分、生产日期、有效期限、检验合格证明、使用方法说明书、售后服务，或者服务的内容、规格、费用等有关情况。

（3）消费者享有自主选择商品或者服务的权利。

消费者有权自主选择提供商品或者服务的经营者，自主选择商品品种或者服务方式，自主决定购买或者不购买任何一种商品、接受或者不接受任何一项服务。消费者在自主选择商品或者服务时，有权进行比较、鉴别和挑选。

（4）消费者享有公平交易的权利。

消费者在购买商品或者接受服务时，有权获得质量保障、价格合理、计量正确等公平交易条件，有权拒绝经营者的强制交易行为。

（5）消费者因购买、使用商品或者接受服务受到人身、财产损害的，享有依法获得赔偿的权利。

（6）消费者享有依法成立维护自身合法权益的社会组织的权利。

（7）消费者享有获得有关消费和消费者权益保护方面的知识的权利。

消费者应当努力掌握所需商品或者服务的知识和使用技能，正确使用商品，提高自我保护意识。

（8）消费者在购买、使用商品和接受服务时，享有人格尊严、民族风俗习惯得到尊重的权利，享有个人信息依法得到保护的权利。

（9）消费者享有对商品和服务以及保护消费者权益工作进行监督的权利。

消费者有权检举、控告侵害消费者权益的行为和国家机关及其工作人员在保护消费者权益工作中的违法失职行为，有权对保护消费者权益工作提出批评、建议。

2. 经营者的义务

（1）经营者向消费者提供商品或者服务，应当依照本法和其他有关法律、法规的规定履行义务。

经营者和消费者有约定的，应当按照约定履行义务，但双方的约定不得违背法律、法规的规定。经营者向消费者提供商品或者服务，应当恪守社会公德，诚信经营，保障消费者的合法权益；不得设定不公平、不合理的交易条件，不得强制交易。

（2）经营者应当听取消费者对其提供的商品或者服务的意见，接受消费者的监督。

（3）经营者应当保证其提供的商品或者服务符合保障人身、财产安全的要求。对可能危及人身、财产安全的商品和服务，应当向消费者作出真实的说明和明确的警示，并说明和标明正确使用商品或者接受服务的方法以及防止危害发生的方法。

宾馆、商场、餐馆、银行、机场、车站、港口、影剧院等经营场所的经营者，应当对消费者尽到安全保障义务。

（4）经营者发现其提供的商品或者服务存在缺陷，有危及人身、财产安全危险的，应当立即向有关行政部门报告和告知消费者，并采取停止销售、警示、召回、无害化处理、销毁、停止生产或者服务等措施。采取召回措施的，经营者应当承担消费者因商品被召回支出的必要费用。

（5）经营者向消费者提供有关商品或者服务的质量、性能、用途、有效期限等信息，应当真实、全面，不得作虚假或者引人误解的宣传。

经营者对消费者就其提供的商品或者服务的质量和使用方法等问题提出的询问，应当作出真实、明确的答复。

经营者提供商品或者服务应当明码标价。

（6）经营者应当标明其真实名称和标记。

租赁他人柜台或者场地的经营者，应当标明其真实名称和标记。

（7）经营者提供商品或者服务，应当按照国家有关规定或者商业惯例向消费者出具发票等购货凭证或者服务单据；消费者索要发票等购货凭证或者服务单据的，经营者必须出具。

（8）经营者应当保证在正常使用商品或者接受服务的情况下其提供的商品或者服务应当具有的质量、性能、用途和有效期限；但消费者在购买该商品或者接受该服务前已经知道其存在瑕疵，且存在该瑕疵不违反法律强制性规定的除外。

经营者以广告、产品说明、实物样品或者其他方式表明商品或者服务的质量状况的，应当保证其提供的商品或者服务的实际质量与表明的质量状况相符。

经营者提供的机动车、计算机、电视机、电冰箱、空调器、洗衣机等耐用商品或者装饰装修等服务，消费者自接受商品或者服务之日起六个月内发现瑕疵，发生争议的，由经营者承担有关瑕疵的举证责任。

（9）经营者提供的商品或者服务不符合质量要求的，消费者可以依照国家规定、当事人约定退货，或者要求经营者履行更换、修理等义务。没有国家规定和当事人约定的，消费者可以自收到商品之日起七日内退货；七日后符合法定解除合同条件的，消费者可以及时退货，不符合法定解除合同条件的，可以要求经营者履行更换、修理等义务。

依照相关规定进行退货、更换、修理的，经营者应当承担运输等必要费用。

（10）经营者采用网络、电视、电话、邮购等方式销售商品，消费者有权自收到商品之日起七日内退货，且无须说明理由，但下列商品除外：

① 消费者定做的；

② 鲜活易腐的；

③ 在线下载或者消费者拆封的音像制品、计算机软件等数字化商品；

④ 交付的报纸、期刊。

除以上所列商品外，其他根据商品性质并经消费者在购买时确认不宜退货的商品，不适用无理由退货。

消费者退货的商品应当完好。经营者应当自收到退回商品之日起七日内返还消费者支付的商品价款。退回商品的运费由消费者承担；经营者和消费者另有约定的，按照约定。

（11）经营者在经营活动中使用格式条款的，应当以显著方式提请消费者注意商品或者服务的数量和质量、价款或者费用、履行期限和方式、安全注意事项和风险警示、售后服务、民事责任等与消费者有重大利害关系的内容，并按照消费者的要求予以说明。

经营者不得以格式条款、通知、声明、店堂告示等方式，作出排除或者限制消费者权利、减轻或者免除经营者责任、加重消费者责任等对消费者不公平、不合理的规定，不得利用格式条款并借助技术手段强制交易。格式条款、通知、声明、店堂告示等含有不利于消费者正当权益内容的，其内容无效。

（12）经营者不得对消费者进行侮辱、诽谤，不得搜查消费者的身体及其携带的物品，不得侵犯消费者的人身自由。

（13）采用网络、电视、电话、邮购等方式提供商品或者服务的经营者，以及提供证券、保险、银行等金融服务的经营者，应当向消费者提供经营地址、联系方式、商品或者服务的数量和质量、价款或者费用、履行期限和方式、安全注意事项和风险警示、售后服务、民事责任等信息。

（14）经营者收集、使用消费者个人信息，应当遵循合法、正当、必要的原则，明示收集、使用信息的目的、方式和范围，并经消费者同意。经营者收集、使用消费者个人信息，应当公开其收集、使用规则，不得违反法律、法规的规定和双方的约定收集、使用信息。

经营者及其工作人员对收集的消费者个人信息必须严格保密，不得泄露、出售或者非法向他人提供。经营者应当采取技术措施和其他必要措施，确保信息安全，防止消费者个人信息泄露、丢失。在发生或者可能发生信息泄露、丢失的情况时，应当立即采取补救措施。

经营者未经消费者同意或者请求，或者消费者明确表示拒绝的，不得向其发送商业性信息。

3. 国家对消费者合法权益的保护

（1）国家制定有关消费者权益的法律、法规、规章和强制性标准，应当听取消费者和消费者协会等组织的意见。

（2）各级人民政府应当加强领导，组织、协调、督促有关行政部门做好保护消费者合法权益的工作，落实保护消费者合法权益的职责。

各级人民政府应当加强监督，预防危害消费者人身、财产安全行为的发生，及时制止危害消费者人身、财产安全的行为。

（3）各级人民政府工商行政管理部门和其他有关行政部门应当依照法律、法规的规定，在各自的职责范围内，采取措施，保护消费者的合法权益。

有关行政部门应当听取消费者和消费者协会等组织对经营者交易行为、商品和服务质量问题的意见，及时调查处理。

（4）有关行政部门在各自的职责范围内，应当定期或者不定期对经营者提供的商品和服务进行抽查检验，并及时向社会公布抽查检验结果。

有关行政部门发现并认定经营者提供的商品或者服务存在缺陷，有危及人身、财产安全危险的，应当立即责令经营者采取停止销售、警示、召回、无害化处理、销毁、停止生产或者服务等措施。

（5）有关国家机关应当依照法律、法规的规定，惩处经营者在提供商品和服务中侵害消费者合法权益的违法犯罪行为。

（6）人民法院应当采取措施，方便消费者提起诉讼。对符合《中华人民共和国民事诉讼法》起诉条件的消费者权益争议，必须受理，及时审理。

4. 消费者组织

（1）消费者协会和其他消费者组织是依法成立的对商品和服务进行社会监督的保护消费者合法权益的社会组织。

（2）消费者协会履行下列公益性职责：

① 向消费者提供消费信息和咨询服务，提高消费者维护自身合法权益的能力，引导文明、健康、节约资源和保护环境的消费方式；

② 参与制定有关消费者权益的法律、法规、规章和强制性标准；

③ 参与有关行政部门对商品和服务的监督、检查；

④ 就有关消费者合法权益的问题，向有关部门反映、查询，提出建议；

⑤ 受理消费者的投诉，并对投诉事项进行调查、调解；

⑥ 投诉事项涉及商品和服务质量问题的，可以委托具备资格的鉴定人鉴定，鉴定人应当告知鉴定意见；

⑦ 就损害消费者合法权益的行为，支持受损害的消费者提起诉讼或者依照新《消费者权益保护法》提起诉讼；

⑧ 对损害消费者合法权益的行为，通过大众传播媒介予以揭露、批评。

各级人民政府对消费者协会履行职责应当予以必要的经费等支持。

消费者协会应当认真履行保护消费者合法权益的职责，听取消费者的意见和建议，接受社会监督。

依法成立的其他消费者组织依照法律、法规及其章程的规定，开展保护消费者合法权益的活动。

（3）消费者组织不得从事商品经营和营利性服务，不得以收取费用或者其他牟取利益的方式向消费者推荐商品和服务。

5. 争议的解决

(1) 消费者和经营者发生消费者权益争议的，可以通过下列途径解决：

① 与经营者协商和解；

② 请求消费者协会或者依法成立的其他调解组织调解；

③ 向有关行政部门投诉；

④ 根据与经营者达成的仲裁协议提请仲裁机构仲裁；

⑤ 向人民法院提起诉讼。

(2) 消费者在购买、使用商品时，其合法权益受到损害的，可以向销售者要求赔偿。销售者赔偿后，属于生产者的责任或者属于向销售者提供商品的其他销售者的责任的，销售者有权向生产者或者其他销售者追偿。

消费者或者其他受害人因商品缺陷造成人身、财产损害的，可以向销售者要求赔偿，也可以向生产者要求赔偿。属于生产者责任的，销售者赔偿后，有权向生产者追偿。属于销售者责任的，生产者赔偿后，有权向销售者追偿。

消费者在接受服务时，其合法权益受到损害的，可以向服务者要求赔偿。

(3) 消费者在购买、使用商品或者接受服务时，其合法权益受到损害，因原企业分立、合并的，可以向变更后承受其权利义务的企业要求赔偿。

(4) 使用他人营业执照的违法经营者提供商品或者服务，损害消费者合法权益的，消费者可以向其要求赔偿，也可以向营业执照的持有人要求赔偿。

(5) 消费者在展销会、租赁柜台购买商品或者接受服务，其合法权益受到损害的，可以向销售者或者服务者要求赔偿。展销会结束或者柜台租赁期满后，也可以向展销会的举办者、柜台的出租者要求赔偿。展销会的举办者、柜台的出租者赔偿后，有权向销售者或者服务者追偿。

(6) 消费者通过网络交易平台购买商品或者接受服务，其合法权益受到损害的，可以向销售者或者服务者要求赔偿。网络交易平台提供者不能提供销售者或者服务者的真实名称、地址和有效联系方式的，消费者也可以向网络交易平台提供者要求赔偿；网络交易平台提供者作出更有利于消费者的承诺的，应当履行承诺。网络交易平台提供者赔偿后，有权向销售者或者服务者追偿。

网络交易平台提供者明知或者应知销售者或者服务者利用其平台侵害消费者合法权益，未采取必要措施的，依法与该销售者或者服务者承担连带责任。

(7) 消费者因经营者利用虚假广告或者其他虚假宣传方式提供商品或者服务，其合法权益受到损害的，可以向经营者要求赔偿。广告经营者、发布者发布虚假广告的，消费者可以请求行政主管部门予以惩处。广告经营者、发布者不能提供经营者的真实名称、地址和有效联系方式的，应当承担赔偿责任。

广告经营者、发布者设计、制作、发布关系消费者生命健康商品或者服务的虚假广告，造成消费者损害的，应当与提供该商品或者服务的经营者承担连带责任。

社会团体或者其他组织、个人在关系消费者生命健康商品或者服务的虚假广告或者其他虚假宣传中向消费者推荐商品或者服务，造成消费者损害的，应当与提供该商品或者服务的经营者承担连带责任。

（8）消费者向有关行政部门投诉的，该部门应当自收到投诉之日起七个工作日内，予以处理并告知消费者。

（9）对侵害众多消费者合法权益的行为，中国消费者协会以及在省、自治区、直辖市设立的消费者协会，可以向人民法院提起诉讼。

二、中华人民共和国食品安全法

《中华人民共和国食品安全法》由全国人民代表大会常务委员会于2009年2月28日发布，自2009年6月1日起施行，2021年4月29日进行了第二次修正。

（一）总则

（1）为了保证食品安全，保障公众身体健康和生命安全，制定本法。

（2）在中华人民共和国境内从事下列活动，应当遵守本法：

① 食品生产和加工（以下称食品生产），食品销售和餐饮服务（以下称食品经营）；

② 食品添加剂的生产经营；

③ 用于食品的包装材料、容器、洗涤剂、消毒剂和用于食品生产经营的工具、设备（以下称食品相关产品）的生产经营；

④ 食品生产经营者使用食品添加剂、食品相关产品；

⑤ 食品的储存和运输；

⑥ 对食品、食品添加剂、食品相关产品的安全管理。

供食用的源于农业的初级产品（以下称食用农产品）的质量安全管理，遵守《中华人民共和国农产品质量安全法》的规定。但是，食用农产品的市场销售、有关质量安全标准的制定、有关安全信息的公布和本法对农业投入品作出规定的，应当遵守本法的规定。

（3）食品安全工作实行预防为主、风险管理、全程控制、社会共治，建立科学、严格的监督管理制度。

（4）食品生产经营者对其生产经营食品的安全负责。

食品生产经营者应当依照法律、法规和食品安全标准从事生产经营活动，保证食品安全，诚信自律，对社会和公众负责，接受社会监督，承担社会责任。

（5）国务院设立食品安全委员会，其职责由国务院规定。

国务院食品药品监督管理部门依照本法和国务院规定的职责，对食品生产经营活动实施监督管理。

国务院卫生行政部门依照本法和国务院规定的职责，组织开展食品安全风险监测和风险评估，会同国务院食品药品监督管理部门制定并公布食品安全国家标准。

国务院其他有关部门依照本法和国务院规定的职责，承担有关食品安全工作。

（6）县级以上地方人民政府对本行政区域的食品安全监督管理工作负责，统一领导、组织、协调本行政区域的食品安全监督管理工作以及食品安全突发事件应对工作，建立健全食品安全全程监督管理工作机制和信息共享机制。

县级以上地方人民政府依照本法和国务院的规定，确定本级食品药品监督管理、卫生行政部门和其他有关部门的职责。有关部门在各自职责范围内负责本行政区域的食品安全监督管理工作。

县级人民政府食品药品监督管理部门可以在乡镇或者特定区域设立派出机构。

（7）县级以上地方人民政府实行食品安全监督管理责任制。上级人民政府负责对下一级人民政府的食品安全监督管理工作进行评议、考核。县级以上地方人民政府负责对本级食品药品监督管理部门和其他有关部门的食品安全监督管理工作进行评议、考核。

（8）县级以上人民政府应当将食品安全工作纳入本级国民经济和社会发展规划，将食品安全工作经费列入本级政府财政预算，加强食品安全监督管理能力建设，为食品安全工作提供保障。

县级以上人民政府食品药品监督管理部门和其他有关部门应当加强沟通、密切配合，按照各自职责分工，依法行使职权，承担责任。

（9）食品行业协会应当加强行业自律，按照章程建立健全行业规范和奖惩机制，提供食品安全信息、技术等服务，引导和督促食品生产经营者依法生产经营，推动行业诚信建设，宣传、普及食品安全知识。

消费者协会和其他消费者组织对违反本法规定，损害消费者合法权益的行为，依法进行社会监督。

（10）各级人民政府应当加强食品安全的宣传教育，普及食品安全知识，鼓励社会组织、基层群众性自治组织、食品生产经营者开展食品安全法律、法规以及食品安全标准和知识的普及工作，倡导健康的饮食方式，增强消费者食品安全意识和自我保护能力。

新闻媒体应当开展食品安全法律、法规以及食品安全标准和知识的公益宣传，并对食品安全违法行为进行舆论监督。有关食品安全的宣传报道应当真实、公正。

（11）国家鼓励和支持开展与食品安全有关的基础研究、应用研究，鼓励和支持食品生产经营者为提高食品安全水平采用先进技术和先进管理规范。

国家对农药的使用实行严格的管理制度，加快淘汰剧毒、高毒、高残留农药，推动替代产品的研发和应用，鼓励使用高效低毒低残留农药。

（12）任何组织或者个人有权举报食品安全违法行为，依法向有关部门了解食品安全信息，对食品安全监督管理工作提出意见和建议。

（13）对在食品安全工作中做出突出贡献的单位和个人，按照国家有关规定给予表彰、奖励。

（二）食品安全风险监测和评估

（1）国家建立食品安全风险监测制度，对食源性疾病、食品污染以及食品中的有害因素进行监测。

国务院卫生行政部门会同国务院食品药品监督管理、质量监督等部门，制定、实施国家食品安全风险监测计划。

国务院食品药品监督管理部门和其他有关部门获知有关食品安全风险信息后，应当立即核实并向国务院卫生行政部门通报。对有关部门通报的食品安全风险信息以及医疗机构报告的食源性疾病等有关疾病信息，国务院卫生行政部门应当会同国务院有关部门分析研究，认为必要的，及时调整国家食品安全风险监测计划。

省、自治区、直辖市人民政府卫生行政部门会同同级食品药品监督管理、质量监督等部门，根据国家食品安全风险监测计划，结合本行政区域的具体情况，制定、调整本行政区域的食品安全风险监测方案，报国务院卫生行政部门备案并实施。

（2）承担食品安全风险监测工作的技术机构应当根据食品安全风险监测计划和监测方案

开展监测工作，保证监测数据真实、准确，并按照食品安全风险监测计划和监测方案的要求报送监测数据和分析结果。

食品安全风险监测工作人员有权进入相关食用农产品种植养殖、食品生产经营场所采集样品、收集相关数据。采集样品应当按照市场价格支付费用。

（3）食品安全风险监测结果表明可能存在食品安全隐患的，县级以上人民政府卫生行政部门应当及时将相关信息通报同级食品药品监督管理等部门，并报告本级人民政府和上级人民政府卫生行政部门。食品药品监督管理等部门应当组织开展进一步调查。

（4）国家建立食品安全风险评估制度，运用科学方法，根据食品安全风险监测信息、科学数据以及有关信息，对食品、食品添加剂、食品相关产品中生物性、化学性和物理性危害因素进行风险评估。

国务院卫生行政部门负责组织食品安全风险评估工作，成立由医学、农业、食品、营养、生物、环境等方面的专家组成的食品安全风险评估专家委员会进行食品安全风险评估。食品安全风险评估结果由国务院卫生行政部门公布。

对农药、肥料、兽药、饲料和饲料添加剂等的安全性评估，应当有食品安全风险评估专家委员会的专家参加。

食品安全风险评估不得向生产经营者收取费用，采集样品应当按照市场价格支付费用。

（5）有下列情形之一的，应当进行食品安全风险评估：

① 通过食品安全风险监测或者接到举报发现食品、食品添加剂、食品相关产品可能存在安全隐患的；

② 为制定或者修订食品安全国家标准提供科学依据需要进行风险评估的；

③ 为确定监督管理的重点领域、重点品种需要进行风险评估的；

④ 发现新的可能危害食品安全因素的；

⑤ 需要判断某一因素是否构成食品安全隐患的；

⑥ 国务院卫生行政部门认为需要进行风险评估的其他情形。

（6）国务院食品药品监督管理、质量监督、农业行政等部门在监督管理工作中发现需要进行食品安全风险评估的，应当向国务院卫生行政部门提出食品安全风险评估的建议，并提供风险来源、相关检验数据和结论等信息、资料。属于本法相关规定情形的，国务院卫生行政部门应当及时进行食品安全风险评估，并向国务院有关部门通报评估结果。

（7）省级以上人民政府卫生行政、农业行政部门应当及时相互通报食品、食用农产品安全风险监测信息。

国务院卫生行政、农业行政部门应当及时相互通报食品、食用农产品安全风险评估结果等信息。

（8）食品安全风险评估结果是制定、修订食品安全标准和实施食品安全监督管理的科学依据。

经食品安全风险评估，得出食品、食品添加剂、食品相关产品不安全结论的，国务院食品药品监督管理、质量监督等部门应当依据各自职责立即向社会公告，告知消费者停止食用或者使用，并采取相应措施，确保该食品、食品添加剂、食品相关产品停止生产经营；需要制定、修订相关食品安全国家标准的，国务院卫生行政部门应当会同国务院食品药品监督管理部门立即制定、修订。

（9）国务院食品药品监督管理部门应当会同国务院有关部门，根据食品安全风险评估结果、食品安全监督管理信息，对食品安全状况进行综合分析。对经综合分析表明可能具有较高程度安全风险的食品，国务院食品药品监督管理部门应当及时提出食品安全风险警示，并向社会公布。

（10）县级以上人民政府食品药品监督管理部门和其他有关部门、食品安全风险评估专家委员会及其技术机构，应当按照科学、客观、及时、公开的原则，组织食品生产经营者、食品检验机构、认证机构、食品行业协会、消费者协会以及新闻媒体等，就食品安全风险评估信息和食品安全监督管理信息进行交流沟通。

（三）食品安全标准

（1）制定食品安全标准，应当以保障公众身体健康为宗旨，做到科学合理、安全可靠。

（2）食品安全标准是强制执行的标准。除食品安全标准外，不得制定其他食品强制性标准。

（3）食品安全标准应当包括下列内容：

① 食品、食品添加剂、食品相关产品中的致病性微生物，农药残留、兽药残留、生物毒素、重金属等污染物质以及其他危害人体健康物质的限量规定；

② 食品添加剂的品种、使用范围、用量；

③ 专供婴幼儿和其他特定人群的主辅食品的营养成分要求；

④ 对与卫生、营养等食品安全要求有关的标签、标志、说明书的要求；

⑤ 食品生产经营过程的卫生要求；

⑥ 与食品安全有关的质量要求；

⑦ 与食品安全有关的食品检验方法与规程；

⑧ 其他需要制定为食品安全标准的内容。

（4）食品安全国家标准由国务院卫生行政部门会同国务院食品药品监督管理部门制定、公布，国务院标准化行政部门提供国家标准编号。

食品中农药残留、兽药残留的限量规定及其检验方法与规程由国务院卫生行政部门、国务院农业行政部门会同国务院食品药品监督管理部门制定。

屠宰畜、禽的检验规程由国务院农业行政部门会同国务院卫生行政部门制定。

（5）制定食品安全国家标准，应当依据食品安全风险评估结果并充分考虑食用农产品安全风险评估结果，参照相关的国际标准和国际食品安全风险评估结果，并将食品安全国家标准草案向社会公布，广泛听取食品生产经营者、消费者、有关部门等方面的意见。

食品安全国家标准应当经国务院卫生行政部门组织的食品安全国家标准审评委员会审查通过。食品安全国家标准审评委员会由医学、农业、食品、营养、生物、环境等方面的专家以及国务院有关部门、食品行业协会、消费者协会的代表组成，对食品安全国家标准草案的科学性和实用性等进行审查。

（6）对地方特色食品，没有食品安全国家标准的，省、自治区、直辖市人民政府卫生行政部门可以制定并公布食品安全地方标准，报国务院卫生行政部门备案。食品安全国家标准制定后，该地方标准即行废止。

（7）国家鼓励食品生产企业制定严于食品安全国家标准或者地方标准的企业标准，在本企业适用，并报省、自治区、直辖市人民政府卫生行政部门备案。

（8）省级以上人民政府卫生行政部门应当在其网站上公布制定和备案的食品安全国家标准、地方标准和企业标准，供公众免费查阅、下载。

对食品安全标准执行过程中的问题，县级以上人民政府卫生行政部门应当会同有关部门及时给予指导、解答。

（9）省级以上人民政府卫生行政部门应当会同同级食品药品监督管理、质量监督、农业行政等部门，分别对食品安全国家标准和地方标准的执行情况进行跟踪评价，并根据评价结果及时修订食品安全标准。

省级以上人民政府食品药品监督管理、质量监督、农业行政等部门应当对食品安全标准执行中存在的问题进行收集、汇总，并及时向同级卫生行政部门通报。

食品生产经营者、食品行业协会发现食品安全标准在执行中存在问题的，应当立即向卫生行政部门报告。

（四）食品生产经营

1. 一般规定

（1）食品生产经营应当符合食品安全标准，并符合下列要求：

① 具有与生产经营的食品品种、数量相适应的食品原料处理和食品加工、包装、储存等场所，保持该场所环境整洁，并与有毒、有害场所以及其他污染源保持规定的距离；

② 具有与生产经营的食品品种、数量相适应的生产经营设备或者设施，有相应的消毒、更衣、盥洗、采光、照明、通风、防腐、防尘、防蝇、防鼠、防虫、洗涤以及处理废水、存放垃圾和废弃物的设备或者设施；

③ 有专职或者兼职的食品安全专业技术人员、食品安全管理人员和保证食品安全的规章制度；

④ 具有合理的设备布局和工艺流程，防止待加工食品与直接入口食品、原料与成品交叉污染，避免食品接触有毒物、不洁物；

⑤ 餐具、饮具和盛放直接入口食品的容器，使用前应当洗净、消毒，炊具、用具用后应当洗净，保持清洁；

⑥ 储存、运输和装卸食品的容器、工具和设备应当安全、无害，保持清洁，防止食品污染，并符合保证食品安全所需的温度、湿度等特殊要求，不得将食品与有毒、有害物品一同储存、运输；

⑦ 直接入口的食品应当使用无毒、清洁的包装材料、餐具、饮具和容器；

⑧ 食品生产经营人员应当保持个人卫生，生产经营食品时，应当将手洗净，穿戴清洁的工作衣、帽等；销售无包装的直接入口食品时，应当使用无毒、清洁的容器、售货工具和设备；

⑨ 用水应当符合国家规定的生活饮用水卫生标准；

⑩ 使用的洗涤剂、消毒剂应当对人体安全、无害；

⑪ 法律、法规规定的其他要求。

非食品生产经营者从事食品储存、运输和装卸的，应当符合相关的规定。

（2）禁止生产经营下列食品、食品添加剂、食品相关产品：

① 用非食品原料生产的食品或者添加食品添加剂以外的化学物质和其他可能危害人体健康物质的食品，或者用回收食品作为原料生产的食品；

② 致病性微生物，农药残留、兽药残留、生物毒素、重金属等污染物质以及其他危害人体健康的物质含量超过食品安全标准限量的食品、食品添加剂、食品相关产品；

③ 用超过保质期的食品原料、食品添加剂生产的食品、食品添加剂；

④ 超范围、超限量使用食品添加剂的食品；

⑤ 营养成分不符合食品安全标准的专供婴幼儿和其他特定人群的主辅食品；

⑥ 腐败变质、油脂酸败、霉变生虫、污秽不洁、混有异物、掺假掺杂或者感官性状异常的食品、食品添加剂；

⑦ 病死、毒死或者死因不明的禽、畜、兽、水产动物肉类及其制品；

⑧ 未按规定进行检疫或者检疫不合格的肉类，或者未经检验或者检验不合格的肉类制品；

⑨ 被包装材料、容器、运输工具等污染的食品、食品添加剂；

⑩ 标注虚假生产日期、保质期或者超过保质期的食品、食品添加剂；

⑪ 无标签的预包装食品、食品添加剂；

⑫ 国家为防病等特殊需要明令禁止生产经营的食品；

⑬ 其他不符合法律、法规或者食品安全标准的食品、食品添加剂、食品相关产品。

（3）国家对食品生产经营实行许可制度。从事食品生产、食品销售、餐饮服务，应当依法取得许可。但是，销售食用农产品和仅销售预包装食品的，不需要取得许可。仅销售预包装食品的，应当报所在地县级以上地方人民政府食品安全监督管理部门备案。

县级以上地方人民政府食品药品监督管理部门应当依照《中华人民共和国行政许可法》的规定，审核申请人提交的本法规定的相关资料，必要时对申请人的生产经营场所进行现场核查；对符合规定条件的，准予许可；对不符合规定条件的，不予许可并书面说明理由。

（4）食品生产加工小作坊和食品摊贩等从事食品生产经营活动，应当符合本法规定的与其生产经营规模、条件相适应的食品安全要求，保证所生产经营的食品卫生、无毒、无害，食品药品监督管理部门应当对其加强监督管理。

县级以上地方人民政府应当对食品生产加工小作坊、食品摊贩等进行综合治理，加强服务和统一规划，改善其生产经营环境，鼓励和支持其改进生产经营条件，进入集中交易市场、店铺等固定场所经营，或者在指定的临时经营区域、时段经营。

食品生产加工小作坊和食品摊贩等的具体管理办法由省、自治区、直辖市制定。

（5）利用新的食品原料生产食品，或者生产食品添加剂新品种、食品相关产品新品种，应当向国务院卫生行政部门提交相关产品的安全性评估材料。国务院卫生行政部门应当自收到申请之日起六十日内组织审查；对符合食品安全要求的，准予许可并公布；对不符合食品安全要求的，不予许可并书面说明理由。

（6）生产经营的食品中不得添加药品，但是可以添加按照传统既是食品又是中药材的物质。按照传统既是食品又是中药材的物质目录由国务院卫生行政部门会同国务院食品药品监督管理部门制定、公布。

（7）国家对食品添加剂生产实行许可制度。从事食品添加剂生产，应当具有与所生产食品添加剂品种相适应的场所、生产设备或者设施、专业技术人员和管理制度，并依照本法规定的相关程序，取得食品添加剂生产许可。

生产食品添加剂应当符合法律、法规和食品安全国家标准。

（8）食品添加剂应当在技术上确有必要且经过风险评估证明安全可靠，方可列入允许使用的范围；有关食品安全国家标准应当根据技术必要性和食品安全风险评估结果及时修订。

食品生产经营者应当按照食品安全国家标准使用食品添加剂。

（9）生产食品相关产品应当符合法律、法规和食品安全国家标准。对直接接触食品的包装材料等具有较高风险的食品相关产品，按照国家有关工业产品生产许可证管理的规定实施生产许可。质量监督部门应当加强对食品相关产品生产活动的监督管理。

（10）国家建立食品安全全程追溯制度。

食品生产经营者应当依照本法的规定，建立食品安全追溯体系，保证食品可追溯。国家鼓励食品生产经营者采用信息化手段采集、留存生产经营信息，建立食品安全追溯体系。

国务院食品药品监督管理部门会同国务院农业行政等有关部门建立食品安全全程追溯协作机制。

（11）地方各级人民政府应当采取措施鼓励食品规模化生产和连锁经营、配送。

国家鼓励食品生产经营企业参加食品安全责任保险。

2. 生产经营过程控制

（1）食品生产经营企业应当建立健全食品安全管理制度，对职工进行食品安全知识培训，加强食品检验工作，依法从事生产经营活动。

食品生产经营企业的主要负责人应当落实企业食品安全管理制度，对本企业的食品安全工作全面负责。

食品生产经营企业应当配备食品安全管理人员，加强对其培训和考核。经考核不具备食品安全管理能力的，不得上岗。食品药品监督管理部门应当对企业食品安全管理人员随机进行监督抽查考核并公布考核情况。监督抽查考核不得收取费用。

（2）食品生产经营者应当建立并执行从业人员健康管理制度。患有国务院卫生行政部门规定的有碍食品安全疾病的人员，不得从事接触直接入口食品的工作。

从事接触直接入口食品工作的食品生产经营人员应当每年进行健康检查，取得健康证明后方可上岗工作。

（3）食品生产企业应当就下列事项制定并实施控制要求，保证所生产的食品符合食品安全标准：

① 原料采购、原料验收、投料等原料控制；

② 生产工序、设备、储存、包装等生产关键环节控制；

③ 原料检验、半成品检验、成品出厂检验等检验控制；

④ 运输和交付控制。

（4）食品生产经营者应当建立食品安全自查制度，定期对食品安全状况进行检查评价。生产经营条件发生变化，不再符合食品安全要求的，食品生产经营者应当立即采取整改措施；有发生食品安全事故潜在风险的，应当立即停止食品生产经营活动，并向所在地县级人民政府食品药品监督管理部门报告。

（5）国家鼓励食品生产经营企业符合良好生产规范要求，实施危害分析与关键控制点体系，提高食品安全管理水平。

对通过良好生产规范、危害分析与关键控制点体系认证的食品生产经营企业，认证机构应当依法实施跟踪调查；对不再符合认证要求的企业，应当依法撤销认证，及时向县级以上人民政府食品药品监督管理部门通报，并向社会公布。认证机构实施跟踪调查不得收取费用。

（6）食用农产品生产者应当按照食品安全标准和国家有关规定使用农药、肥料、兽药、饲料和饲料添加剂等农业投入品，严格执行农业投入品使用安全间隔期或者休药期的规定，不得使用国家明令禁止的农业投入品。禁止将剧毒、高毒农药用于蔬菜、瓜果、茶叶和中草药材等国家规定的农作物。

食用农产品的生产企业和农民专业合作经济组织应当建立农业投入品使用记录制度。

县级以上人民政府农业行政部门应当加强对农业投入品使用的监督管理和指导，建立健全农业投入品安全使用制度。

（7）食品生产者采购食品原料、食品添加剂、食品相关产品，应当查验供货者的许可证和产品合格证明；对无法提供合格证明的食品原料，应当按照食品安全标准进行检验；不得采购或者使用不符合食品安全标准的食品原料、食品添加剂、食品相关产品。

食品生产企业应当建立食品原料、食品添加剂、食品相关产品进货查验记录制度，如实记录食品原料、食品添加剂、食品相关产品的名称、规格、数量、生产日期或者生产批号、保质期、进货日期以及供货者名称、地址、联系方式等内容，并保存相关凭证。记录和凭证保存期限不得少于产品保质期满后六个月；没有明确保质期的，保存期限不得少于两年。

（8）食品生产企业应当建立食品出厂检验记录制度，查验出厂食品的检验合格证和安全状况，如实记录食品的名称、规格、数量、生产日期或者生产批号、保质期、检验合格证号、销售日期以及购货者名称、地址、联系方式等内容，并保存相关凭证。记录和凭证保存期限应当符合本法相关的规定。

（9）食品、食品添加剂、食品相关产品的生产者，应当按照食品安全标准对所生产的食品、食品添加剂、食品相关产品进行检验，检验合格后方可出厂或者销售。

（10）食品经营者采购食品，应当查验供货者的许可证和食品出厂检验合格证或者其他合格证明（以下称合格证明文件）。

食品经营企业应当建立食品进货查验记录制度，如实记录食品的名称、规格、数量、生产日期或者生产批号、保质期、进货日期以及供货者名称、地址、联系方式等内容，并保存相关凭证。记录和凭证保存期限应当符合本法相关的规定。

实行统一配送经营方式的食品经营企业，可以由企业总部统一查验供货者的许可证和食品合格证明文件，进行食品进货查验记录。

从事食品批发业务的经营企业应当建立食品销售记录制度，如实记录批发食品的名称、规格、数量、生产日期或者生产批号、保质期、销售日期以及购货者名称、地址、联系方式等内容，并保存相关凭证。记录和凭证保存期限应当符合本法相关的规定。

（11）食品经营者应当按照保证食品安全的要求储存食品，定期检查库存食品，及时清理变质或者超过保质期的食品。

食品经营者储存散装食品，应当在储存位置标明食品的名称、生产日期或者生产批号、保质期、生产者名称及联系方式等内容。

（12）餐饮服务提供者应当制定并实施原料控制要求，不得采购不符合食品安全标准的食品原料。倡导餐饮服务提供者公开加工过程，公示食品原料及其来源等信息。

餐饮服务提供者在加工过程中应当检查待加工的食品及原料，发现有腐败变质、油脂酸败、霉变生虫、污秽不洁、混有异物、掺假掺杂或者感官性状异常等的食品、食品添加剂情形的，不得加工或者使用。

（13）餐饮服务提供者应当定期维护食品加工、储存、陈列等设施、设备；定期清洗、校验保温设施及冷藏、冷冻设施。

餐饮服务提供者应当按照要求对餐具、饮具进行清洗消毒，不得使用未经清洗消毒的餐具、饮具；餐饮服务提供者委托清洗消毒餐具、饮具的，应当委托符合本法规定条件的餐具、饮具集中消毒服务单位。

（14）学校、托幼机构、养老机构、建筑工地等集中用餐单位的食堂应当严格遵守法律、法规和食品安全标准；从供餐单位订餐的，应当从取得食品生产经营许可的企业订购，并按照要求对订购的食品进行查验。供餐单位应当严格遵守法律、法规和食品安全标准，当餐加工，确保食品安全。

学校、托幼机构、养老机构、建筑工地等集中用餐单位的主管部门应当加强对集中用餐单位的食品安全教育和日常管理，降低食品安全风险，及时消除食品安全隐患。

（15）餐具、饮具集中消毒服务单位应当具备相应的作业场所、清洗消毒设备或者设施，用水和使用的洗涤剂、消毒剂应当符合相关食品安全国家标准和其他国家标准、卫生规范。

餐具、饮具集中消毒服务单位应当对消毒餐具、饮具进行逐批检验，检验合格后方可出厂，并应当随附消毒合格证明。消毒后的餐具、饮具应当在独立包装上标注单位名称、地址、联系方式、消毒日期以及使用期限等内容。

（16）食品添加剂生产者应当建立食品添加剂出厂检验记录制度，查验出厂产品的检验合格证和安全状况，如实记录食品添加剂的名称、规格、数量、生产日期或者生产批号、保质期、检验合格证号、销售日期以及购货者名称、地址、联系方式等相关内容，并保存相关凭证。记录和凭证保存期限应当符合本法相关的规定。

（17）食品添加剂经营者采购食品添加剂，应当依法查验供货者的许可证和产品合格证明文件，如实记录食品添加剂的名称、规格、数量、生产日期或者生产批号、保质期、进货日期以及供货者名称、地址、联系方式等内容，并保存相关凭证。记录和凭证保存期限应当符合本法相关的规定。

（18）集中交易市场的开办者、柜台出租者和展销会举办者，应当依法审查入场食品经营者的许可证，明确其食品安全管理责任，定期对其经营环境和条件进行检查，发现其有违反本法规定行为的，应当及时制止并立即报告所在地县级人民政府食品药品监督管理部门。

（19）网络食品交易第三方平台提供者应当对入网食品经营者进行实名登记，明确其食品安全管理责任；依法应当取得许可证的，还应当审查其许可证。

网络食品交易第三方平台提供者发现入网食品经营者有违反本法规定行为的，应当及时制止并立即报告所在地县级人民政府食品药品监督管理部门；发现严重违法行为的，应当立即停止提供网络交易平台服务。

（20）国家建立食品召回制度。食品生产者发现其生产的食品不符合食品安全标准或者有证据证明可能危害人体健康的，应当立即停止生产，召回已经上市销售的食品，通知相关生产经营者和消费者，并记录召回和通知情况。

食品经营者发现其经营的食品有本法规定情形的，应当立即停止经营，通知相关生产经营者和消费者，并记录停止经营和通知情况。食品生产者认为应当召回的，应当立即召回。由于食品经营者的原因造成其经营的食品有本法规定情形的，食品经营者应当召回。

食品生产经营者应当对召回的食品采取无害化处理、销毁等措施，防止其再次流入市场。但是，对因标签、标志或者说明书不符合食品安全标准而被召回的食品，食品生产者在采取补救措施且能保证食品安全的情况下可以继续销售；销售时应当向消费者明示补救措施。

食品生产经营者应当将食品召回和处理情况向所在地县级人民政府食品药品监督管理部门报告；需要对召回的食品进行无害化处理、销毁的，应当提前报告时间、地点。食品药品监督管理部门认为必要的，可以实施现场监督。

食品生产经营者未依照相关规定召回或者停止经营的，县级以上人民政府食品药品监督管理部门可以责令其召回或者停止经营。

（21）食用农产品批发市场应当配备检验设备和检验人员或者委托符合本法规定的食品检验机构，对进入该批发市场销售的食用农产品进行抽样检验；发现不符合食品安全标准的，应当要求销售者立即停止销售，并向食品药品监督管理部门报告。

（22）食用农产品销售者应当建立食用农产品进货查验记录制度，如实记录食用农产品的名称、数量、进货日期以及供货者名称、地址、联系方式等内容，并保存相关凭证。记录和凭证保存期限不得少于六个月。

（23）进入市场销售的食用农产品在包装、保鲜、储存、运输中使用保鲜剂、防腐剂等食品添加剂和包装材料等食品相关产品，应当符合食品安全国家标准。

3. 标签、说明书和广告

（1）预包装食品的包装上应当有标签。标签应当标明下列事项：

① 名称、规格、净含量、生产日期；

② 成分或者配料表；

③ 生产者的名称、地址、联系方式；

④ 保质期；

⑤ 产品标准代号；

⑥ 储存条件；

⑦ 所使用的食品添加剂在国家标准中的通用名称；

⑧ 生产许可证编号；

⑨ 法律、法规或者食品安全标准规定应当标明的其他事项。

专供婴幼儿和其他特定人群的主辅食品，其标签还应当标明主要营养成分及其含量。

食品安全国家标准对标签标注事项另有规定的，从其规定。

（2）食品经营者销售散装食品，应当在散装食品的容器、外包装上标明食品的名称、生产日期或者生产批号、保质期以及生产经营者名称、地址、联系方式等内容。

（3）生产经营转基因食品应当按照规定显著标示。

（4）食品添加剂应当有标签、说明书和包装。标签、说明书应当载明本法规定的事项，以及食品添加剂的使用范围、用量、使用方法，并在标签上载明“食品添加剂”字样。

（5）食品和食品添加剂的标签、说明书，不得含有虚假内容，不得涉及疾病预防、治疗功能。生产经营者对其提供的标签、说明书的内容负责。

食品和食品添加剂的标签、说明书应当清楚、明显，生产日期、保质期等事项应当显著标注，容易辨识。

食品和食品添加剂与其标签、说明书的内容不符的，不得上市销售。

（6）食品经营者应当按照食品标签标示的警示标志、警示说明或者注意事项的要求销售食品。

（7）食品广告的内容应当真实合法，不得含有虚假内容，不得涉及疾病预防、治疗功能。食品生产经营者对食品广告内容的真实性、合法性负责。

县级以上人民政府食品药品监督管理部门和其他有关部门以及食品检验机构、食品行业协会不得以广告或者其他形式向消费者推荐食品。消费者组织不得以收取费用或者其他牟取利益的方式向消费者推荐食品。

4. 特殊食品

（1）国家对保健食品、特殊医学用途配方食品和婴幼儿配方食品等特殊食品实行严格监督管理。

（2）保健食品声称保健功能，应当具有科学依据，不得对人体产生急性、亚急性或者慢性危害。

保健食品原料目录和允许保健食品声称的保健功能目录，由国务院食品药品监督管理部门会同国务院卫生行政部门、国家中医药管理部门制定、调整并公布。

保健食品原料目录应当包括原料名称、用量及其对应的功效；列入保健食品原料目录的原料只能用于保健食品生产，不得用于其他食品生产。

（3）使用保健食品原料目录以外原料的保健食品和首次进口的保健食品应当经国务院食品药品监督管理部门注册。但是，首次进口的保健食品中属于补充维生素、矿物质等营养物质的，应当报国务院食品药品监督管理部门备案。其他保健食品应当报省、自治区、直辖市人民政府食品药品监督管理部门备案。

进口的保健食品应当是出口国（地区）主管部门准许上市销售的产品。

（4）依法应当注册的保健食品，注册时应当提交保健食品的研发报告、产品配方、生产工艺、安全性和保健功能评价、标签、说明书等材料及样品，并提供相关证明文件。国务院食品药品监督管理部门经组织技术审评，对符合安全和功能声称要求的，准予注册；对不符合要求的，不予注册并书面说明理由。对使用保健食品原料目录以外原料的保健食品作出准予注册决定的，应当及时将该原料纳入保健食品原料目录。

依法应当备案的保健食品，备案时应当提交产品配方、生产工艺、标签、说明书以及表明产品安全性和保健功能的材料。

（5）保健食品的标签、说明书不得涉及疾病预防、治疗功能，内容应当真实，与注册或者备案的内容相一致，载明适宜人群、不适宜人群、功效成分或者标志性成分及其含量等，并声明“本品不能代替药物”。保健食品的功能和成分应当与标签、说明书相一致。

（6）保健食品广告除应当符合本法相关的规定外，还应当声明“本品不能代替药物”；其内容应当经生产企业所在地省、自治区、直辖市人民政府食品药品监督管理部门审查批准，取得保健食品广告批准文件。省、自治区、直辖市人民政府食品药品监督管理部门应当公布并及时更新已经批准的保健食品广告目录以及批准的广告内容。

（7）特殊医学用途配方食品应当经国务院食品药品监督管理部门注册。注册时，应当提交产品配方、生产工艺、标签、说明书以及表明产品安全性、营养充足性和特殊医学用途临床效果的材料。

特殊医学用途配方食品广告适用《中华人民共和国广告法》和其他法律、行政法规关于药品广告管理的规定。

（8）婴幼儿配方食品生产企业应当实施从原料进厂到成品出厂的全过程质量控制，对出厂的婴幼儿配方食品实施逐批检验，保证食品安全。

生产婴幼儿配方食品使用的生鲜乳、辅料等食品原料、食品添加剂等，应当符合法律、行政法规的规定和食品安全国家标准，保证婴幼儿生长发育所需的营养成分。

婴幼儿配方食品生产企业应当将食品原料、食品添加剂、产品配方及标签等事项向省、自治区、直辖市人民政府食品药品监督管理部门备案。

婴幼儿配方乳粉的产品配方应当经国务院食品药品监督管理部门注册。注册时，应当提交配方研发报告和其他表明配方科学性、安全性的材料。

不得以分装方式生产婴幼儿配方乳粉，同一企业不得用同一配方生产不同品牌的婴幼儿配方乳粉。

（9）保健食品、特殊医学用途配方食品、婴幼儿配方乳粉的注册人或者备案人应当对其提交材料的真实性负责。

省级以上人民政府食品药品监督管理部门应当及时公布注册或者备案的保健食品、特殊医学用途配方食品、婴幼儿配方乳粉目录，并对注册或者备案中获知的企业商业秘密予以保密。

保健食品、特殊医学用途配方食品、婴幼儿配方乳粉生产企业应当按照注册或者备案的产品配方、生产工艺等技术要求组织生产。

（10）生产保健食品，特殊医学用途配方食品、婴幼儿配方食品和其他专供特定人群的主辅食品的企业，应当按照良好生产规范的要求建立与所生产食品相适应的生产质量管理体系，定期对该体系的运行情况进行自查，保证其有效运行，并向所在地县级人民政府食品药品监督管理部门提交自查报告。

（五）食品检验

（1）食品检验机构按照国家有关认证认可的规定取得资质认定后，方可从事食品检验活动。但是，法律另有规定的除外。

食品检验机构的资质认定条件和检验规范，由国务院食品药品监督管理部门规定。

符合本法规定的食品检验机构出具的检验报告具有同等效力。

县级以上人民政府应当整合食品检验资源，实现资源共享。

（2）食品检验由食品检验机构指定的检验人独立进行。

检验人应当依照有关法律、法规的规定，并按照食品安全标准和检验规范对食品进行检验，尊重科学，恪守职业道德，保证出具的检验数据和结论客观、公正，不得出具虚假检验报告。

（3）食品检验实行食品检验机构与检验人负责制。食品检验报告应当加盖食品检验机构公章，并有检验人的签名或者盖章。食品检验机构和检验人对出具的食品检验报告负责。

（4）县级以上人民政府食品药品监督管理部门应当对食品进行定期或者不定期的抽样检验，并依据有关规定公布检验结果，不得免检。进行抽样检验，应当购买抽取的样品，委托符合本法规定的食品检验机构进行检验，并支付相关费用；不得向食品生产经营者收取检验费和其他费用。

（5）对依照本法规定实施的检验结论有异议的，食品生产经营者可以自收到检验结论之日起七个工作日内向实施抽样检验的食品药品监督管理部门或者其上一级食品药品监督管理部门提出复检申请，由受理复检申请的食品药品监督管理部门在公布的复检机构名录中随机确定复检机构进行复检。复检机构出具的复检结论为最终检验结论。复检机构与初检机构不得为同一机构。复检机构名录由国务院认证认可监督管理、食品药品监督管理、卫生行政、农业行政等部门共同公布。

采用国家规定的快速检测方法对食用农产品进行抽查检测，被抽查人对检测结果有异议的，可以自收到检测结果时起四小时内申请复检。复检不得采用快速检测方法。

（6）食品生产企业可以自行对所生产的食品进行检验，也可以委托符合本法规定的食品检验机构进行检验。

食品行业协会和消费者协会等组织、消费者需要委托食品检验机构对食品进行检验的，应当委托符合本法规定的食品检验机构进行。

（7）食品添加剂的检验，适用本法有关食品检验的规定。

（六）食品进出口

（1）国家出入境检验检疫部门对进出口食品安全实施监督管理。

（2）进口的食品、食品添加剂、食品相关产品应当符合我国食品安全国家标准。

进口的食品、食品添加剂应当经出入境检验检疫机构依照进出口商品检验相关法律、行政法规的规定检验合格。

进口的食品、食品添加剂应当按照国家出入境检验检疫部门的要求随附合格证明材料。

（3）进口尚无食品安全国家标准的食品，由境外出口商、境外生产企业或者其委托的进口商向国务院卫生行政部门提交所执行的相关国家（地区）标准或者国际标准。国务院卫生行政部门对相关标准进行审查，认为符合食品安全要求的，决定暂予适用，并及时制定相应的食品安全国家标准。进口利用新的食品原料生产的食品或者进口食品添加剂新品种、食品相关产品新品种，依照本法相关规定办理。

出入境检验检疫机构按照国务院卫生行政部门的要求，对本法规定的食品、食品添加剂、食品相关产品进行检验。检验结果应当公开。

（4）境外出口商、境外生产企业应当保证向我国出口的食品、食品添加剂、食品相关产品符合本法以及我国其他有关法律、行政法规的规定和食品安全国家标准的要求，并对标签、说明书的内容负责。

进口商应当建立境外出口商、境外生产企业审核制度，重点审核前款规定的内容；审核不合格的，不得进口。

发现进口食品不符合我国食品安全国家标准或者有证据证明可能危害人体健康的，进口商应当立即停止进口，并依照本法的相关规定召回。

（5）境外发生的食品安全事件可能对我国境内造成影响，或者在进口食品、食品添加剂、食品相关产品中发现严重食品安全问题的，国家出入境检验检疫部门应当及时采取风险预警或者控制措施，并向国务院食品药品监督管理、卫生行政、农业行政部门通报。接到通报的部门应当及时采取相应措施。

县级以上人民政府食品药品监督管理部门对国内市场上销售的进口食品、食品添加剂实施监督管理。发现存在严重食品安全问题的，国务院食品药品监督管理部门应当及时向国家出入境检验检疫部门通报。国家出入境检验检疫部门应当及时采取相应措施。

（6）向我国境内出口食品的境外出口商或者代理商、进口食品的进口商应当向国家出入境检验检疫部门备案。向我国境内出口食品的境外食品生产企业应当经国家出入境检验检疫部门注册。已经注册的境外食品生产企业提供虚假材料，或者因其自身的原因致使进口食品发生重大食品安全事故的，国家出入境检验检疫部门应当撤销注册并公告。

国家出入境检验检疫部门应当定期公布已经备案的境外出口商、代理商、进口商和已经注册的境外食品生产企业名单。

（7）进口的预包装食品、食品添加剂应当有中文标签；依法应当有说明书的，还应当有中文说明书。标签、说明书应当符合本法以及我国其他有关法律、行政法规的规定和食品安全国家标准的要求，并载明食品的原产地以及境内代理商的名称、地址、联系方式。预包装食品没有中文标签、中文说明书或者标签、说明书不符合本条规定的，不得进口。

（8）进口商应当建立食品、食品添加剂进口和销售记录制度，如实记录食品、食品添加剂的名称、规格、数量、生产日期、生产或者进口批号、保质期、境外出口商和购货者名称、地址及联系方式、交货日期等内容，并保存相关凭证。记录和凭证保存期限应当符合本法相关的规定。

（9）出口食品生产企业应当保证其出口食品符合进口国（地区）的标准或者合同要求。

出口食品生产企业和出口食品原料种植、养殖场应当向国家出入境检验检疫部门备案。

（10）国家出入境检验检疫部门应当收集、汇总下列进出口食品安全信息，并及时通报相关部门、机构和企业：

① 出入境检验检疫机构对进出口食品实施检验检疫发现的食品安全信息；

② 食品行业协会和消费者协会等组织、消费者反映的进口食品安全信息；

③ 国际组织、境外政府机构发布的风险预警信息及其他食品安全信息，以及境外食品行业协会等组织、消费者反映的食品安全信息；

④ 其他食品安全信息。

国家出入境检验检疫部门应当对进出口食品的进口商、出口商和出口食品生产企业实施信用管理，建立信用记录，并依法向社会公布。对有不良记录的进口商、出口商和出口食品生产企业，应当加强对其进出口食品的检验检疫。

（11）国家出入境检验检疫部门可以对向我国境内出口食品的国家（地区）的食品安全管理体系和食品安全状况进行评估和审查，并根据评估和审查结果，确定相应检验检疫要求。

（七）食品安全事故处置

（1）国务院组织制定国家食品安全事故应急预案。

县级以上地方人民政府应当根据有关法律、法规的规定和上级人民政府的食品安全事故应急预案以及本行政区域的实际情况，制定本行政区域的食品安全事故应急预案，并报上一级人民政府备案。

食品安全事故应急预案应当对食品安全事故分级、事故处置组织指挥体系与职责、预防预警机制、处置程序、应急保障措施等作出规定。

食品生产经营企业应当制定食品安全事故处置方案，定期检查本企业各项食品安全防范措施的落实情况，及时消除事故隐患。

（2）发生食品安全事故的单位应当立即采取措施，防止事故扩大。事故单位和接收病人进行治疗的单位应当及时向事故发生地县级人民政府食品药品监督管理、卫生行政部门报告。

县级以上人民政府质量监督、农业行政等部门在日常监督管理中发现食品安全事故或者接到事故举报，应当立即向同级食品药品监督管理部门通报。

发生食品安全事故，接到报告的县级人民政府食品药品监督管理部门应当按照应急预案的规定向本级人民政府和上级人民政府食品药品监督管理部门报告。县级人民政府和上级人民政府食品药品监督管理部门应当按照应急预案的规定上报。

任何单位和个人不得对食品安全事故隐瞒、谎报、缓报，不得隐匿、伪造、毁灭有关证据。

（3）医疗机构发现其接收的病人属于食源性疾病病人或者疑似病人的，应当按照规定及时将相关信息向所在地县级人民政府卫生行政部门报告。县级人民政府卫生行政部门认为与食品安全有关的，应当及时通报同级食品药品监督管理部门。

县级以上人民政府卫生行政部门在调查处理传染病或者其他突发公共卫生事件中发现与食品安全相关的信息，应当及时通报同级食品药品监督管理部门。

（4）县级以上人民政府食品药品监督管理部门接到食品安全事故的报告后，应当立即会同同级卫生行政、质量监督、农业行政等部门进行调查处理，并采取下列措施，防止或者减轻社会危害：

① 开展应急救援工作，组织救治因食品安全事故导致人身伤害的人员；

② 封存可能导致食品安全事故的食品及其原料，并立即进行检验；对确认属于被污染的食品及其原料，责令食品生产经营者依照本法的相关规定召回或者停止经营；

③ 封存被污染的食品相关产品，并责令进行清洗消毒；

④ 做好信息发布工作，依法对食品安全事故及其处理情况进行发布，并对可能产生的危害加以解释、说明。

发生食品安全事故需要启动应急预案的，县级以上人民政府应当立即成立事故处置指挥机构，启动应急预案，依照相关规定和应急预案的规定进行处置。

发生食品安全事故，县级以上疾病预防控制机构应当对事故现场进行卫生处理，并对与事故有关的因素开展流行病学调查，有关部门应当予以协助。县级以上疾病预防控制机构应当向同级食品药品监督管理、卫生行政部门提交流行病学调查报告。

（5）发生食品安全事故，设区的市级以上人民政府食品药品监督管理部门应当立即会同有关部门进行事故责任调查，督促有关部门履行职责，向本级人民政府和上一级人民政府食品药品监督管理部门提出事故责任调查处理报告。

涉及两个以上省、自治区、直辖市的重大食品安全事故由国务院食品药品监督管理部门依照相关规定组织事故责任调查。

（6）调查食品安全事故，应当坚持实事求是、尊重科学的原则，及时、准确查清事故性质和原因，认定事故责任，提出整改措施。

调查食品安全事故，除了查明事故单位的责任，还应当查明有关监督管理部门、食品检验机构、认证机构及其工作人员的责任。

（7）食品安全事故调查部门有权向有关单位和个人了解与事故有关的情况，并要求提供相关资料和样品。有关单位和个人应当予以配合，按照要求提供相关资料和样品，不得拒绝。

任何单位和个人不得阻挠、干涉食品安全事故的调查处理。

（八）监督管理

（1）县级以上人民政府食品药品监督管理、质量监督部门根据食品安全风险监测、风险评估结果和食品安全状况等，确定监督管理的重点、方式和频次，实施风险分级管理。

县级以上地方人民政府组织本级食品药品监督管理、质量监督、农业行政等部门制定本行政区域的食品安全年度监督管理计划，向社会公布并组织实施。

食品安全年度监督管理计划应当将下列事项作为监督管理的重点：

① 专供婴幼儿和其他特定人群的主辅食品；

② 保健食品生产过程中的添加行为和按照注册或者备案的技术要求组织生产的情况，保健食品标签、说明书以及宣传材料中有关功能宣传的情况；

③ 发生食品安全事故风险较高的食品生产经营者；

④ 食品安全风险监测结果表明可能存在食品安全隐患的事项。

（2）县级以上人民政府食品药品监督管理、质量监督部门履行各自食品安全监督管理职责，有权采取下列措施，对生产经营者遵守本法的情况进行监督检查：

① 进入生产经营场所实施现场检查；

② 对生产经营的食品、食品添加剂、食品相关产品进行抽样检验；

③ 查阅、复制有关合同、票据、账簿以及其他有关资料；

④ 查封、扣押有证据证明不符合食品安全标准或者有证据证明存在安全隐患以及用于违法生产经营的食品、食品添加剂、食品相关产品；

⑤ 查封违法从事生产经营活动的场所。

（3）对食品安全风险评估结果证明食品存在安全隐患，需要制定、修订食品安全标准的，在制定、修订食品安全标准前，国务院卫生行政部门应当及时会同国务院有关部门规定食品中有害物质的临时限量值和临时检验方法，作为生产经营和监督管理的依据。

（4）县级以上人民政府食品药品监督管理部门在食品安全监督管理工作中可以采用国家规定的快速检测方法对食品进行抽查检测。

对抽查检测结果表明可能不符合食品安全标准的食品，应当依照本法相关的规定进行检验。抽查检测结果确定有关食品不符合食品安全标准的，可以作为行政处罚的依据。

（5）县级以上人民政府食品药品监督管理部门应当建立食品生产经营者食品安全信用档案，记录许可颁发、日常监督检查结果、违法行为查处等情况，依法向社会公布并实时更新；对有不良信用记录的食品生产经营者增加监督检查频次，对违法行为情节严重的食品生产经营者，可以通报投资主管部门、证券监督管理机构和有关的金融机构。

（6）食品生产经营过程中存在食品安全隐患，未及时采取措施消除的，县级以上人民政府食品药品监督管理部门可以对食品生产经营者的法定代表人或者主要负责人进行责任约谈。食品生产经营者应当立即采取措施，进行整改，消除隐患。责任约谈情况和整改情况应当纳入食品生产经营者食品安全信用档案。

（7）县级以上人民政府食品药品监督管理、质量监督等部门应当公布本部门的电子邮件地址或者电话，接受咨询、投诉、举报。接到咨询、投诉、举报，对属于本部门职责的，应当受理并在法定期限内及时答复、核实、处理；对不属于本部门职责的，应当移交有权处理的部门并书面通知咨询、投诉、举报人。有权处理的部门应当在法定期限内及时处理，不得推诿。对查证属实的举报，给予举报人奖励。

有关部门应当对举报人的信息予以保密，保护举报人的合法权益。举报人举报所在企业的，该企业不得以解除、变更劳动合同或者其他方式对举报人进行打击报复。

（8）县级以上人民政府食品药品监督管理、质量监督等部门应当加强对执法人员食品安全法律、法规、标准和专业知识与执法能力等的培训，并组织考核。不具备相应知识和能力的，不得从事食品安全执法工作。

食品生产经营者、食品行业协会、消费者协会等发现食品安全执法人员在执法过程中有违反法律、法规规定的行为以及不规范执法行为的，可以向本级或者上级人民政府食品药品监督管理、质量监督等部门或者监察机关投诉、举报。接到投诉、举报的部门或者机关应当进行核实，并将经核实的情况向食品安全执法人员所在部门通报；涉嫌违法违纪的，按照本法和有关规定处理。

（9）县级以上人民政府食品药品监督管理等部门未及时发现食品安全系统性风险，未及时消除监督管理区域内的食品安全隐患的，本级人民政府可以对其主要负责人进行责任约谈。

地方人民政府未履行食品安全职责，未及时消除区域性重大食品安全隐患的，上级人民政府可以对其主要负责人进行责任约谈。

被约谈的食品药品监督管理等部门、地方人民政府应当立即采取措施，对食品安全监督管理工作进行整改。

责任约谈情况和整改情况应当纳入地方人民政府和有关部门食品安全监督管理工作评议、考核记录。

（10）国家建立统一的食品安全信息平台，实行食品安全信息统一公布制度。国家食品安全总体情况、食品安全风险警示信息、重大食品安全事故及其调查处理信息和国务院确定需要统一公布的其他信息由国务院食品药品监督管理部门统一公布。食品安全风险警示信息和重大食品安全事故及其调查处理信息的影响限于特定区域的，也可以由有关省、自治区、直辖市人民政府食品药品监督管理部门公布。未经授权不得发布上述信息。

县级以上人民政府食品药品监督管理、质量监督、农业行政部门依据各自职责公布食品安全日常监督管理信息。

公布食品安全信息，应当做到准确、及时，并进行必要的解释说明，避免误导消费者和社会舆论。

（11）县级以上地方人民政府食品药品监督管理、卫生行政、质量监督、农业行政部门获知本法规定需要统一公布的信息，应当向上级主管部门报告，由上级主管部门立即报告国务院食品药品监督管理部门；必要时，可以直接向国务院食品药品监督管理部门报告。

县级以上人民政府食品药品监督管理、卫生行政、质量监督、农业行政部门应当相互通报获知的食品安全信息。

（12）任何单位和个人不得编造、散布虚假食品安全信息。

县级以上人民政府食品药品监督管理部门发现可能误导消费者和社会舆论的食品安全信息，应当立即组织有关部门、专业机构、相关食品生产经营者等进行核实、分析，并及时公布结果。

（13）县级以上人民政府食品药品监督管理、质量监督等部门发现涉嫌食品安全犯罪的，应当按照有关规定及时将案件移送公安机关。对移送的案件，公安机关应当及时审查；认为有犯罪事实需要追究刑事责任的，应当立案侦查。

公安机关在食品安全犯罪案件侦查过程中认为没有犯罪事实，或者犯罪事实显著轻微，不需要追究刑事责任，但依法应当追究行政责任的，应当及时将案件移送食品药品监督管理、质量监督等部门和监察机关，有关部门应当依法处理。

公安机关商请食品药品监督管理、质量监督、环境保护等部门提供检验结论、认定意见以及对涉案物品进行无害化处理等协助的，有关部门应当及时提供，予以协助。

（九）法律责任

（1）违反本法规定，未取得食品生产经营许可从事食品生产经营活动，或者未取得食品添加剂生产许可从事食品添加剂生产活动的，由县级以上人民政府食品药品监督管理部门没收违法所得和违法生产经营的食品、食品添加剂以及用于违法生产经营的工具、设备、原料等物品；违法生产经营的食品、食品添加剂货值金额不足一万元的，并处五万元以上十万元以下罚款；货值金额一万元以上的，并处货值金额十倍以上二十倍以下罚款。

明知从事本法规定的违法行为，仍为其提供生产经营场所或者其他条件的，由县级以上人民政府食品药品监督管理部门责令停止违法行为，没收违法所得，并处五万元以上十万元以下罚款；使消费者的合法权益受到损害的，应当与食品、食品添加剂生产经营者承担连带责任。

（2）违反本法规定，有下列情形之一，尚不构成犯罪的，由县级以上人民政府食品药品监督管理部门没收违法所得和违法生产经营的食品，并可以没收用于违法生产经营的工具、设备、原料等物品；违法生产经营的食品货值金额不足一万元的，并处十万元以上十五万元以下罚款；货值金额一万元以上的，并处货值金额十五倍以上三十倍以下罚款；情节严重的，吊销许可证，并可以由公安机关对其直接负责的主管人员和其他直接责任人员处五日以上十五日以下拘留：

① 用非食品原料生产食品、在食品中添加食品添加剂以外的化学物质和其他可能危害人体健康的物质，或者用回收食品作为原料生产食品，或者经营上述食品；

② 生产经营营养成分不符合食品安全标准的专供婴幼儿和其他特定人群的主辅食品；

③ 经营病死、毒死或者死因不明的禽、畜、兽、水产动物肉类，或者生产经营其制品；

④ 经营未按规定进行检疫或者检疫不合格的肉类，或者生产经营未经检验或者检验不合格的肉类制品；

⑤ 生产经营国家为防病等特殊需要明令禁止生产经营的食品；

⑥ 生产经营添加药品的食品。

明知从事本法规定的违法行为，仍为其提供生产经营场所或者其他条件的，由县级以上人民政府食品药品监督管理部门责令停止违法行为，没收违法所得，并处十万元以上二十万元以下罚款；使消费者的合法权益受到损害的，应当与食品生产经营者承担连带责任。

违法使用剧毒、高毒农药的，除依照有关法律、法规规定给予处罚外，可以由公安机关依照相关规定给予拘留。

（3）违反本法规定，有下列情形之一，尚不构成犯罪的，由县级以上人民政府食品药品监督管理部门没收违法所得和违法生产经营的食品、食品添加剂，并可以没收用于违法生产经营的工具、设备、原料等物品；违法生产经营的食品、食品添加剂货值金额不足一万元的，并处五万元以上十万元以下罚款；货值金额一万元以上的，并处货值金额十倍以上二十倍以下罚款；情节严重的，吊销许可证：

① 生产经营致病性微生物，农药残留、兽药残留、生物毒素、重金属等污染物质以及其他危害人体健康的物质含量超过食品安全标准限量的食品、食品添加剂；

② 用超过保质期的食品原料、食品添加剂生产食品、食品添加剂，或者经营上述食品、

食品添加剂；

③ 生产经营超范围、超限量使用食品添加剂的食品；

④ 生产经营腐败变质、油脂酸败、霉变生虫、污秽不洁、混有异物、掺假掺杂或者感官性状异常的食品、食品添加剂；

⑤ 生产经营标注虚假生产日期、保质期或者超过保质期的食品、食品添加剂；

⑥ 生产经营未按规定注册的保健食品、特殊医学用途配方食品、婴幼儿配方乳粉，或者未按注册的产品配方、生产工艺等技术要求组织生产；

⑦ 以分装方式生产婴幼儿配方乳粉，或者同一企业以同一配方生产不同品牌的婴幼儿配方乳粉；

⑧ 利用新的食品原料生产食品，或者生产食品添加剂新品种，未通过安全性评估；

⑨ 食品生产经营者在食品药品监督管理部门责令其召回或者停止经营后，仍拒不召回或者停止经营。

除本法规定的相关情形外，生产经营不符合法律、法规或者食品安全标准的食品、食品添加剂的，依照相关规定给予处罚。

生产食品相关产品新品种，未通过安全性评估，或者生产不符合食品安全标准的食品相关产品的，由县级以上人民政府质量监督部门依照本法相关规定给予处罚。

（4）违反本法规定，有下列情形之一的，由县级以上人民政府食品药品监督管理部门没收违法所得和违法生产经营的食品、食品添加剂，并可以没收用于违法生产经营的工具、设备、原料等物品；违法生产经营的食品、食品添加剂货值金额不足一万元的，并处五千元以上五万元以下罚款；货值金额一万元以上的，并处货值金额五倍以上十倍以下罚款；情节严重的，责令停产停业，直至吊销许可证：

① 生产经营被包装材料、容器、运输工具等污染的食品、食品添加剂；

② 生产经营无标签的预包装食品、食品添加剂或者标签、说明书不符合本法规定的食品、食品添加剂；

③ 生产经营转基因食品未按规定进行标示；

④ 食品生产经营者采购或者使用不符合食品安全标准的食品原料、食品添加剂、食品相关产品。

生产经营的食品、食品添加剂的标签、说明书存在瑕疵但不影响食品安全且不会对消费者造成误导的，由县级以上人民政府食品药品监督管理部门责令改正；拒不改正的，处二千元以下罚款。

（5）违反本法规定，有下列情形之一的，由县级以上人民政府食品药品监督管理部门责令改正，给予警告；拒不改正的，处五千元以上五万元以下罚款；情节严重的，责令停产停业，直至吊销许可证：

① 食品、食品添加剂生产者未按规定对采购的食品原料和生产的食品、食品添加剂进行检验；

② 食品生产经营企业未按规定建立食品安全管理制度，或者未按规定配备或者培训、考核食品安全管理人员；

③ 食品、食品添加剂生产经营者进货时未查验许可证和相关证明文件，或者未按规定建立并遵守进货查验记录、出厂检验记录和销售记录制度；

④ 食品生产经营企业未制定食品安全事故处置方案；

⑤ 餐具、饮具和盛放直接入口食品的容器，使用前未经洗净、消毒或者清洗消毒不合格，或者餐饮服务设施、设备未按规定定期维护、清洗、校验；

⑥ 食品生产经营者安排未取得健康证明或者患有国务院卫生行政部门规定的有碍食品安全疾病的人员从事接触直接入口食品的工作；

⑦ 食品经营者未按规定要求销售食品；

⑧ 保健食品生产企业未按规定向食品药品监督管理部门备案，或者未按备案的产品配方、生产工艺等技术要求组织生产；

⑨ 婴幼儿配方食品生产企业未将食品原料、食品添加剂、产品配方、标签等向食品药品监督管理部门备案；

⑩ 特殊食品生产企业未按规定建立生产质量管理体系并有效运行，或者未定期提交自查报告；

⑪ 食品生产经营者未定期对食品安全状况进行检查评价，或者生产经营条件发生变化，未按规定处理；

⑫ 学校、托幼机构、养老机构、建筑工地等集中用餐单位未按规定履行食品安全管理责任；

⑬ 食品生产企业、餐饮服务提供者未按规定制定、实施生产经营过程控制要求。

餐具、饮具集中消毒服务单位违反本法规定用水，使用洗涤剂、消毒剂，或者出厂的餐具、饮具未按规定检验合格并随附消毒合格证明，或者未按规定在独立包装上标注相关内容的，由县级以上人民政府卫生行政部门依照前款规定给予处罚。

食品相关产品生产者未按规定对生产的食品相关产品进行检验的，由县级以上人民政府质量监督部门依照本法相关规定给予处罚。

食用农产品销售者违反本法相关规定的，由县级以上人民政府食品药品监督管理部门依照本法相关规定给予处罚。

（6）对食品生产加工小作坊、食品摊贩等的违法行为的处罚，依照省、自治区、直辖市制定的具体管理办法执行。

（7）违反本法规定，事故单位在发生食品安全事故后未进行处置、报告的，由有关主管部门按照各自职责分工责令改正，给予警告；隐匿、伪造、毁灭有关证据的，责令停产停业，没收违法所得，并处十万元以上五十万元以下罚款；造成严重后果的，吊销许可证。

（8）违反本法规定，有下列情形之一的，由出入境检验检疫机构依照本法相关的规定给予处罚：

① 提供虚假材料，进口不符合我国食品安全国家标准的食品、食品添加剂、食品相关产品；

② 进口尚无食品安全国家标准的食品，未提交所执行的标准并经国务院卫生行政部门审查，或者进口利用新的食品原料生产的食品或者进口食品添加剂新品种、食品相关产品新品种，未通过安全性评估；

③ 未遵守本法的规定出口食品；

④ 进口商在有关主管部门责令其依照本法规定召回进口的食品后，仍拒不召回。

违反本法规定，进口商未建立并遵守食品、食品添加剂进口和销售记录制度、境外出口商或者生产企业审核制度的，由出入境检验检疫机构依照本法相关的规定给予处罚。

（9）违反本法规定，集中交易市场的开办者、柜台出租者、展销会的举办者允许未依法取得许可的食品经营者进入市场销售食品，或者未履行检查、报告等义务的，由县级以上人民政府食品药品监督管理部门责令改正，没收违法所得，并处五万元以上二十万元以下罚款；造成严重后果的，责令停业，直至由原发证部门吊销许可证；使消费者的合法权益受到损害的，应当与食品经营者承担连带责任。

食用农产品批发市场违反本法相关规定的，依照本法相关规定承担责任。

（10）违反本法规定，网络食品交易第三方平台提供者未对入网食品经营者进行实名登记、审查许可证，或者未履行报告、停止提供网络交易平台服务等义务的，由县级以上人民政府食品药品监督管理部门责令改正，没收违法所得，并处五万元以上二十万元以下罚款；造成严重后果的，责令停业，直至由原发证部门吊销许可证；使消费者的合法权益受到损害的，应当与食品经营者承担连带责任。

消费者通过网络食品交易第三方平台购买食品，其合法权益受到损害的，可以向入网食品经营者或者食品生产者要求赔偿。网络食品交易第三方平台提供者不能提供入网食品经营者的真实名称、地址和有效联系方式的，由网络食品交易第三方平台提供者赔偿。网络食品交易第三方平台提供者赔偿后，有权向入网食品经营者或者食品生产者追偿。网络食品交易第三方平台提供者作出更有利于消费者承诺的，应当履行其承诺。

（11）违反本法规定，未按要求进行食品储存、运输和装卸的，由县级以上人民政府食品药品监督管理等部门按照各自职责分工责令改正，给予警告；拒不改正的，责令停产停业，并处一万元以上五万元以下罚款；情节严重的，吊销许可证。

（12）违反本法规定，拒绝、阻挠、干涉有关部门、机构及其工作人员依法开展食品安全监督检查、事故调查处理、风险监测和风险评估的，由有关主管部门按照各自职责分工责令停产停业，并处二千元以上五万元以下罚款；情节严重的，吊销许可证；构成违反治安管理行为的，由公安机关依法给予治安管理处罚。

违反本法规定，对举报人以解除、变更劳动合同或者其他方式打击报复的，应当依照有关法律的规定承担责任。

（13）食品生产经营者在一年内累计三次因违反本法规定受到责令停产停业、吊销许可证以外处罚的，由食品药品监督管理部门责令停产停业，直至吊销许可证。

（14）被吊销许可证的食品生产经营者及其法定代表人、直接负责的主管人员和其他直接责任人员自处罚决定作出之日起五年内不得申请食品生产经营许可，或者从事食品生产经营管理工作、担任食品生产经营企业食品安全管理人员。

因食品安全犯罪被判处有期徒刑以上刑罚的，终身不得从事食品生产经营管理工作，也不得担任食品生产经营企业食品安全管理人员。

食品生产经营者聘用人员违反本法相关规定的，由县级以上人民政府食品药品监督管理部门吊销许可证。

（15）食品经营者履行了本法规定的进货查验等义务，有充分证据证明其不知道所采购的食品不符合食品安全标准，并能如实说明其进货来源的，可以免予处罚，但应当依法没收其不符合食品安全标准的食品；造成人身、财产或者其他损害的，依法承担赔偿责任。

（16）违反本法规定，承担食品安全风险监测、风险评估工作的技术机构、技术人员提供虚假监测、评估信息的，依法对技术机构直接负责的主管人员和技术人员给予撤职、开除处分；有执业资格的，由授予其资格的主管部门吊销执业证书。

（17）违反本法规定，食品检验机构、食品检验人员出具虚假检验报告的，由授予其资质的主管部门或者机构撤销该食品检验机构的检验资质，没收所收取的检验费用，并处检验费用五倍以上十倍以下罚款，检验费用不足一万元的，并处五万元以上十万元以下罚款；依法对食品检验机构直接负责的主管人员和食品检验人员给予撤职或者开除处分；导致发生重大食品安全事故的，对直接负责的主管人员和食品检验人员给予开除处分。

违反本法规定，受到开除处分的食品检验机构人员，自处分决定作出之日起十年内不得从事食品检验工作；因食品安全违法行为受到刑事处罚或者因出具虚假检验报告导致发生重大食品安全事故受到开除处分的食品检验机构人员，终身不得从事食品检验工作。食品检验机构聘用不得从事食品检验工作的人员的，由授予其资质的主管部门或者机构撤销该食品检验机构的检验资质。

食品检验机构出具虚假检验报告，使消费者的合法权益受到损害的，应当与食品生产经营者承担连带责任。

（18）违反本法规定，认证机构出具虚假认证结论，由认证认可监督管理部门没收所收取的认证费用，并处认证费用五倍以上十倍以下罚款，认证费用不足一万元的，并处五万元以上十万元以下罚款；情节严重的，责令停业，直至撤销认证机构批准文件，并向社会公布；对直接负责的主管人员和负有直接责任的认证人员，撤销其执业资格。

认证机构出具虚假认证结论，使消费者的合法权益受到损害的，应当与食品生产经营者承担连带责任。

（19）违反本法规定，在广告中对食品做虚假宣传，欺骗消费者，或者发布未取得批准文件、广告内容与批准文件不一致的保健食品广告的，依照《中华人民共和国广告法》的规定给予处罚。

广告经营者、发布者设计、制作、发布虚假食品广告，使消费者的合法权益受到损害的，应当与食品生产经营者承担连带责任。

社会团体或者其他组织、个人在虚假广告或者其他虚假宣传中向消费者推荐食品，使消费者的合法权益受到损害的，应当与食品生产经营者承担连带责任。

违反本法规定，食品药品监督管理等部门、食品检验机构、食品行业协会以广告或者其他形式向消费者推荐食品，消费者组织以收取费用或者其他牟取利益的方式向消费者推荐食品的，由有关主管部门没收违法所得，依法对直接负责的主管人员和其他直接责任人员给予记大过、降级或者撤职处分；情节严重的，给予开除处分。

对食品做虚假宣传且情节严重的，由省级以上人民政府食品药品监督管理部门决定暂停销售该食品，并向社会公布；仍然销售该食品的，由县级以上人民政府食品药品监督管理部门没收违法所得和违法销售的食品，并处二万元以上五万元以下罚款。

（20）违反本法规定，编造、散布虚假食品安全信息，构成违反治安管理行为的，由公安机关依法给予治安管理处罚。

媒体编造、散布虚假食品安全信息的，由有关主管部门依法给予处罚，并对直接负责的主管人员和其他直接责任人员给予处分；使公民、法人或者其他组织的合法权益受到损害的，依法承担消除影响、恢复名誉、赔偿损失、赔礼道歉等民事责任。

（21）违反本法规定，县级以上地方人民政府有下列行为之一的，对直接负责的主管人员和其他直接责任人员给予记大过处分；情节较重的，给予降级或者撤职处分；情节严重的，给予开除处分；造成严重后果的，其主要负责人还应当引咎辞职：

① 对发生在本行政区域内的食品安全事故，未及时组织协调有关部门开展有效处置，造成不良影响或者损失；

② 对本行政区域内涉及多环节的区域性食品安全问题，未及时组织整治，造成不良影响或者损失；

③ 隐瞒、谎报、缓报食品安全事故；

④ 本行政区域内发生特别重大食品安全事故，或者连续发生重大食品安全事故。

（22）违反本法规定，县级以上地方人民政府有下列行为之一的，对直接负责的主管人员和其他直接责任人员给予警告、记过或者记大过处分；造成严重后果的，给予降级或者撤职处分：

① 未确定有关部门的食品安全监督管理职责，未建立健全食品安全全程监督管理工作机制和信息共享机制，未落实食品安全监督管理责任制；

② 未制定本行政区域的食品安全事故应急预案，或者发生食品安全事故后未按规定立即成立事故处置指挥机构、启动应急预案。

（23）违反本法规定，县级以上人民政府食品药品监督管理、卫生行政、质量监督、农业行政等部门有下列行为之一的，对直接负责的主管人员和其他直接责任人员给予记大过处分；情节较重的，给予降级或者撤职处分；情节严重的，给予开除处分；造成严重后果的，其主要负责人还应当引咎辞职：

① 隐瞒、谎报、缓报食品安全事故；

② 未按规定查处食品安全事故，或者接到食品安全事故报告未及时处理，造成事故扩大或者蔓延；

③ 经食品安全风险评估得出食品、食品添加剂、食品相关产品不安全结论后，未及时采取相应措施，造成食品安全事故或者不良社会影响；

④ 对不符合条件的申请人准予许可，或者超越法定职权准予许可；

⑤ 不履行食品安全监督管理职责，导致发生食品安全事故。

（24）违反本法规定，县级以上人民政府食品药品监督管理、卫生行政、质量监督、农业行政等部门有下列行为之一，造成不良后果的，对直接负责的主管人员和其他直接责任人员给予警告、记过或者记大过处分；情节较重的，给予降级或者撤职处分；情节严重的，给予开除处分：

① 在获知有关食品安全信息后，未按规定向上级主管部门和本级人民政府报告，或者未按规定相互通报；

② 未按规定公布食品安全信息；

③ 不履行法定职责，对查处食品安全违法行为不配合，或者滥用职权、玩忽职守、徇私舞弊。

（25）食品药品监督管理、质量监督等部门在履行食品安全监督管理职责过程中，违法实施检查、强制等执法措施，给生产经营者造成损失的，应当依法予以赔偿，对直接负责的主管人员和其他直接责任人员依法给予处分。

（26）违反本法规定，造成人身、财产或者其他损害的，依法承担赔偿责任。生产经营者财产不足以同时承担民事赔偿责任和缴纳罚款、罚金时，先承担民事赔偿责任。

（27）消费者因不符合食品安全标准的食品受到损害的，可以向经营者要求赔偿损失，也可以向生产者要求赔偿损失。接到消费者赔偿要求的生产经营者，应当实行首负责任制，先行赔付，不得推诿；属于生产者责任的，经营者赔偿后有权向生产者追偿；属于经营者责任的，生产者赔偿后有权向经营者追偿。

生产不符合食品安全标准的食品或者经营明知是不符合食品安全标准的食品，消费者除要求赔偿损失外，还可以向生产者或者经营者要求支付价款十倍或者损失三倍的赔偿金；增加赔偿的金额不足一千元的，为一千元。但是，食品的标签、说明书存在不影响食品安全且不会对消费者造成误导的瑕疵的除外。

（28）违反本法规定，构成犯罪的，依法追究刑事责任。

（十）附则

（1）本法下列用语的含义：

食品，指各种供人食用或者饮用的成品和原料以及按照传统既是食品又是中药材的物品，但是不包括以治疗为目的的物品。

食品安全，指食品无毒、无害，符合应当有的营养要求，对人体健康不造成任何急性、亚急性或者慢性危害。

预包装食品，指预先定量包装或者制作在包装材料、容器中的食品。

食品添加剂，指为改善食品品质和色、香、味以及为防腐、保鲜和加工工艺的需要而加入食品中的人工合成或者天然物质，包括营养强化剂。

用于食品的包装材料和容器，指包装、盛放食品或者食品添加剂用的纸、竹、木、金属、搪瓷、陶瓷、塑料、橡胶、天然纤维、化学纤维、玻璃等制品和直接接触食品或者食品添加剂的涂料。

用于食品生产经营的工具、设备，指在食品或者食品添加剂生产、销售、使用过程中直接接触食品或者食品添加剂的机械、管道、传送带、容器、用具、餐具等。

用于食品的洗涤剂、消毒剂，指直接用于洗涤或者消毒食品、餐具、饮具以及直接接触食品的工具、设备或者食品包装材料和容器的物质。

食品保质期，指食品在标明的储存条件下保持品质的期限。

食源性疾病，指食品中致病因素进入人体引起的感染性、中毒性等疾病，包括食物中毒。

食品安全事故，指食源性疾病、食品污染等源于食品，对人体健康有危害或者可能有危害的事故。

（2）转基因食品和食盐的食品安全管理，本法未作规定的，适用其他法律、行政法规的规定。

（3）铁路、民航运营中食品安全的管理办法由国务院食品药品监督管理部门会同国务院有关部门依照本法制定。

保健食品的具体管理办法由国务院食品药品监督管理部门依照本法制定。

食品相关产品生产活动的具体管理办法由国务院质量监督部门依照本法制定。

国境口岸食品的监督管理由出入境检验检疫机构依照本法以及有关法律、行政法规的规定实施。

军队专用食品和自供食品的食品安全管理办法由中央军事委员会依照本法制定。

（4）国务院根据实际需要，可以对食品安全监督管理体制作出调整。

（5）本法自 2015 年 10 月 1 日起施行。

三、食品质量安全市场准入制度

食品质量安全指食品无毒、无害，符合应当有的营养要求，对人体健康不造成任何急性、亚急性或者慢性危害。根据世界卫生组织的定义，食品质量安全是“食物中有毒、有害物质对人体健康影响的公共卫生问题”。食品质量安全也是一门专门探讨在食品加工、储存、销售等过程中确保食品卫生及食用安全，降低疾病隐患，防范食物中毒的一个跨学科领域。

（一）“食品质量安全市场准入制度”的安全标准

（1）食品相关产品的致病性微生物、农药残留、兽药残留、重金属、污染物质及其他危害人体健康物质的限量规定。

（2）食品添加剂的品种、使用范围、用量。

（3）专供婴幼儿的主辅食品的营养成分要求。

（4）对与食品质量安全、营养有关的标签、标识、说明书的要求。

（5）与食品质量安全有关的质量要求。

（6）食品检验方法与规程。

（7）其他需要制定为食品质量安全标准的内容。

（8）食品中所有的添加剂必须详细列出。

（二）“食品质量安全市场准入制度”的注意事项

（1）注意查看经营者是否有营业执照，其主体资格是否合法。

（2）注意看食品包装标识是否齐全，注意食品外包装是否标明商品名称，配料、净含量、厂名、厂址、电话、生产日期、保质期、产品标准号等内容。

（3）注意看食品的生产日期及保质期限，注意食品是否超过保质期。

（4）看产品标签，注意区分认证标志。

（5）看食品的色泽，不要被外观过于鲜艳、好看的食品所迷惑。

（6）看散装食品经营者的卫生状况，注意有无健康证，卫生合格证等相关证照，有无防蝇、防尘设施。

（7）看食品价格，注意同类同种食品的市场比价，理性购买“打折”“低价”“促销”食品。

（8）购买肉制品、腌腊制品最好到规范的市场、“放心店”购买，慎购游商（无固定营业场所、推车销售）销售的食品。

（9）妥善保管好购物凭据及相关依据，以便发生消费争议时能够提供维权依据。

（三）“食品质量安全市场准入制度”的相关知识

1. 市场准入的含义

市场准入，一般是指货物、劳务与资本进入市场的许可程度。对于产品的市场准入，一般的理解是，市场的主体（产品的生产者与销售者）和客体（产品）进入市场的许可程度。

2. 食品质量安全市场准入的含义

食品质量安全市场准入制度是为保证食品的质量安全，具备规定条件的生产者才允许进行生产经营活动、具备规定条件的食品才允许生产、销售的监督制度。因此，实行食品质量安全市场准入制度是一种政府行为，是一项行政许可制度。

3. 食品质量安全市场准入制度包括的具体制度

（1）对食品生产企业实施生产许可证制度。对于具备基本生产条件、能够保证食品质量安全的企业，发放《食品生产许可证》，准予生产获证范围内的产品；未取得《食品生产许可证》的企业不准生产食品。这就从生产条件上保证了企业能生产出符合质量安全要求的产品。

（2）对企业生产的食品实施强制检验制度。未经检验或经检验不合格的食品不准出厂销售。对于不具备自检条件的生产企业强令实行委托检验。这项规定适合我国企业现有的生产条件和管理水平，能有效地把住产品出厂安全质量关。

四、食品标识管理规定

《食品标识管理规定》于 2007 年 8 月 27 日由国家质量监督检验检疫总局公布，2009 年 10 月 22 日，国家质量监督检验检疫总局对其进行了修订。

（一）总则

（1）为了加强对食品标识的监督管理，规范食品标识的标注，防止质量欺诈，保护企业和消费者合法权益，根据《中华人民共和国食品安全法》《中华人民共和国产品质量法》《国务院关于加强食品等产品安全监督管理的特别规定》等法律法规，制定本规定。

（2）在中华人民共和国境内生产（含分装）、销售的食品的标识标注和管理，适用本规定。

（3）本规定所称食品标识是指粘贴、印刷、标记在食品或者其包装上，用以表示食品名称、质量等级、商品量、食用或者使用方法、生产者或者销售者等相关信息的文字、符号、数字、图案以及其他说明的总称。

（4）国家质量监督检验检疫总局（以下简称国家质检总局）在其职权范围内负责组织全国食品标识的监督管理工作。注：县级以上地方质量技术监督部门在其职权范围内负责本行政区域内食品标识的监督管理工作。

（二）食品标识的标注内容

（1）食品或者其包装上应当附加标识，但是按法律、行政法规规定可以不附加标识的食品除外。

食品标识的内容应当真实准确、通俗易懂、科学合法。

（2）食品标识应当标注食品名称。

食品名称应当表明食品的真实属性，并符合下列要求：

① 国家标准、行业标准对食品名称有规定的，应当采用国家标准、行业标准规定的名称；

② 国家标准、行业标准对食品名称没有规定的，应当使用不会引起消费者误解和混淆的常用名称或者俗名；

③ 标注“新创名称”“奇特名称”“音译名称”“牌号名称”“地区俚语名称”或者“商标名称”等易使人误解食品属性的名称时，应当在所示名称的邻近部位使用同一字号标注上面①、②项规定的一个名称或者分类（类属）名称；

④ 由两种或者两种以上食品通过物理混合而成且外观均匀一致难以相互分离的食品，其名称应当反映该食品的混合属性和分类（类属）名称；

⑤ 以动、植物食物为原料，采用特定的加工工艺制作，用以模仿其他生物的个体、器官、

组织等特征的食品，应当在名称前冠以“人造”“仿”或者“素”等字样，并标注该食品真实属性的分类（类属）名称。

（3）食品标识应当标注食品的产地。

食品产地应当按照行政区划标注到地（市）级地域。

（4）食品标识应当标注生产者的名称、地址和联系方式。生产者名称和地址应当是依法登记注册、能够承担产品质量责任的生产者的名称、地址。

有下列情形之一的，按照下列规定相应予以标注：

① 依法独立承担法律责任的公司或者其子公司，应当标注各自的名称和地址；

② 依法不能独立承担法律责任的公司、分公司或者公司的生产基地，应当标注公司和分公司或者生产基地的名称、地址，或者仅标注公司的名称、地址；

③ 受委托生产加工食品且不负责对外销售的，应当标注委托企业的名称和地址；对于实施生产许可证管理的食品，委托企业具有其委托加工的食品生产许可证的，应当标注委托企业的名称、地址和被委托企业的名称，或者仅标注委托企业的名称和地址；

④ 分装食品应当标注分装者的名称及地址，并注明分装字样。

（5）食品标识应当清晰地标注食品的生产日期、保质期，并按照有关规定要求标注储存条件。

乙醇含量 10%以上（含 10%）的饮料酒、食醋、食用盐、固态食糖类，可以免除标注保质期。

日期的标注方法应当符合国家标准规定或者采用“年、月、日”表示。

（6）定量包装食品标识应当标注净含量，并按照有关规定要求标注规格。对含有固、液两相物质的食品，除标示净含量外，还应当标示沥干物（固形物）的含量。

净含量应当与食品名称排在食品包装的同一展示版面。净含量的标注应当符合《定量包装商品计量监督管理办法》的规定。

（7）食品标识应当标注食品的成分或者配料清单。

配料清单中各种配料应当按照生产加工食品时加入量的递减顺序进行标注，具体标注方法按照国家标准的规定执行。

在食品中直接使用甜味剂、防腐剂、着色剂的，应当在配料清单食品添加剂项下标注具体名称；使用其他食品添加剂的，可以标注具体名称、种类或者代码。食品添加剂的使用范围和使用量应当按照国家标准的规定执行。

专供婴幼儿和其他特定人群的主辅食品，其标识还应当标注主要营养成分及其含量。

（8）食品标识应当标注企业所执行的产品标准代号。

（9）食品执行的标准明确要求标注食品的质量等级、加工工艺的，应当相应地予以标明。

（10）实施生产许可证管理的食品，食品标识应当标注食品生产许可证编号及 QS 标志（2017 年，新版的《食品生产许可管理办法》规定由生产许可证号“SC+14 位数字”取代 QS 标志）。

委托生产加工实施生产许可证管理的食品，委托企业具有其委托加工食品生产许可证的，可以标注委托企业或者被委托企业的生产许可证编号。

（11）混装非食用产品易造成误食，使用不当，容易造成人身伤害的，应当在其标识上标注警示标志或者中文警示说明。

（12）食品有以下情形之一的，应当在其标识上标注中文说明：

① 医学临床证明对特殊群体易造成危害的；

② 经过电离辐射或者电离能量处理过的；

③ 属于转基因食品或者含法定转基因原料的；

④ 按照法律、法规和国家标准等规定，应当标注其他中文说明的。

（13）食品在其名称或者说明中标注“营养”“强化”字样的，应当按照国家标准有关规定，标注该食品的营养素和热量，并符合国家标准规定的定量标示。

（14）食品标识不得标注下列内容：

① 明示或者暗示具有预防、治疗疾病作用的；

② 非保健食品明示或者暗示具有保健作用的；

③ 以欺骗或者误导的方式描述或者介绍食品的；

④ 附加的产品说明无法证实其依据的；

⑤ 文字或者图案不尊重民族习俗，带有歧视性描述的；

⑥ 使用国旗、国徽或者人民币等进行标注的；

⑦ 其他法律、法规和标准禁止标注的内容。

（15）禁止下列食品标识违法行为：

① 伪造或者虚假标注生产日期和保质期；

② 伪造食品产地，伪造或者冒用其他生产者的名称、地址；

③ 伪造、冒用、变造生产许可证标志及编号；

④ 法律、法规禁止的其他行为。

（三）食品标识的标注形式

（1）食品标识不得与食品或者其包装分离。

（2）食品标识应当直接标注在最小销售单元的食品或者其包装上。

（3）在一个销售单元的包装中含有不同品种、多个独立包装的食品，每件独立包装的食品标识应当按照本规定进行标注。

透过销售单元的外包装，不能清晰地识别各独立包装食品的所有或者部分强制标注内容的，应当在销售单元的外包装上分别予以标注，但外包装易于开启识别的除外；能够清晰地识别各独立包装食品的所有或者部分强制标注内容的，可以不在外包装上重复标注相应内容。

（4）食品标识应当清晰醒目，标识的背景和底色应当采用对比色，使消费者易于辨认、识读。

（5）食品标识所用文字应当为规范的中文，但注册商标除外。

食品标识可以同时使用汉语拼音或者少数民族文字，也可以同时使用外文，但应当与中文有对应关系，所用外文不得大于相应的中文，但注册商标除外。

（6）食品或者其包装最大表面面积大于 20 cm^2 时，食品标识中强制标注内容的文字、符号、数字的高度不得小于 1.8 mm。

食品或者其包装最大表面面积小于 10 cm^2 时，其标识可以仅标注食品名称、生产者名称和地址、净含量以及生产日期和保质期。但是，法律、行政法规规定应当标注的，依照其规定。

五、餐饮服务食品安全监督管理办法

《餐饮服务食品安全监督管理办法》已于2010年2月8日经卫生部部务会议审议通过，自2010年5月1日施行。

（一）总则

（1）为加强餐饮服务监督管理，保障餐饮服务环节食品安全，根据《中华人民共和国食品安全法》（以下简称《食品安全法》）、《中华人民共和国食品安全法实施条例》（以下简称《食品安全法实施条例》），制定本办法。

（2）在中华人民共和国境内从事餐饮服务的单位和个人（以下简称餐饮服务提供者）应当遵守本办法。

（3）国家食品药品监督管理局主管全国餐饮服务监督管理工作，地方各级食品药品监督管理部门负责本行政区域内的餐饮服务监督管理工作。

（4）餐饮服务提供者应当依照法律、法规、食品安全标准及有关要求从事餐饮服务活动，对社会和公众负责，保证食品安全，接受社会监督，承担餐饮服务食品安全责任。

（5）鼓励社会团体、基层群众性自治组织开展餐饮服务食品安全知识和相关法律、法规的普及工作，增强餐饮服务提供者食品安全意识，提高消费者自我保护能力；鼓励开展技术服务工作，促进餐饮服务提供者提高食品安全管理水平。

餐饮服务相关行业协会应当加强行业自律，引导餐饮服务提供者依法经营，推动行业诚信建设，宣传、普及餐饮服务食品安全知识。

（6）鼓励和支持餐饮服务提供者为提高食品安全水平而采用先进技术和先进的管理规范，实施危害分析与关键控制点体系，配备先进的食品安全检测设备，对食品进行自行检查或者向具有法定资质的机构送检。

（7）任何组织和个人均有权对餐饮服务食品安全进行社会监督，举报餐饮服务提供者违反本办法的行为，了解有关餐饮服务食品安全信息，对餐饮服务食品安全工作提出意见和建议。

（二）餐饮服务基本要求

（1）餐饮服务提供者必须依法取得《餐饮服务许可证》，按照许可范围依法经营，并在就餐场所醒目位置悬挂或者摆放《餐饮服务许可证》。

（2）餐饮服务提供者应当建立健全食品安全管理制度，配备专职或者兼职食品安全管理人员。

被吊销《餐饮服务许可证》的单位，根据《食品安全法》第九十二条的规定，其直接负责的主管人员自处罚决定作出之日起5年内不得从事餐饮服务管理工作。

餐饮服务提供者不得聘用本条前款规定的禁止从业人员从事管理工作。

（3）餐饮服务提供者应当按照《食品安全法》第三十四条的规定，建立并执行从业人员健康管理制度，建立从业人员健康档案。餐饮服务从业人员应当依照《食品安全法》第三十四条第二款的规定每年进行健康检查，取得健康合格证明后方可参加工作。

从事直接入口食品工作的人员患有《食品安全法实施条例》第二十三条规定的有碍食品安全疾病的，应当将其调整到其他不影响食品安全的工作岗位。

（4）餐饮服务提供者应当依照《食品安全法》第三十二条的规定组织从业人员参加食品

安全培训，学习食品安全法律、法规、标准和食品安全知识，明确食品安全责任，并建立培训档案；应当加强专（兼）职食品安全管理人员食品安全法律法规和相关食品安全管理知识的培训。

（5）餐饮服务提供者应当建立食品、食品原料、食品添加剂和食品相关产品的采购查验和索证索票制度。

餐饮服务提供者从食品生产单位、批发市场等采购的，应当查验、索取并留存供货者的相关许可证和产品合格证明等文件；从固定供货商或者供货基地采购的，应当查验、索取并留存供货商或者供货基地的资质证明、每笔供货清单等；从超市、农贸市场、个体经营商户等采购的，应当索取并留存采购清单。

餐饮服务企业应当建立食品、食品原料、食品添加剂和食品相关产品的采购记录制度。采购记录应当如实记录产品名称、规格、数量、生产批号、保质期、供货者名称及联系方式、进货日期等内容，或者保留载有上述信息的进货票据。

餐饮服务提供者应当按照产品品种、进货时间先后次序有序整理采购记录及相关资料，妥善保存备查。记录、票据的保存期限不得少于两年。

（6）实行统一配送经营方式的餐饮服务提供者，可以由企业总部统一查验供货者的许可证和产品合格的证明文件等，建立食品进货查验记录。

实行统一配送经营方式的，企业各门店应当建立总部统一配送单据台账。门店自行采购的产品，应当遵照本办法相关的规定。

（7）餐饮服务提供者禁止采购、使用和经营下列食品：

① 《食品安全法》第二十八条规定禁止生产经营的食品；

② 违反《食品安全法》第四十八条规定的食品；

③ 违反《食品安全法》第五十条规定的食品；

④ 违反《食品安全法》第六十六条规定的进口预包装食品。

（8）餐饮服务提供者应当按照国家有关规定和食品安全标准采购、保存和使用食品添加剂。应当将食品添加剂存放于专用橱柜等设施中，标示“食品添加剂”字样，妥善保管，并建立使用台账。

（9）餐饮服务提供者应当严格遵守国家食品药品监督管理部门制定的餐饮服务食品安全操作规范。餐饮服务应当符合下列要求：

① 在制作加工过程中应当检查待加工的食品及食品原料，发现有腐败变质或者其他感官性状异常的，不得加工或者使用。

② 储存食品原料的场所、设备应当保持清洁，禁止存放有毒、有害物品及个人生活物品，应当分类、分架、隔墙、离地存放食品原料，并定期检查、处理变质或者超过保质期限的食品。

③ 应当保持食品加工经营场所的内外环境整洁，消除老鼠、蟑螂、苍蝇和其他有害昆虫及其孳生条件。

④ 应当定期维护食品加工、储存、陈列、消毒、保洁、保温、冷藏、冷冻等设备与设施，校验计量器具，及时清理清洗，确保正常运转和使用。

⑤ 操作人员应当保持良好的个人卫生。

⑥ 需要熟制加工的食品，应当烧熟煮透；需要冷藏的熟制品，应当在冷却后及时冷藏；

应当将直接入口食品与食品原料或者半成品分开存放，半成品应当与食品原料分开存放。

⑦ 制作凉菜应当达到专人负责、专室制作、工具专用、消毒专用和冷藏专用的要求。

⑧ 用于餐饮加工操作的工具、设备必须无毒无害，标志或者区分明显，并做到分开使用，定位存放，用后洗净，保持清洁；接触直接入口食品的工具、设备应当在使用前进行消毒。

⑨ 应当按照要求对餐具、饮具进行清洗、消毒，并在专用保洁设施内备用，不得使用未经清洗和消毒的餐具、饮具；购置、使用集中消毒企业供应的餐具、饮具，应当查验其经营资质，索取消毒合格凭证。

⑩ 应当保持运输食品原料的工具与设备设施的清洁，必要时应当消毒。运输保温、冷藏（冻）食品应当有必要的且与提供的食品品种、数量相适应的保温、冷藏（冻）设备设施。

（10）食品药品监督管理部门依法开展抽样检验时，被抽样检验的餐饮服务提供者应当配合抽样检验工作，如实提供被抽检样品的货源、数量、存货地点、存货量、销售量、相关票证等信息。

（三）食品安全事故处理

（1）各级食品药品监督管理部门应当根据本级人民政府食品安全事故应急预案制定本部门的预案实施细则，按照职能做好餐饮服务食品安全事故的应急处置工作。

（2）食品药品监督管理部门在日常监督管理中发现食品安全事故，或者接到有关食品安全事故的举报，应当立即核实情况，经初步核实为食品安全事故的，应当立即向同级卫生行政、农业行政、工商行政管理、质量监督等相关部门通报。

发生食品安全事故时，事发地食品药品监督管理部门应当在本级人民政府领导下，及时做出反应，采取措施控制事态发展，依法处置，并及时按照有关规定向上级食品药品监督管理部门报告。

（3）县级以上食品药品监督管理部门按照有关规定开展餐饮服务食品安全事故调查，有权向有关餐饮服务提供者了解与食品安全事故有关的情况，要求餐饮服务提供者提供相关资料和样品，并采取以下措施：

① 封存造成食品安全事故或者可能导致食品安全事故的食品及其原料，并立即进行检验。

② 封存被污染的食品工具及用具，并责令进行清洗消毒。

③ 经检验，属于被污染的食品，予以监督销毁；未被污染的食品，予以解封。

④ 依法对食品安全事故及其处理情况进行发布，并对可能产生的危害加以解释、说明。

（4）餐饮服务提供者应当制定食品安全事故处置方案，定期检查各项食品安全防范措施的落实情况，及时消除食品安全事故隐患。

（5）餐饮服务提供者发生食品安全事故，应当立即封存导致或者可能导致食品安全事故的食品及其原料、工具及用具、设备设施和现场，在 2 h 之内向所在地县级人民政府卫生部门和食品药品监督管理部门报告，并按照相关监管部门的要求采取控制措施。

餐饮服务提供者应当配合食品安全监督管理部门进行食品安全事故调查处理，按照要求提供相关资料和样品，不得拒绝。

（四）监督管理

（1）食品药品监督管理部门可以根据餐饮服务经营规模，建立并实施餐饮服务食品安全监督管理量化分级、分类管理制度。

食品药品监督管理部门可以聘请社会监督员，协助开展餐饮服务食品安全监督。

（2）县级以上食品药品监督管理部门履行食品安全监督职责时，发现不属于本辖区管辖的，应当及时移送有管辖权的食品药品监督管理部门。接受移送的食品药品监督管理部门应当将被移送案件的处理情况及时反馈给移送案件的食品药品监督管理部门。

（3）县级以上食品药品监督管理部门接到咨询、投诉、举报，对属于本部门管辖的，应当受理，并及时进行核实、处理、答复；对不属于本部门管辖的，应当书面通知并移交有管辖权的部门处理。

发现餐饮服务提供者使用不符合食品安全标准及有关要求的食品原料或者食用农产品、食品添加剂、食品相关产品，其成因属于其他环节食品生产经营者或者食用农产品生产者的，应当及时向本级卫生行政、农业行政、工商行政管理、质量监督等部门通报。

（4）食品药品监督管理部门在履行职责时，有权采取《食品安全法》第七十七条规定的措施。

（5）食品安全监督检查人员对餐饮服务提供者进行监督检查时，应当对下列内容进行重点检查：

① 餐饮服务许可情况；

② 从业人员健康证明、食品安全知识培训和建立档案情况；

③ 环境卫生、个人卫生、食品用工具及设备、食品容器及包装材料、卫生设施、工艺流程情况；

④ 餐饮加工制作、销售、服务过程的食品安全情况；

⑤ 食品、食品添加剂、食品相关产品进货查验和索票索证制度及执行情况、制定食品安全事故应急处置制度及执行情况；

⑥ 食品原料、半成品、成品、食品添加剂等的感官性状、产品标签、说明书及储存条件；

⑦ 餐具、饮具、食品用工具及盛放直接入口食品的容器的清洗、消毒和保洁情况；

⑧ 用水的卫生情况；

⑨ 其他需要重点检查的情况。

（6）食品安全监督检查人员进行监督检查时，应当有 2 名以上人员共同参加，依法制作现场检查笔录，笔录经双方核实并签字。被监督检查者拒绝签字的，应当注明事由和相关情况，同时记录在场人员的姓名、职务等。

（7）县级以上食品药品监督管理部门负责组织实施本辖区餐饮服务环节的抽样检验工作，所需经费由地方财政列支。

（8）食品安全监督检查人员可以使用经认定的食品安全快速检测技术进行快速检测，及时发现和筛查不符合食品安全标准及有关要求的食品、食品添加剂及食品相关产品。使用现场快速检测技术发现和筛查的结果不得直接作为执法依据。对初步筛查结果表明可能不符合食品安全标准及有关要求的食品，应当依照《食品安全法》的有关规定进行检验。

快速检测结果表明可能不符合食品安全标准及有关要求的，餐饮服务提供者应当根据实际情况采取食品安全保障措施。

（9）食品安全监督检查人员抽样时必须按照抽样计划和抽样程序进行，并填写抽样记录。抽样检验应当购买产品样品，不得收取检验费和其他任何费用。

食品安全监督检查人员应当及时将样品送达有资质的检验机构。

（10）食品检验机构应当根据检验目的和送检要求，按照食品安全相关标准和规定的检验方法进行检验，按时出具合法的检验报告。

（11）对检验结论有异议的，异议人有权自收到检验结果告知书之日起 10 日内，向组织实施抽样检验的食品药品监督管理部门提出书面复检申请，逾期未提出申请的，视为放弃该项权利。

复检工作应当选择有关部门共同公布的承担复检工作的食品检验机构完成。

复检机构由复检申请人自行选择；复检机构与初检机构不得为同一机构。复检机构出具的复检结论为最终检验结论。

复检费用的承担依《食品安全法实施条例》第三十五条的规定。

（12）食品药品监督管理部门应当建立辖区内餐饮服务提供者食品安全信用档案，记录许可颁发及变更情况、日常监督检查结果、违法行为查处等情况。食品药品监督管理部门应当根据餐饮服务食品安全信用档案，对有不良信用记录的餐饮服务提供者实施重点监管。

食品安全信用档案的形式和内容由省级食品药品监督管理部门根据本地实际情况作出具体规定。

（13）食品药品监督管理部门应当将吊销《餐饮服务许可证》的情况在 7 日内通报同级工商行政管理部门。

（14）县级以上食品药品监督管理部门依法公布下列日常监督管理信息：

① 餐饮服务行政许可情况；

② 餐饮服务食品安全监督检查和抽检的结果；

③ 查处餐饮服务提供者违法行为的情况；

④ 餐饮服务专项检查工作情况；

⑤ 其他餐饮服务食品安全监督管理信息。

六、铁路运营食品安全管理办法

（一）概述

为加强铁路运营食品安全管理，保障公众身体健康，依据《中华人民共和国食品安全法》第一百五十二条规定，国家食品药品监督管理总局会同中国铁路总公司修订了《铁路运营食品安全管理办法》。

（二）总则

（1）为加强铁路运营食品安全监督管理，保障公众身体健康和生命安全，依据《中华人民共和国食品安全法》（以下简称《食品安全法》）等法律法规规定，制定本办法。

（2）本办法适用于铁路站车和铁路运营站段范围内的食品销售、食品储存、食品运输、餐饮服务等食品安全的监督管理。

（3）国家实行铁路运营食品安全统一监督管理制度。

国家食品药品监督管理总局负责指导铁路运营食品安全监督管理工作。

中国铁路总公司负责组织铁路运营食品安全监督管理工作。

铁路食品安全监督管理机构具体承担铁路运营食品安全监督管理工作，并接受所在地省级人民政府食品药品监督管理部门的业务指导。

（4）任何组织或者个人均可向铁路食品安全监督管理机构举报铁路运营食品安全违法行为，了解食品安全信息，对铁路运营食品安全监督管理工作提出意见和建议。

（5）对在铁路运营食品安全工作中做出突出贡献的单位和个人，按照国家有关规定予以表彰、奖励。

（三）食品经营要求

（1）铁路运营中的食品生产经营者应当遵守国家食品安全法律、法规、食品安全标准和铁路运营食品安全管理要求，建立健全食品安全管理制度，开展食品安全自查，改善食品生产经营环境，落实进货查验记录和索证索票制度，建立食品安全追溯体系，加强从业人员培训和健康管理，建立食品召回制度，不得从事法律法规禁止的食品生产经营活动。

铁路站车及规模以上食品生产经营企业应当建立食品安全信息化管理系统，推行食品安全质量体系认证，开展诚信体系建设，提高食品安全管理水平。

（2）铁路站车食品销售应当实行统一采购、统一进货制度，加强食品销售台账管理，保持场所环境整洁，禁止销售变质或者超过保质期的食品。

（3）铁路餐车应当实行集中统一进货制度，净菜、冷热链食品配送上车，食品分类冷藏、即时加工；物品定位存放，餐饮具洗消合格，环境卫生整洁，避免交叉污染；食品加工设备齐全、功能完好，保证食品安全。

（4）铁路运营站段职工食堂应当建立开办者第一责任人制度，做到设施设备齐全、功能完好，食品分类冷藏、即时加工和餐饮具洗消合格。落实食品储存、食品加工、通风防尘、防鼠防虫、垃圾处理等风险控制要求，实施食品留样制度，保证食品安全。

（5）铁路运营集中加工快餐盒饭的食品经营企业应当达到厂房洁净、封闭加工、流程合理等控制要求，落实原料检验、半成品检验、成品出厂检验等检验控制要求，实施食品留样措施，做到全程可追溯。盒饭应当标注生产日期，配送应当达到储运温度、时间等控制要求。

（6）铁路站车生活饮用水应当符合国家生活饮用水卫生标准。

（四）储存与运输要求

（1）承运食品的车站应当建立健全食品安全管理制度，符合铁路货物运输规定，保持货场环境卫生整洁，实施食品定点货位存放，做好货品查验登记，保证食品可追溯。

（2）承运食品的车站应当落实食品储存通风、防潮、鼠虫害等风险控制要求，保证食品储存货位达到储存温度、湿度等食品安全标准，禁止食品与有毒有害物品混放、混装。

（3）承运食品的车辆应当符合铁路货物运输管理规定，储存、运输和装卸食品的容器、工具和设备应当安全、无害，保持清洁，标有清洗合格标识，禁止食品与有毒有害物品混运，防止食品交叉污染。

（4）承运鲜肉类、水产品等易腐败变质食品，应当具有冷藏冷冻设施，并符合温度、湿度等食品安全控制要求。

（五）监督管理

（1）铁路食品安全监督管理机构应当依照《食品安全法》等法律法规规定，对辖区内铁路运营中的食品生产经营活动实施许可和日常监督管理。

（2）铁路食品安全监督管理人员凭执法证件在辖区内开展食品生产经营监督检查工作。

（3）铁路食品安全监督管理机构应当按照规定对食品进行抽样检验，公布检验结果，并及时向食品药品监督管理部门通报。

（4）铁路食品安全监督管理机构在食品安全监督管理工作中可以采用国家规定的快速检测方法对食品进行抽查检测。

对抽查检测结果表明可能不符合食品安全标准的食品，依照《食品安全法》第八十七条的规定进行检验。抽查检测结果确定有关食品不符合食品安全标准的，可以作为行政处罚的依据。

（5）发生铁路食品运输污染、食物中毒等食品安全突发事件的单位，应当立即报告所属铁路食品安全监督管理机构。

铁路食品安全监督管理机构应当按照《食品安全法》相关规定，制定食品安全突发事件应急预案。发生突发事件后，应当立即采取封存导致或者可能导致食品安全突发事件的食品及其原料、工具及用具、设施设备等控制措施，会同有关部门、铁路疾病预防控制机构进行调查处理，做好食品安全突发事件应急处置工作，并按预案要求报告。

（6）铁路食品安全监督管理机构应当与食品药品监督管理等部门建立应急处置工作协调机制，必要时向相关部门通报食品安全突发事件信息。

（7）铁路运营中的食品生产经营者违反食品安全法律法规的，由铁路食品安全监督管理机构依照有关规定给予行政处罚。涉嫌食品安全犯罪的，按照有关规定移送公安机关依法处理。

（六）附则

（1）本办法中的铁路站车是指铁路车站和铁路客货运列车。铁路车站范围指铁路车站主体站房前风雨棚以内、候车室、站台等站内区域。

本办法中的铁路运营站段包括直属车站、车务段、客运段、机务段、供电段、车辆段、动车组段、工务段、电务段，以及行车公寓（招待所）、配餐基地等铁路基层单位。铁路运营站段范围指铁路运营站段所属单位围护设施结构以内的地域。

（2）铁路运营中的食品生产经营监督管理要求，本办法未规定的，参照国家食品药品监督管理总局相关要求执行。

七、铁路突发公共卫生事件应急处理办法

（一）基本规定

（1）为保障广大旅客、铁路职工的身体健康与生命安全，维护正常的运输生产秩序，结合铁路实际，制定铁路预防和控制突发公共卫生事件的相关规定。

（2）铁路突发公共卫生事件（以下简称突发事件）是指国内突然发生重大传染病疫情、群体性不明原因疾病，造成或者可能造成社会公众健康严重损害，并有可能借铁路传播的事件；铁路车站、列车发生 3 人以上集体性或有死亡的食物中毒事件，铁路单位内部发生的 3 人以上集体性职业中毒、食物中毒、传染病暴发流行事件。

（3）中国铁路总公司统一领导、指挥铁路突发事件的预防、控制、消除等工作，其主要职责如下。

① 采取应急处理措施，防止疫情借铁路传播或事态扩大。

② 做好旅客、铁路职工家属的健康保护。

③ 保证突发事件急需物资运输。

④ 做好病人的医疗救治。

（4）铁路预防和控制突发事件应坚持以下原则，最大限度地减小突发事件产生的可能和危害。

① 依靠科学、加强合作、反映及时、措施果断。

② 领导负责、分级负责、系统负责、岗位负责。

③ 防治结合、专群结合、路地联控。

④ 早发现、早报告、早隔离、早治疗。

（5）中国铁路总公司、各铁路局对参加突发事件应急处理人员，应给予适当补助；对做出贡献的，应给予表彰和奖励。对因参与应急处理工作而致病、致残、死亡的，应按照国家有关规定，给予相应的补助或抚恤。

（二）组织保障体系

（1）中国铁路总公司建立突发事件应急处理组织保障体系，实行领导负责、逐级落实、相关部门协调配合的工作机制，建立完善的网络指挥系统和疫情报告制度。

（2）发生突发事件时，中国铁路总公司成立“铁路突发公共卫生事件应急处理领导小组”，统一领导、指挥铁路突发事件应急处理工作。领导小组组长由主管卫生工作的中国铁路总公司领导担任，中国铁路总公司的卫生、外事、运输、安全、公安、宣传等部门分工负责，相互配合、协调开展工作。

（3）中国铁路总公司所属各单位成立相应的突发公共卫生事件应急处理领导和指挥机构，积极开展突发事件的预防控制工作。

（4）突发事件发生后，在服从国家统一指挥的前提下，发生在铁路范围内、需要两个及两个以上铁路局采取应急处理措施时，由中国铁路总公司突发公共卫生事件应急处理领导小组负责指挥并协调处理。

（三）预防与应急准备

（1）中国铁路总公司所属各单位要制定公共卫生突发事件处理方案，并组织实施；建立预防工作检查监督和效果评价制度，确保公共卫生突发事件预防与应急准备工作落实。

（2）铁路站车应加强对国家和地方政府防病信息和技术措施的广播宣传，提高广大旅客的防范意识。加强对站车工作人员识别和处理突发公共卫生事件的培训，使其掌握铁路常见应急处理事件的报告、防范、处理方法。

（3）认真开展爱国卫生运动，做好传染病预防和有关公共卫生工作，提高站车和铁路生产、生活环境卫生水平。

（4）加强对铁路职工、特别是站车工作人员和医护人员的个人防护，保证清洁和饮食卫生，提高防御疾病能力。

（5）铁路站车按照规定配备医疗救护药箱、应急设备及必需的个人防护用品。

（6）铁路各级卫生主管部门及其卫生监督机构要加强对传染病、食物中毒、职业中毒等突发事件的预防、治疗、检测、控制等相关工作的监督检查，防范突发公共卫生事件的发生。

（7）加强卫生机构建设，健全信息网络、配备食品、有毒化学物、微生物等突发事件检测设备，提高铁路系统疫情检测、卫生检疫、医疗救治、追踪调查和疫情处理等方面的公共卫生应急处理水平。

（8）鼓励和支持卫生、科研机构开展预防控制铁路突发公共卫生事件的科研工作。

（四）信息报告制度

（1）有下列情形之一的，各铁路局应当在接到报告后 2 h 内报中国铁路总公司卫生主管部门。

① 旅客列车上发生 30 人以上旅客食物中毒或有人员死亡。

② 铁路沿线城市人民政府宣布传染病或不明原因疾病暴发流行。

③ 铁路单位职工发生 3 人以上职业中毒事故或发生死亡事故。

④ 铁路运输过程中有毒化学品泄漏引起公共人群急性中毒。

⑤ 铁路运输放射性物质包装失去屏蔽效能，放射性物质泄漏或丢失。

（2）发生以上①、③、④、⑤项情形时，各铁路局卫生主管部门应在 2 h 内报告所在地省级卫生行政部门。

（3）铁路站车发生 30 人以上或者死亡 1 人以上的重大食物中毒需要立即组织抢救病人时，执行公务的卫生、客运人员可直接向中国铁路总公司卫生主管部门报告。

（4）任何单位和个人对突发公共卫生事件，不得隐、缓、谎报或者授意他人隐、缓、谎报。

（五）应急处理

（1）国内发生突发公共卫生事件，要求铁路采取措施时，由中国铁路总公司决定启动应急处理程序；各地发生突发公共卫生事件，要求铁路局启动应急处理程序，并向中国铁路总公司报告。铁路突发事件发生时，各铁路局卫生主管部门应向中国铁路总公司报告，组织专家对突发事件进行综合评估，并提出初步处理建议。突发事件应急处理领导小组及时决策，组织各成员单位按照“铁路突发公共卫生事件应急处理预案”开展工作。

（2）铁路各级卫生部门负责领导小组的日常工作；对铁路突发事件应急处理提供技术咨询，指导相关单位预防和控制疫情在铁路职工和家属中传播；及时组织和协调医疗卫生单位进行医疗救护和现场救援，组织控制和消除疫情。

（3）铁路各级公安部门负责维护突发事件现场的治安秩序，为抢救、隔离、运送病人提供安全保障，协助卫生部门对拒绝按规定隔离处理的传染病患者和接触者依法强制执行，打击利用突发事件扰乱秩序的违法行为，维护稳定，保证铁路运输安全。

（4）铁路各级运输部门负责组织客货运输部门防止和控制疫情借铁路交通工具传播，保证突发事件预防和控制过程中的人员、医疗救护设备、救治药品、医疗器械和其他物资的运输。

（5）铁路各级外事部门负责掌握进出境旅客的情况和信息，组织协调处理涉外有关工作；指导铁路有关部门配合国境卫生检疫机构，做好铁路口岸入出境人员、交通工具、各类货物需要采取的应急处理措施，保证突发事件应急处理所需的医疗救护药械等物资优先经铁路口岸及时运送。

（6）铁路各级安全监察部门负责组织职业危害事件的现场勘察、事故原因及定性分析。

（7）宣传部门负责组织铁路各单位做好职工、家属和旅客的宣传教育工作。

（8）计划、财务部门负责落实突发事件应急处理所需的设备经费。

（六）责任追究

（1）对有下列情况之一的，分别给予领导者、直接责任者行政警告、记过、记大过、降级、撤职、开除留用查看、开除等相应处分。

① 对突发事件隐、缓、谎报或者授意他人隐、缓、谎报，对铁路突发公共卫生事件处理不力、工作失职，造成一定影响和损失的。

② 在突发事件调查、控制、医疗救治工作中玩忽职守、失职、渎职的。

③ 未按照优先安排的原则，完成突发事件应急处理所需设施、设备、药品、医疗器械等物资运输的。

④ 突发事件发生后，对调查不予配合，或者采取其他方式阻碍、干涉调查的。

（2）铁路卫生机构有下列行为之一的，由铁路卫生主管部门责令改正、通报批评。

① 未按规定履行报告职责，隐瞒、缓报或者瞒报的。

② 未按规定及时采取控制措施的。

③ 未按规定履行突发事件监测职责的。

④ 拒绝接诊病人的。

（3）造成传染病的传播、流行或者对社会公众健康造成其他严重后果，构成犯罪的，依法追究刑事责任。

八、ISO 9000 国际质量认证体系

食品企业可按照经过严格审核的国际标准化的品质体系进行品质管理，以确保食品质量的合格率，提高企业的经济效益和社会效益。实行 ISO 9000 国际标准化的品质管理，可以稳定地提高产品品质，使企业在竞争中立于不败之地。

质量是取得成功的关键。由不同国家，国际组织和工业协会所做的研究表明，企业的生存、发展和不断进步都要依靠质量保证体系的有效实施。ISO 9000 系列质量体系被世界上 110 多个国家广泛采用，这些国家既包括发达国家，也包括发展中国家。事实证明，有效的质量管理是在激烈的市场竞争中取胜的手段之一。

今天 ISO 9000 系列管理标准已经为提供产品和服务的各行各业所接纳和认可，拥有一个被世界各国广泛承认的质量管理体系将使企业具有更大的市场竞争力。

建立 ISO 9000 质量保证体系可使企业和组织体会到以下一些益处。

（1）一个结构完善的质量管理体系，使组织的运行产生更大的效益及更高的效率。

（2）促进生产力的提高。

（3）减少顾客的申诉，可以节省大量的开支，最终享有一个更大的市场份额。

（4）顾客对企业和企业的产品与服务有了更大的信任。

任务二 动车组餐饮营销管理

知识目标

- 了解市场营销的基本理论；
- 了解动车组餐饮营销方法。

技能目标

- 能够掌握旅客的餐饮需求信息；
- 能够制订动车组餐饮营销计划和方案。

相关知识

一、市场与市场营销的核心概念

在市场经济快速发展和市场竞争日益激烈的今天，作为一门应用学科，甚至一门艺术，市场营销已经成为企业生产经营的关键。市场营销理念越来越受到商界人士的重视。

（一）市场的含义

“市场”一词最早是指买方和卖方聚集在一起交换货物的场所，如乡村的广场。经济学家用“市场”一词来泛指交易某类产品的买方与卖方的集合，如住房市场、劳动力市场、资本市场。市场营销学中，将市场分为产业市场和消费市场。

从营销的角度看，卖方构成行业，买方则组成市场。确切地说，一个市场是由那些具有特定需要和欲望，而且愿意并能够通过交换来满足这种需要或欲望的全部潜在消费者所构成的。简单而言，市场应包括人口、购买力和购买欲望三个主要因素，用公式可表示为：

市场＝人口＋购买力＋购买欲望

只有具备了人口、购买力、购买欲望三个要素的市场才是一个现实有效的市场。人口是构成市场的基本因素，哪里有人，哪里有消费者群体，哪里就有形成市场的可能。世界知名的跨国公司纷纷大举进入我国市场，正是看中了我国人口众多、消费潜力大的国情。

当然，人口仅仅是市场的基础要素之一，购买力和购买欲望也是市场的必备要素。购买力指人们购买商品的货币支付能力。显然，具备购买力的需求才能形成真正意义上的市场。例如，目前我国家用机器人市场还不发达，每年的销售量远落后于欧美等国，但这并不是因为我国消费者不想购买家用机器人，而是很多消费者不具备购买能力。收入是影响购买力的主要因素，收入越高，购买力越大。

购买欲望是人们购买商品的动机、愿望和要求。它是潜在购买需求转变为现实购买行为的重要条件。人们的购买欲望受多方面因素的影响。这里首先要明确的是，价格是影响购买欲望的重要因素。一般而言，价格越低，人们的购买欲望越强烈。大多数的企业都清楚地认识到了这一点，所以它们频频采用降低商品价格、折扣、优惠等手段刺激需求，提高人们的购买欲望，最终促进产品销售。

根据市场的定义，企业的经营活动必须围绕市场展开。

首先，认识社会需要什么（包括现在和将来），开展市场分析以发现市场机会。

其次，根据社会分工的需要、自己的专业特长来选择目标市场，使自己有能力在特定的范围内满足消费者的需要。

最后，制订和实施一整套的经营计划来满足这些需求，以实现企业的经营目标。

对于同样的问题，财务人员和销售人员的看法可能完全不一样，而高层管理人员对“市场”却有着更为独特的认识，他不只是关注需求和满足这种需求的方法，而且还重视财务收入和成本支出。

（二）市场营销的含义

从购物中心的货架上可以看到“市场营销”，从充斥电视屏幕、报纸、互联网的广告信息中可以看到“市场营销”，无论你在做什么，几乎都处在市场营销的包围之中。然而市场营销远非消费者眼睛所随意看到的内容，这一切的背后是一个庞大的营销网络及为获得消费者的注意而进行的大量活动。

虽然学者们从不同的角度对营销进行了解释，但目前比较权威的概念是现代营销之父——菲利普·科特勒博士在《营销管理》中对营销下的定义：营销是个人和集体通过创造，提供出售，并自由地同别人交换产品和价值，以获得其所需、所欲之物的一种社会和管理过程。

该定义强调了五个方面的内容。

1. 营销是一种创造性行为

有些营销者把响应营销与创造营销区别开来。响应营销是寻找已存在的需要并满足它；创造营销是发现和解决顾客并没有提出要求但他们会热烈响应的需要。创造营销是营销的核心内容。

知识拓展

拿冰箱来说，储存鲜肉是其一项重要用途，但原有的冰箱冷冻温度过低，鲜肉总是冻得硬邦邦的，还得解冻才能用刀切，非常不便。海尔的设计人员从一名用户的感叹中发现了这一重大商机，研制开发了“无须解冻即时切”的冰箱，深受市场欢迎。

海尔成功的法宝是什么呢？海尔人自己说，谁离用户最近，谁就距对手最远；我们不盯着对手，而是专注于用户需求，努力将用户需求转化为创新的产品。这一思路值得营销人员学习。

2. 营销是一种自愿的交换行为

人们可以通过自行生产、强行取得、乞讨和交换四种方式获得产品。交换就是通过提供某种东西作为回报，从某人那里取得所需东西的行为。交换是建立在平等基础上的等价交换，交换是构成营销活动的基础。

3. 营销是一种满足人们需要的行为

人类的各类需要和欲望是营销工作的出发点。人们的各种需要指的是他们没有得到满足的感受状态，营销的目的就是满足需要。

4. 营销是一种管理过程

营销是分析、计划、执行和控制的过程管理。具体来说，它主要包括两方面的工作：一是研究市场，即研究消费者的需要和需求量，从而作出经营什么、生产多少等决策；二是开展整合营销活动，即通过生产和经营适销对路的产品，通过适当的分销网络，确定适当的价格并应用适当的传播手段在满足消费者需要的同时获取利益。

5. 营销是企业参与社会生活的纽带

营销已经成为联结社会需要与企业功能的纽带。营销工作者在制订营销策略时必须权衡企业、顾客和社会三方面的利益，只有满足社会利益的企业才能长久不衰地获得营销成功。

（三）营销组合

营销者是用大量的工具来引导目标市场响应的，这些工具包括在营销组合之中。营销组合，就是企业针对目标市场实现营销目标的一整套营销工具。

营销组合包括企业为影响产品需求所能做的所有事情，它可以分为四个变量，称为"4P"：产品（product）、价格（price）、渠道（place）和促销（promotion）。

1. 产品

产品是企业提供给目标市场的货物和服务的组合。例如，联想集团公司笔记本电脑"产品"包括主机、鼠标、各种数据线、手提包和其他各种零部件。联想公司提供的与笔记本电脑相关的服务与全面的产品保证，同样也属于产品的一部分。

产品策略指企业与产品有关的计划与决策。产品策略的核心问题是如何满足顾客的需要。企业在进行有形的物质实体开发时，不应忽略连带服务的开发。营销者要根据顾客的需求特点和竞争对手的情况，确定自己的产品结构和产品发展战略。

动车组餐饮产品包括冷链产品（大批量提前制作、冷链储藏、运输，加热后售卖的食品）、热链产品（旅客临时下单、短时间内配送的食品）、常温链商品（常温保存的快餐、方便面、矿泉水、饮料、花生、瓜子、八宝粥、水果等）。

2. 价格

价格是消费者为获得商品所须付出的金额。例如，联想公司通常会计算出其建议经销商销售每台笔记本电脑的零售价，但其经销商很少按标价收取全部金额，通常会与每一顾客协商价格，提供折扣等，并且使价格能符合顾客对所购买的笔记本电脑所认同的价值。

定价决策包括估量消费者的需求和分析成本，以便选定一种吸引消费者、实现市场营销目的的价格；同时，定价还必须考虑目标市场上的竞争性质、法律政策限制、消费者对价格的可能反应，以及折扣、折让、支付形式、支付期限等相关问题。价格得不到消费者的认可，市场营销组合的各种努力都将是徒劳的。

动车组餐饮产品由于其仓储、运输等成本较之普通产品更高，因而其价格也相应上浮。同时，动车组餐饮产品作为铁路运输产品的组成部分，依托我国铁路运输产品具有市场竞争性产品属性的同时又带有国计民生公共服务产品属性的国情，在确保一定利润的基础上，切不可用列车上"独家经营"的"特权"而谋取不合理的高利润。

3. 渠道

大量的市场营销职能是在分销中完成的。渠道政策是通过渠道的选择、调整、新建和对中间商的协调、安排来实现的，同时控制相互关联的市场营销机构，以便更顺畅地达成交易。也就是说，分销策略就是要考虑产品在什么地点、什么时候由谁提供销售。

动车组餐饮产品与普通产品相比，其分销渠道较单一，主要在列车餐车及小推车上售卖，少数产品供应社会便利店及大型超市。

4. 促销

促销是企业为宣传其产品的优点和说服目标消费者购买所采取的各种活动。例如，联想公司花费较大代价成为第 29 届奥运会合作伙伴，就是为了提高产品在消费者心中的位置。联想公司每年都花费大量的广告费，以告知消费者有关公司及其产品的情况。经销商的推销人员说服潜在消费者认可联想公司的产品。联想公司及其经销商还提供一些特别的促销手段——

销售折扣、现金折扣、低息贷款等，作为额外的购买诱因。

动车组餐饮产品的促销目前主要体现在动车组餐饮服务人员的推销上，通过人员促销手段，说服、引导旅客进行餐饮消费。有关动车组餐饮产品的人员促销将在本书项目六的任务三“动车组餐饮服务技巧”中进行具体阐述。

有效的营销方案应把所有的营销组合因素融入一个协调一致的方案中。这一协调的方案通过向消费者提供价值来实现企业的市场营销目标。营销组合构成企业的战术工具箱，帮助企业在目标市场建立强有力的市场定位，这如今已经成为现代企业营销策略中一个通用的常规手段。

二、市场营销管理

（一）需求管理

市场营销管理的实质是需求管理。很多人认为营销管理就是为企业的产品找到足够的买主，这种观点太狭隘了。某种产品有理想的需求水平，但是随时都有可能出现没有需求、充分需求、不规则需求或过量需求的情况，因此营销管理部门必须找到解决这些不同需求状况的方法。营销管理部门不但要负责寻找和增加需求，而且还要负责改变甚至减少需求。

如自来水公司有时很难满足用水高峰期的需求。在这种需求过旺的情况下，市场营销的任务就是暂时或者永久地减少需求，这被称为缓适营销。缓适营销的目的不是破坏需求，而是减少或转移需求，所以营销管理部门会以帮助企业达到自己目标的方式来寻找办法去影响需求水平、需求时机和需求构成。

旅客乘坐动车组出行，路途上较为劳累，饮食作为基本生理行为，其需求是客观存在的。动车组餐饮需求管理体现在激发旅客的饮食需求。

（二）市场营销管理的任务

营销人员应该对需求管理负责。为了满足企业的目标，营销人员要试图去影响需求的水平、时机和构成。表 3-1 划分了需求的八种不同状态和营销人员在这些不同状态下的任务。

表 3-1　市场需求管理状况表

供求状况	营销任务	营销管理类型
负需求	扭转需求	扭转性营销
无需求	激发需求	刺激性营销
潜在需求	实现需求	开发性营销
下降需求	恢复需求	恢复性营销
不规则需求	调节需求	同步性营销
饱和需求	维持需求	维护性营销
过度需求	限制需求	限制性营销
有害需求	否定需求	抵制性营销

1. 负需求

负需求是指全部或大部分消费者对某种产品或服务不仅不喜欢，没有需求，甚至有厌恶情绪的情况。在此情况下，市场营销的任务是分析市场为何不喜欢这种产品，以及是否可以通过产品重新设计、降低价格和更积极推销的营销方案来改变市场的信念和态度，即扭转人们的抵制态度，实行扭转性营销措施，使负需求变为正需求。

知识拓展

欧美人对动物内脏很反感，不喜欢吃动物内脏。怎样把这个负需求变为正需求呢？专家做了个实验：他们找来了 40 个家庭主妇，将之分为两个小组。专家告诉第一小组的 20 个人，运用传统的方式怎样把动物的内脏做成菜，怎样做才好吃。专家们和第二小组的 20 个家庭主妇围坐在一块座谈，在聊天中告诉她们动物内脏富含哪些物质，对人体有哪些好处，并赠送了相应的菜谱。一个月后，第一小组只有 5%的家庭妇女开始食用动物内脏，第二小组有 30%的妇女开始食用动物内脏。

2. 无需求

无需求是指市场对某种产品或服务既无负需求也无正需求，即漠不关心，没有兴趣。无需求通常针对的是新产品和新的服务项目，人们因不了解而没有需求；或者是非生活必需的装饰品、赏玩品等，消费者在没有见到它们以前也不会产生需求。因此，市场营销的任务就是要设法把产品能带来的利益和价值同人们的自然需要和兴趣结合起来，以引起消费者的关注和兴趣，刺激需求，使无需求变为正需求，即实行刺激性营销。

如动车组餐饮服务部门开发了某种新口味套餐，在这种套餐上市的初期，应当采用各种营销手段引起旅客的关注和兴趣，以将无需求转变为正需求。

3. 潜在需求

潜在需求是指多数消费者对市场上现实不存在的某种产品或服务的强烈需求。在这种情况下，市场营销的任务就是估量潜在市场的大小和发展前景，努力开发新产品，设法提供能满足潜在需求的产品和劳务，变潜在需求为现实需求，实行开发性营销。如某汤勺企业从父母用小勺喂小孩过程中“吹冷送服”的动作得到启发，开发了可以显示温度的汤勺，并迅速扩大了市场份额，这就是典型的挖掘潜在需求。

又如动车组餐饮服务部门针对部分旅客爱吃社会品牌餐食的潜在需求，开发了 12306 网站、手机 App 预订社会品牌餐食的服务，有效地开发了这部分潜在需求。

4. 下降需求

人们对一切产品和服务的兴趣和需求，总会有发生动摇或下降的时候，在这种情况下，市场营销者必须分析市场衰退的原因，决定是否通过选择新的目标市场，改变产品特色，或者采取更有效的营销组合再次刺激需求。市场营销的任务是设法使已下降的需求重新回升，使人们已经冷淡下去的兴趣得以恢复，即实行恢复性营销。

如动车组餐饮服务部门针对列车上矿泉水销售情况不佳的现状，制定了买盒饭套餐加 1 元赠送矿泉水的促销政策，有效地刺激了矿泉水的需求。

5. 不规则需求

许多产品和服务的需求是不规则的，即在不同时间、不同季节的需求量不同，运输业、旅游业、娱乐业都存在这种情况。市场营销的任务是设法调节需求与供给的矛盾，通过灵活定价、促销和其他激励措施，寻找改变需求时间模式的方法，使供求趋于协调和同步，即实行同步性营销。如北京的欢乐谷是大型的主题乐园，针对白天需求过热的情况，营销部门在夜晚推出了半价的“月光行动”票，从而有效地改变了需求的时间模式。

6. 饱和需求

饱和需求是指当前市场对企业产品或服务的需求在数量上和时间上同预期的最大需求已达到一致。饱和需求状态不会静止不变，而是动态的，它常常受两种因素的影响而变化：一是消费者偏好和兴趣的改变；二是同行业者的竞争。此时的营销任务是设法保持现有的需求水平和销售水平，防止出现下降趋势。这就要求企业必须保持或改进产品质量、不断估计消费者需求的满足程度与企业生产经营之间的关系，努力做好营销工作，即实行维护性营销，其主要策略是保持合理售价，稳定推销人员和代理商，严格控制成本费用，进一步搞好售后服务等。

7. 过度需求

过度需求是指市场对某种产品或劳务的需求量超过了卖方所能供给或愿意供给的水平，这可能是暂时性缺货，也可能是价格太低，还可能是由于产品长期过分受欢迎所致。如收费过低的电力供应，免费范围过宽的公费医疗，使得电力部门和医院超负荷，甚至浪费很大。在这种情况下，应当实行限制性营销。限制性营销就是长期或暂时地限制市场对某种产品或劳务的需求，通常可采取提高价格、减少服务项目和网点、劝导节约等措施。实行这些措施是难免要受到反对的，营销人员要有充分的思想准备和应变措施。

如动车组餐饮服务部门在某一趟列车运行过程中，发现某位旅客大量、多次购买啤酒的情况，及时采取限购措施，防止该旅客因饮酒过量而对自身健康及高铁运营安全造成负面影响。

8. 有害需求

有些产品或劳务对消费者、社会公众或供应者有害无益，对这种产品或劳务的需求，就是有害需求。有害的产品或劳务常引起有组织的力量反对其消费，如毒品、黄色书刊、色情服务等，都受到社会公众的反对和抵制。在这种情况下，市场营销的任务是否定这类需求，抵制和清除这类需求，实行抵制性营销及禁售。

需要注意的是，抵制性营销与限制性营销不同，限制性营销是限制过度的需求，而不是否定产品或劳务本身；抵制性营销则是强调产品或劳务本身的有害性，从而抵制这种产品和劳务的生产和经营。

三、餐饮营销的概述

当代餐饮营销是以市场为中心，为满足顾客对餐饮产品的需求，综合运用各种营销手段，将菜肴、酒水、用餐环境和服务等销售给顾客的一系列经营活动。

（一）餐饮营销的概念和特点

餐饮营销，全称餐饮市场营销，指餐饮企业为满足顾客餐饮需求，实施餐饮经营的商务活动。餐饮营销包括餐饮市场调研，选择目标市场，开发餐饮产品，为餐饮产品定价，选择销售渠道及实施促销等一系列活动。

（二）餐饮营销理念的发展

餐饮营销理念指餐饮企业在从事营销活动时所依据的指导思想和行为准则。它体现了餐饮企业对餐饮市场环境、企业与餐饮市场的相互关系等问题的认识和根本态度。

餐饮营销理念作为一种经营理念，是餐饮经营活动的出发点。它支配着餐饮营销实践的各个方面，包括营销目的、营销活动、营销组织、营销策略和营销方法等。20 世纪 70 年代以来，我国餐饮营销理念的发展经历了 3 个阶段。

1. 餐饮生产导向阶段

20 世纪 70 年代，人们对餐饮的需求大幅度增加，当时餐饮产品供不应求，产品品种较少，仅经营中国传统的地方菜系，餐饮企业处于市场主导地位，餐饮企业只要提高生产率，就会经营成功。当时的经营理念是以扩大经营为中心的餐饮经营观，称为生产理念。生产理念的特点是集中资源，努力提高生产力，扩大生产规模，降低生产成本。

2. 餐饮销售导向阶段

20 世纪 80 年代，随着我国餐饮业的发展，不同菜系和经营模式的餐饮企业迅速增加，餐饮产品供过于求，饭店仅依靠扩大餐饮生产，提高产品质量已不能达到经营目标。餐饮企业产生了推销理念。推销理念的特点是重视推销技术，强调通过推销增加销售量。

3. 餐饮营销导向阶段

20 世纪 90 年代以来，我国餐饮产品种类和数量剧增，餐饮产品更新换代的周期不断缩短，消费者购买力大幅度提高，顾客对各种菜肴、酒水和餐饮服务需求不断变化。顾客对餐饮产品已经有了很大的选择性，餐饮产品的供应量超过了顾客的需求量，餐饮企业之间的竞争不断加剧，顾客占据主导地位。餐饮企业在充分了解餐饮市场的需求后，根据顾客需求确定菜肴和酒水的生产和销售。这种理念称为市场营销理念。市场营销理念的特点是明确目标市场、以顾客需求为中心，协调产品、价格、渠道和促销等因素以满足目标顾客的需求。

（三）餐饮营销理念的比较

（1）传统的餐饮营销理念把消费者仅作为获取利润的对象。现代餐饮营销理念认为，消费者的需要是企业生存和发展的前提和动力。

（2）传统的餐饮营销理念以产品本身为出发点；现代餐饮营销理念以消费需求作为营销活动出发点。

（3）传统的餐饮营销手段单一，重视生产效率和成本控制，通过借助各种推销手段促销产品。现代餐饮营销理念强调以营销手段的综合性和整体性来满足目标消费者的需求。

（4）传统餐饮营销理念以获取利润为唯一目标；当今，餐饮营销兼顾企业、消费者和社会的共同利益。

（5）传统餐饮营销理念主要用于产品供不应求、卖方居于支配地位的市场环境；现代餐饮营销理念用于餐饮产品供过于求、卖方激烈竞争、买方居于主导地位的市场环境。

（四）餐饮营销的任务

餐饮营销的任务是调整餐饮市场需求水平、需求时间和需求特点，使供求之间相互协调，以实现互利的交换，达到餐饮企业的营销目标。

餐饮市场需求指在一定的区域和一定的时间并在一定的营销环境及一定的营销策略下某种餐饮产品的购买总量。由于餐饮市场需求不同，因此餐饮营销任务也不同。餐饮营销任务主要包括以下方面。

1. 扭转式营销

扭转式营销是针对负需求而言的，当某地区顾客不需要某种餐饮产品时，餐饮管理人员采取措施，扭转这种趋势称为扭转式营销。如部分高收入旅客对动车组餐饮产品存有怀疑而不愿意消费时，通过对动车组餐饮产品品质的宣传，扭转高收入旅客的印象，促成其消费。

2. 开发式营销

开发式营销指某地区顾客对某种餐饮产品有需求而市场还不存在这种产品时，餐饮企业及时开发出顾客需要的产品称为开发式营销。如动车组餐饮服务部门开发西式餐饮产品，满足外国旅客及部分对西式餐饮有偏好的国内旅客的需求。

案例分析

高铁推出外卖服务

长期以来，铁路餐饮始终处于“封闭式”经营的状态，旅客基本没有自主权，再加上价格贵，口味单一，铁路餐饮一直饱受诟病。

很多人都希望火车上也能开展外卖服务，然而，在铁路上叫外卖却不是一件容易的事。

为了保证铁路的正常运营，非铁路工作人员不得进入铁路工作区域，再加上列车停靠的时间短暂，一旦协调出了问题，将可能导致无法想象的后果。

现在互联网消灭了信息不对称，在铁路上叫外卖已成为一种常态!

2017 年 7 月 17 日起，铁路部门先期在上海、天津、广州、南京、杭州、西安、沈阳、长春、武汉、济南、福州、厦门、长沙、成都、重庆、兰州等 27 个主要高铁客运站推出动车组列车互联网订餐服务。

网络订餐直接送到车厢席位，就是这么酷!

怎么进行网络订餐呢?

● 旅客通过 12306 官网订票成功后，将收到是否订餐的提示，需要订餐时，按页面功能提示办理，可使用银行卡、支付宝和微信支付。

● 通过电话、车站窗口、代售点、自动售票机等其他方式购票的旅客，也可通过 12306 官网、App 或者微信公众号订餐，只需提供车票信息和联系人信息。

以 12306 官网为例，具体介绍一下订餐过程。

首先，打开 12306 官网，点击订餐服务菜单。

在页面输入乘车日期、乘车站、到达站及车次之后，就可以搜索到相关餐食。

比如，7 月 17 日，13:37—19:31 从上海虹桥开往北京南站的 G140 次车，就可以选择在上海虹桥、南京南、济南西站订餐。

剩下的步骤就和我们平时点外卖一模一样，可以使用银行卡、支付宝和微信支付。

注意：为了协调列车运营和商家备货的时间，外卖必须提前 2 h 点餐!

如果遇到已订餐的旅客在网上退票、改签、变更到站，系统会提醒旅客进行退餐，在 12306 网站自动跳转出的网页上可自行办理退餐，商家会设定退餐时间规定。

在车站窗口退票、改签、变更到站的旅客，客票系统会进行信息提示，将由窗口工作人员提醒旅客到网上自行办理退餐。

3. 恢复式营销

恢复式营销指重新振兴某种衰退的餐饮产品。

4. 同步式营销

一些餐饮产品的销售量与时间和季节相关，呈波动状态。餐饮企业采取同步式营销策略以协调供需关系，具体方法包括价格同步营销和消费习惯同步营销等。

5. 维持式营销

在某些餐饮产品达到饱和需求时，餐饮企业采取措施，维护现有销售水平，避免销售下降的策略就是维持式营销。

6. 抵制式营销

抵制式营销是针对不合格产品而言的，餐饮管理人员拒绝原料和工艺质量不合格的产品销售给顾客以保持企业的信誉和形象。动车组餐饮服务部门对餐饮产品采取严格的准入制要求，不让任何存在食品安全问题的餐饮产品在动车组上销售。

四、动车组餐饮营销

（一）动车组餐饮的产品策略

（1）根据市场需求和企业的人、财、物等资源，选择自己经营的餐饮产品的过程，是一切营销决策的首要工作。

（2）狭义的动车组餐饮产品包括在动车组上销售的菜肴、酒水，以及各种其他食品。

（3）广义的动车组餐饮产品还包括动车组餐饮服务和用餐环境。

（4）动车组餐饮产品策略主要包括产品组合策略、产品开发策略和产品生命周期策略。

（二）动车组餐饮价格策略

动车组餐饮营销中的价格策略直接影响经营收入和利润，价格策略在动车组餐饮营销中有着非常重要的作用。餐饮价格受多种因素影响，尤其受到地域和时间因素的约束，通常价格越高，市场需求越少。动车组餐饮价格策略包括成本价格策略、需求价格策略、竞争价格策略、折扣价格策略和心理价格策略等。

（三）动车组餐饮渠道策略

餐饮产品营销渠道包括直接销售渠道和间接销售渠道。直接销售渠道是通过动车组餐饮服务人员将菜肴和酒水在动车组内直接销售给顾客。间接销售渠道常通过部分中间商销售餐饮产品，如成都铁路局所属的“川之味”动车组餐饮产品就通过当地商超系统进入路外市场。

（四）动车组餐饮推销策略

1. 人员推销策略

（1）动车组餐饮服务人员的职责并非仅限于把餐车的餐饮产品销售出去，而且承担着多方面的工作。动车组餐饮服务人员实际上是餐饮推销员。

（2）动车组餐饮服务人员须具备良好的语言表达能力和敏锐的观察能力，要深入了解旅客消费心理，具有较强的自我控制能力和灵活的应变能力，具备良好的敬业精神和职业道德，勤奋学习，熟练地掌握餐饮专业知识和推销技巧。

2. 餐饮广告策略

（1）动车组餐车的招牌、菜肴照片、电子菜单、菜肴和酒水宣传单等在动车组餐饮广告策略中发挥着重要的作用。

（2）动车组餐车招牌必须讲究位置、高度、字体、照明和可视性并应设立在餐车显著位置。

（3）列车广播是捕捉流动顾客的好方法，其最大优点是宣传时间长，目标顾客明确。

3. 餐车外观策略

（1）外观是非常重要的营销媒介，餐车外观必须突出特色，使顾客易于进行相关的识别和判断。

（2）餐车外观营销决策包括餐车的风格、餐位布置、外观色调、装饰品及清洁卫生等。

（3）餐车应当讲究风格，体现经营特点，区别普通咖啡厅、中餐厅和西餐厅等。

（4）餐车色调直接或间接地起着营销作用。

4. 营销活动策略

餐车常举办餐饮营销活动，如节日营销活动和美食节等。成功的餐饮营销活动应当具备新闻性、吸引性、视觉性和旅客参与性，突出餐车装饰和菜肴特色，简化活动程序，使营销活动产生话题，呈现现代生活气息，引起旅客的兴趣。

5. 赠送礼品策略

餐车可采用赠送礼品策略以达到餐饮促销目的。赠送的礼品可包括餐车特色菜、开发的新菜，以及酒水、水果、精致的商品等。

6. 食品展示策略

食品展示是有效的营销方法。这种方法通过在餐车门口或内部陈列柜陈列新鲜的食品原料、半成品菜肴或成熟的菜肴、点心、水果及酒水等以增加产品的视觉效应，使顾客更加了解餐车餐饮特色和质量并对动车组餐饮产生信任感。

7. 清洁营销策略

（1）清洁已成为现代餐饮质量标准之一，清洁是餐饮产品的重要组成部分。清洁代表尊重和高尚，是顾客选择是否消费的重要因素。

（2）餐车应当保证外观的清洁，灯饰的清洁，设施和饰品清洁，餐具、菜肴和酒水的清洁。

（3）餐车应制定清洁质量标准，按时进行检查，保持招牌的清洁、文字的清晰度，确保灯光完好，以及花卉的清洁卫生。餐车地面应当干净，墙面、玻璃门窗应无尘土。

（4）餐车卫生间讲究装饰与造型，要配备冷热水系统、抽风装置和空气调节器、明亮的镜子、液体香皂，擦手用的纸巾、干手用的烘干器、干净的垃圾桶。

8. 网上营销

网上营销可视为一种新兴的餐饮营销策略，它并非要取代传统的销售方式，而是利用信息技术，重组营销渠道。

网上营销与传统媒体营销相比，可发挥营销人员的创意，超越时空，信息传播速度快，容量大，具备文字、声音和影像等多媒体功能。目前动车组餐饮服务微信公众号等手段是开展网上营销的有效方式。

（五）动车组餐饮营销取得成功要具备的要素

1. 优秀员工

必须选拔优秀员工担任餐饮服务工作。因为餐饮服务工作是一项专业性非常强的工作，首先要熟悉环境，熟悉操作程序，掌握目标客源定位，对旅客消费心理等应非常了解。动车组餐饮服务人员一上岗就要立即进入角色，要用心、专心，具备优秀营销员的水平，要有委曲求全的事业心和宣传、组织能力，同时也要是公关营销的强手，能注意信息反馈和部门间的沟通，处事及时、迅速、敏捷；操作上要规范、正确、高效；经营上要诚实守信及创新。

2. 收集信息

信息时代，信息也是生产力。有了信息，餐饮营销才能不断创新，才能迎接挑战，取得营销的成功。通过信息能了解消费者的心理需求，提出合理化建议，才能和相关部门一起实行营销计划，才能在服务上、产品上得到不断改进和完善。通过信息也可以拉近客我之间的距离，提高旅客满意度。

3. 营销意识

动车组餐饮服务人员始终要有强烈的营销意识，要达到推销餐饮产品的目的，首先应掌握旅客的需求动机，了解旅客的消费能力、层次、身份、特殊需求等，并协调相关服务部门，尽可能满足旅客的需求。在与客人面对面交流中，要保持自己良好的精神状态，以真诚热情的微笑和主动负责的态度迎接旅客。接待中，及时了解旅客的用餐目的，合理调配餐位，要留有余地，始终有空余餐位作为备用，以便招待一些重要的特殊旅客。接待中，必须正确了解旅客的需求细节，如人数、餐标、用餐目的、姓名、主宾饮食偏好、特殊情况等，注意观察，正确判断主人和主宾。

4. 服务态度

让旅客感受到尊重、关爱，获得宾至如归的感觉，使其在接受服务中感到物有所值。动车组餐饮服务人员应该具备引导消费的能力，首先要主动和旅客沟通，平时注意观察、积累旅客的消费特点。把旅客的消费特点进行归纳总结，才能在日常工作中灵活运用。

任务三　动车组餐饮成本管理

知识目标

- 掌握成本的概念及分类；
- 掌握成本核算的方法；
- 掌握饮、食品销售价格的制定方法。

技能目标

- 能够正确计算各种饮、食品的成本；
- 能够正确计算各种饮、食品的利润率。

相关知识

一、成本的概念

1. 成本

成本是从事某种生产或经营时企业所耗用的费用和支出的总和。它包括企业在生产过程中原材料、燃料、动力的消耗，劳动报酬的支出，固定资产的损耗等。

2. 产品成本

产品成本是生产或制作成本。它由企业用于生产或加工某种产品所消耗的生产资料和劳动量构成。产品成本主要包括：生产产品所消耗的生产资料及支付劳动者的工资。

3. 餐饮产品成本

制作餐饮产品的支出，即是该餐饮产品的成本。

4. 单位成本

单位成本是指每个餐饮产品单位所产生的成本。

5. 总成本

总成本是指全部餐饮产品的生产费用总和（或成本之和）。

二、餐饮成本的分类

餐饮成本与其他成本一样，可以按多种标准进行分类。餐饮成本分类的目的在于根据不同成本采取不同的费用控制策略。餐饮产品成本根据其考虑问题的角度不同，分类方法也不同。一般情况下主要有以下几种不同的餐饮成本分类方法。

1. 按是否与业务量有关，划分为固定成本和变动成本

1）固定成本

固定成本是指不随业务量（产量、销售量或销售额）的变动而变动的那些成本。如固定资产折旧费，在一定时期内按财务制度规定应提取的折旧费的大小，是不随业务量的变动而变化的。

2）变动成本

变动成本是指在一定时期和一定经营条件下，随着业务量的变动而变动的那些成本。如原材料成本、水电能源成本等，它们会随着餐饮菜点的生产和销售的增加而增加，因此，原材料成本和水电能源支出属于变动成本。

此种划分主要是为损益分析和成本控制提供理论依据。高层管理人员以固定成本控制为主；中低层管理人员以变动成本控制为主，目的都是尽量降低成本费用。在划分固定成本和变动成本后，就可利用数学方法分析业务量、成本及利润（简称量本利）三者之间的盈亏平衡关系，对成本费用进行分析，加强对成本的控制和管理，提高企业的经济效益。

2. 按成本可控程度，划分为可控成本和不可控成本

1）可控成本

可控成本是指在餐饮管理中，基层部门通过自身的努力所能控制的成本，即在短期内可以改变其数额大小的那些成本。一般而论，变动成本属于可控成本。管理人员若变换每份菜

品的分量，或在原料的采购、验收、储存、生产等环节加强控制，则餐饮产品成本就会发生变化。某些固定成本也是可控成本。如广告和推销费用、炊具大修费、管理费等。又如，有关操作人员通过个人精湛的技艺和工作责任心，可节约原料、物料消耗品和水电能源等耗费，使其降低或控制在一定的成本水平上。对可控成本的管理是餐饮成本控制的重要方面。

2）不可控成本

不可控成本是指基层部门人员通过努力也难以控制的那些成本。固定成本一般是不可控成本，如租金、维修费、保险费、固定资产折旧费及按规定提取的福利费等。这些均是按有关制度规定支出的，都是基层经营管理人员无法通过努力来改变其数额大小的，因此，属于不可控成本。

3. 按与产品形成的关系，划分为直接成本和间接成本

1）直接成本

直接成本是指在产品生产过程中直接耗用而加入成本中去的那些成本。其主要包括原料成本、酒水成本和商品成本三部分。如烹制菜肴和制作点心所需的各种原材料费，主料、配料、调料等就属于直接成本。

2）间接成本

间接成本指那些不属于产品成本的直接支出，而必须用其他方法分摊的各项耗费。如职工工资、水电费、燃料费、修理费、固定资产折旧费、销售费用等。

此种划分主要是为部门和全企业成本核算提供理论依据。部门以直接成本核算为主，全企业以间接成本核算为主。

4. 按成本计算的对象，划分为总成本和单位成本

1）总成本

总成本是指一定时期某种、某类、某批或全部餐饮产品的成本总额。

2）单位成本

单位成本是指单个餐饮产品的生产耗费。

三、餐饮成本核算的意义

在餐饮业中成本一般是指单位产品成本。成本核算对于企业的经营管理起着很重要的作用，可以综合反映企业的经营情况，如原材料使用是否合理，产品销售价格的确定是否合理等。成本核算还可以分析企业的各种生产原材料的使用是否合理，产品销售价格的确定是否合理等，成本核算还可促使企业的各生产部门不断提高操作技术和经营服务水平，降低产品的单位成本，不断提高企业的服务质量和经济效益。

成本核算可以为企业经营决策提供重要数据，在现代企业中，成本核算越来越成为企业管理者投资决策、技术决策、经营决策的重要依据。

四、餐饮成本核算的特点

由于餐饮业具有集生产加工、劳动服务、商业零售于一体的行业特点，除原材料成本外，其他如职工工资、固定资产的折旧等，很难分清用于哪个环节，所以，计算中就习惯以原材料作为其成本要素；即构成菜品的原材料耗费之和，它包括食品原料的主料、配料和调料。

五、餐饮成本核算的方法

1. 净料单位成本的计算

原料在最初购进时，多为毛料，一般要经过加工处理后成为净料。由于原材料经加工处理后重量发生了变化——损耗或增长，其单位成本也发生了变化，所以必须进行净料成本的核算。

净料是指经过初步加工处理的原料。如芹菜去叶洗净后为净料；木耳涨发后为净料；肉类经过分档取料后为净料。

净料单位成本的计算方法大致有两种，一料一档和一料多档。

1）一料一档的单位成本计算

一料一档的原料一般加工前是一种生料，加工后还是一种生料或半制品，且下脚料无作价价款，加工后原料单位成本为：毛料总值（加工前原料的进货总值）除以原料加工后（净料）的重量，计算公式为：

净料单位成本＝毛料总值/净料重量

例：某餐饮部门购进冬瓜 50 kg，进货价款为 1.2 元/kg，去皮后得到冬瓜 37.5 kg，求净冬瓜的单位成本。

解：净冬瓜单位成本＝1.2×50/37.5＝1.6（元/kg）

答：净冬瓜的单位成本为 1.6 元/kg。

2）一料多档的净料单位成本计算

（1）毛料加工后还是一种原料或半制品，但下脚料有作价价款时，其生料单位成本的计算方法是：首先从加工前原料总值中扣除下脚料的作价部分，然后除以原料加工后（净料）的重量，计算公式为：

净料单位成本＝（毛料总值－下脚料价款）/净料重量

例：肉鸡一只，重 2 kg，单价为 11.2 元/kg，经加工得生光鸡 1.4 kg，下脚料头、爪作价 1.5 元，鸡血 0.6 元，鸡内脏 2.2 元，废料 0.3 元，求生光鸡的单位成本。

解：生光鸡单位成本＝（11.2×2－1.5－0.6－2.2－0.3）/1.4≈12.7（元/kg）

答：生光鸡单位成本约为 12.7 元/kg。

（2）加工前是一种原料，加工后是若干种原料或半制品。净料单位成本的计算有 2 种方法。

① 如果加工后所有的净料的单位成本都是从来没有计算过的。则根据这些原料的重量逐一确定它们的单位成本，然后使各档成本相加。求出进货总值：

净料 1 总值+净料 2 总值+…+净料 n 总值＝一料多档的毛料总值

② 在所有净料中，如果有些净料的单位成本是已知的，应首先把已知的原材料总成本算出来，从毛料的进货总值中扣除，然后再计算未知原料的单位成本。具体计算公式是：

原料单位成本＝（原料总值－其他各档原料价款总和）/原料重量

例：鲤鱼一条，重 2 kg，单价 11.2 元/kg，下脚料鱼杂作价为 1.46 元，全鱼经炸熟后为 1.4 kg，耗油 200 g，油价 10.8 元/kg，求熟鱼的单位成本。

解：熟鱼单位成本＝（11.2×2－1.46+10.8×0.2）/1.4＝16.5（元/kg）

答：熟鱼的单位成本为 16.5 元/kg。

2. 净料成本核算的分类

根据加工方法和处理程度的不同，净料分为生料、半制品（无味半制品、调料半制品）、熟制品三类。

1）生料成本的核算

生料是指经过加工处理，而没有经过调味和成熟处理的净料，计算公式为：

生料单位成本 =（毛料总值 – 其他各档价款）/生料重量

例：餐饮部门购进羊腿 80 kg，单价 12.6 元，经拆卸处理后得骨头 14 kg，单价 4.3 元，碎肉 3.5 kg，单价 12.4 元，求净羊肉单位成本。

解：净羊肉单位成本 =（12.6 × 80 – 14 × 4.3 – 3.5 × 12.4）/（80 – 14 – 3.5）≈14.5（元/kg）

答：净羊肉单位成本约为 14.5 元/kg。

2）半制品（熟品）单位成本的计算

半制品是经过初步熟处理或调味的净料。根据在加工过程中是否耗用了调味品，可分为无味半制品和调味半制品。

（1）无味半制品成本计算。

无味半制品单位成本计算公式为：

无味半制品单位成本 = 生料总值/［无味半制品（熟品）重量］

例：购进鲜猪肝 40 kg，7 元/kg，经过加工后，重量损耗 20%，求猪肝加工后的单位成本。

解：猪肝加工后单位成本 =（7 × 40）/［40 ×（1 – 20%）］= 8.75（元/kg）

答：猪肝加工后的单位成本为 8.75 元/kg。

（2）调味半制品（熟品）成本计算。

调味半制品是指加放了调料的净料或经过调味和熟制的净料。调味半制品（熟品）单位成本计算公式为：

调味半制品（熟品）单位成本 = 生料总值+调味品总值/调味半制品（熟品）重量

例：猪蹄 5 kg，进价 10.4 元/kg，经煮熟后得熟猪蹄 4 kg，所用调味品作价 1.84 元，求熟猪蹄的单位成本。

解：熟猪蹄单位成本 =（10.4 × 5+1.84）/4 = 13.46（元/kg）

答：熟猪蹄的单位成本为 13.46 元/kg。

3. 净料率及其应用

1）净料率的定义

净料率是指原材料加工后的重量与加工前毛料总重量的比率。

净料率也称出材率、拆卸率、涨发率等。它是餐饮业在长期经营过程中总结出的指标，在净料处理技术水平和原料规格质量相同的情况下，原料的净料量和毛料重量间形成一定的比例关系，通过这种比例关系来计算净料重量。

2）净料率的计算

净料率的计算公式为：

净料率 =（净料重量/毛料重量）× 100%

例：购进土豆 30 kg，经加工得净土豆 24 kg，求土豆的净料率。

解：土豆净料率 =（24/30）× 100% = 80%

答：土豆的净料率为 80%。

3）影响净料率的因素

原材料的规格质量和净料的处理技术是决定净料率高低的两大因素。这两大因素如有变化，净料率就不相同。如果处理者技术水平相同，但原料的规格、质量不同，净料率也会发生变化。

4）净料率的应用

（1）根据净料率是净料重量与毛料重量的比率这个定义，可在已知净料重量和净料率的情况下求出毛料重量或在已知毛料重量和净料率的情况下求出净料重量，具体公式为：

毛料重量＝净料重量/净料率

净料重量＝毛料重量×净料率

（2）可利用净料率，直接由毛料成本单价计算出净料成本单价。这样可以大大方便各种主配料成本的计算，计算公式为：

净料单位成本＝毛料单位成本/净料率

例：购活鳝鱼 8 kg，每千克 28 元，经宰杀处理后加工成鳝丝，净料率为 50%，求鳝鱼丝的单位成本。

解：鳝鱼丝单位成本＝28/50%＝56（元/kg）

答：鳝鱼丝单位成本为 56 元/kg。

可根据净料单位成本和净料率求出毛料单位成本或根据毛料单位成本和净料单位成本求出净料率。公式为：

毛料单位成本＝净料单位成本×净料率

净料率＝（毛料单位成本/净料单位成本）×100%

5）损耗率

损耗率与净料率相对应，是指原料在加工处理后损耗的原料重量与加工前原料重量的比率，计算公式为：

损耗率＝（原料损耗重量/毛料重量）×100%

净料率与损耗率的关系：

净料率＋损耗率＝100%

净料重量与损耗重量的关系：

损耗重量＝毛料重量－净料重量

例：某饭店购进茄子 5 kg，经加工损耗率为 10%，求茄子的净料重量。

解：茄子净料重量＝5×（1－10%）＝4.5（kg）

答：茄子的净料重量为 4.5 kg。

六、餐饮成本核算的方法

餐饮成本是其所耗用的各种原料的成本之和，所以要核算一单位产品的成本，只要将其所耗用的各种原料的成本逐一相加即可。餐饮业的成本核算根据餐饮业的加工制作特点，分为先总后分法和先分后总法两种。先总后分法适用于成批生产的产品，先分后总法适用于单件生产的产品。

1. 先总后分法菜品成本的计算

先总后分法适用于成批产品的成本核算。如凉菜、主食点心等。计算方法是先求出构成单一菜肴、点心所耗用的主料成本、配料成本和调味料的成本之和，然后根据产品的件数或份数求出每一菜肴单位产品的平均成本，计算公式为：

单位产品成本＝本批产品所耗用的原料总成本/产品数量

例：猪肉包子60个，用料为面粉1 kg，进价为2元/kg；猪肉500 g，单价为15元/kg；酱油150 g，单价为4元/kg；味精3 g，葱末50 g，姜末5 g，作价1.45元；求猪肉包子的单位成本。

解：猪肉包子成本＝（$2\times1+15\times0.5+4\times0.15+1.45$）/60≈0.19（元/个）

答：猪肉包子成本约为0.19元/个。

2. 先分后总法菜品成本的计算

先分后总法适用于单件制作的菜品成本的计算，计算方法是分别求出单位菜品所耗用的各种原料成本，然后，逐一相加各种原料成本即为单一菜品成本，计算公式为：

单件菜品成本＝单位菜品所用的主料成本+配料成本+调味料成本

例：餐饮部门制作葱爆羊肉，用羊肉片200 g/份，单价18元/kg，用葱计价0.6元，其他辅料成本0.2元，求此菜的成本。

解：葱爆羊肉成本＝$18\times0.2+0.6+0.2=4.4$（元/份）

答：葱爆羊肉成本为4.4元/份。

任务四 动车组餐饮服务质量管理与服务质量规范

知识目标

- 了解动车组餐饮服务概念；
- 熟悉动车组餐饮服务质量规范。

技能目标

- 能依托动车组餐饮服务质量规范向旅客提供高质量的餐饮服务。

相关知识

一、餐饮服务的定义与原则

1. 定义

餐饮服务是餐饮企业的员工为就餐客人提供餐饮产品（包括菜肴、酒水等）的全过程，可分为直接对客人的前台服务与间接对客人的后台服务。

2. 原则

（1）从“物有所值”提高到“物超所值”。

（2）从“客人至上”的服务理念进化到客人是“亲人、朋友”的服务理念。

（3）从“讲究诚信”提升到“品牌”。

二、餐饮服务质量的定义

1. 定义

餐饮服务质量是指餐饮企业以其所拥有的设备设施为依托，为客人提供的服务在使用价值上适合和满足客人物质和精神需要的程度。

2. 对餐饮服务质量的理解

（1）狭义：指餐饮服务的质量，它纯粹指餐饮服务人员服务劳动的水准，不包括产品实物形态提供的使用价值。

（2）广义：包含了组成餐饮服务的三要素，即设备设施、实物产品和劳务服务的质量，是一个完整的餐饮服务质量概念。

三、餐饮服务质量的内容

（一）餐饮服务质量构成的二重性及相互关系

（1）餐饮服务是有形产品和无形劳务的有机结合，餐饮服务质量则是有形产品质量和无形劳务质量的完美统一。

（2）有形产品质量是无形产品质量的凭借和依托，无形产品质量是有形产品质量的完善和体现，两者相辅相成，共同构成完整的餐饮服务质量体系。

（二）餐饮服务质量的具体内容

1. 有形产品质量

1）定义

有形产品质量是指餐饮企业提供的设备设施和实物产品及服务环境的质量，主要满足客人物质上的要求。

2）构成

（1）餐饮设备设施的质量。餐饮设备设施包括客用设备设施和供应用设备设施。客用设备设施也称前台设备设施，是指直接供客人使用的设备设施；供应用设备设施是指餐饮经营管理所需的生产性设备设施，也称后台设施。

（2）餐饮实物产品质量。其通常包括菜品和酒水质量、客用品质量（包括一次性消耗品和多次性消耗品）和服务用品质量。

（3）服务环境质量。其是指就餐环境和气氛给客人带来感觉上享受和心理上满足的程度。

2. 无形产品质量

1）定义

无形产品质量是指餐饮部门提供的劳务服务的价值的质量，即劳务服务质量，主要是满足客人精神上的需求。

2）构成

（1）礼貌礼节。这直接关系着客人满意度，是餐饮部门提供优质服务的基本点。

（2）职业道德。这是餐饮从业人员应遵循的职业道德规范，餐饮从业人员要真正做到爱岗敬业。

（3）服务态度。这是无形产品质量的关键所在，直接影响餐饮服务质量。

（4）服务技能。这是餐饮部门提高服务质量的技术保证。

（5）服务效率。这并非仅指快，而是强调适时服务。

（6）安全卫生。这主要指餐饮环境清洁卫生和食品卫生。

（7）其他。其他方面包括员工的劳动纪律、服务的方式方法、服务的规范化程度等内容。

四、餐饮服务质量的特点

（一）餐饮服务质量构成的综合性

1. 餐饮服务质量构成的综合性的表现

（1）餐饮服务质量构成既包括有形的设备设施质量、服务环境质量、实物产品质量，也包括无形的劳务服务质量等多种因素，且每一因素由许多具体内容构成，贯穿于餐饮服务的全过程。

（2）设备设施、实物产品是餐饮服务质量的基础，服务环境、劳务服务是表现形式，而客人满意程度则是所有服务质量优劣的最终体现。

2. 对餐饮管理者的要求

（1）要进行系统性的管理。

（2）要对质量信息进行搜集、分析。

（3）既要抓好有形产品的质量，又要抓好无形服务的质量。

（4）不仅要做好自己的本职工作，还要顾及其他部门或其他环节的工作。

（5）要督导员工严格遵守各种服务或操作规程。

（二）餐饮服务质量评价的主观性

1. 餐饮服务质量评价的主观性的表现

（1）尽管餐饮服务质量水平理论上是一个客观的存在，但由于餐饮服务质量的评价是由客人享受服务后根据其物质和心理满足程度进行的，因而带有很强的个人主观性。

（2）客人的满足程度越高，他对服务质量的评价也就越高，反之亦然。

2. 对餐饮管理者的要求

（1）不能无视客人对餐饮服务质量的评价，否则，将失去客源，失去生存的基础。

（2）没有理由要求客人必须对餐饮服务质量做出与客观实际相一致的评价，这实际上是无法办到的，更不应指责客人对餐饮服务质量的评价存在偏见，尽管有时的确存在这种偏见。

（3）服务过程中，通过细心观察，了解并掌握客人的物质和心理需要，不断改善服务质量。

（4）为客人提供有针对性的个性化服务，并注重服务中的每一个细节，重视每次服务的效果。

（5）用符合客人需要的服务来提高客人的满意程度，从而提高并保持餐饮服务质量。

（三）餐饮服务质量显现的短暂性

1. 餐饮服务质量显现的短暂性的表现

（1）餐饮服务质量是由一次又一次的内容不同的具体服务组成的，而每一次具体服务的使用价值却只有短暂的显现时间，即使用价值的一次性。如微笑问好，介绍菜点等具体服务不能储存，一结束，就失去了其使用价值，留下的也只是客人的感受而非实物。

（2）餐饮服务质量的显现是短暂的，不像实物产品那样可以返工、返修和退换。如要进行服务后的调整，也只能是另一次具体服务。

（3）即使客人对这一次服务感到非常满意，评价很高，并不能保证下一次服务也能获得好评。

2. 对餐饮管理者的要求

（1）应督促员工做好每一次服务工作。

（2）争取使每一次服务都能让客人感到非常满意，从而提高餐饮整体服务质量。

（四）餐饮服务质量内容的关联性

1. 餐饮服务质量内容的关联性的表现

（1）客人对餐饮服务质量的印象是在他进入餐饮场所直至他离开餐饮场所的全过程中形成的。

（2）在此过程中，客人得到的是各岗位员工提供的一次又一次具体的服务活动，但这些具体的服务活动不是孤立的，而是有着密切的关联性。

（3）在连锁式的服务过程中，只要有一个环节的服务质量有问题，就会破坏客人对餐饮服务的整体印象，进而影响其对整个餐饮服务质量的评价。

2. 对餐饮管理者的要求

（1）餐饮各部门、各服务过程、各服务环节之间协作配合，做好充分的服务准备；

（2）确保每项服务的优质、高效，确保餐饮服务全过程和全方位的“零缺点”。

（五）餐饮服务质量对员工素质的依赖性

1. 餐饮服务质量对员工素质的依赖性的表现

（1）餐饮产品生产、销售、消费同时性的特点决定了餐饮服务质量与餐饮服务人员表现的直接关联性。

（2）餐饮服务质量是在有形产品的基础上通过员工的劳务服务创造并表现出来的，这种创造和表现能满足客人需要的程度取决于餐饮服务人员的素质高低和管理者的管理水平高低。

（3）餐饮服务质量的优劣在很大程度上取决于员工的即兴表现，而这种表现又很容易受到员工个人素质和情绪的影响，具有很大的不稳定性。

2. 对餐饮管理者的要求

（1）应合理配备、培训、激励员工，努力提高他们的素质。

（2）发挥员工的服务主动性、积极性和创造性。

（3）提高自身管理能力，从而培养出满意的员工。

（4）满意的员工是满意的客人的基础，是不断提高餐饮服务质量的前提。

（六）餐饮服务质量的情感性

1. 餐饮服务质量的情感性的表现

（1）餐饮服务质量还取决于客人与餐饮部门的情感关系。

（2）关系融洽，客人就比较容易谅解餐饮工作的难处和过错，而关系不和谐，则很容易致使客人小题大做或借题发挥。

（3）餐饮与客人间关系的融洽程度直接影响着客人对餐饮服务质量的评价，这就是餐饮服务质量的情感性特点。

2. 对餐饮管理者的要求

（1）积极地采取妥善的措施，将出现的服务质量问题给客人造成的影响降到最低，避免矛盾的扩大化。

（2）通过一些真诚为客人考虑的服务赢得客人，在工作中与客人建立起良好、和谐的关系，使客人最终能够谅解一些无心的失误。

五、动车组餐饮服务质量规范

（1）餐饮经营符合有关审批、安全规定，证照齐全有效。食品经营单位的食品安全管理制度健全。

（2）餐车销售的饮、食品符合国家有关规定。销售的商品质价相符，明码标价，一货一签，价签有“CRH”标志，提供发票。餐车、车厢明显位置、售货车、服务指南内有商品价目表和菜单，无变相卖座和只收费不服务情况。

（3）餐车整洁美观，展示柜布置富有艺术感，与就餐环境相协调；厨房保持清洁，各种用具定位摆放。商品、售货车等不堵通道，不占用旅客使用空间。售货车内外清洁，定位放置，有制动装置和防撞胶条。

（4）商品柜、冰箱、吧台、橱柜不随意放置私人物品（乘务员随乘携带的餐食等定位存放）。餐食、商品在餐车储藏柜、冰箱内定位放置，不占用旅客使用空间。

（5）餐车配置的微波炉、电烤箱、咖啡机等厨房电器符合规定的数量、规格和额定功率。

（6）经营行为规范，文明售货，不捆绑销售商品。非专职售货人员不从事商品销售等经营活动。餐车实行不间断营业，并提供订、送餐服务。销售人员不在车内高声叫卖，频繁穿梭，销售过程中主动避让旅客。夜间运行时，不得进入卧车销售，座车可根据情况适当延长或提前销售时间，但不得超过 1 h。

（7）有高、中、低不同价位的预包装饮用水、盒饭等饮、食品供应，2 元预包装饮用水和 15 元盒饭不断供（2017 年年初取消 15 元盒饭不断供的规定）。尊重外籍旅客和少数民族旅客的饮食习惯。盒饭以冷链为主，热链为辅，常温链仅做应急备用，有清真餐食。

（8）商品有检验、签收制度，采购、包装、储存、加工、运输、销售符合食品卫生安全要求。

（9）不出售无生产单位、生产日期、保质期和过期、变质，以及口香糖、方便面等严重影响列车环境卫生的食品。超过保质期限的食品单独存放，回收销毁。

一次性餐饮用具符合国家卫生及环保要求。

任务五　动车组餐饮经营模式及供餐模式

知识目标

- 了解动车组餐饮经营模式；
- 了解动车组餐饮供餐模式。

技能目标

- 能分辨动车组餐饮经营模式和动车组餐饮供餐模式。

相关知识

一、动车组餐饮经营模式

动车组餐饮经营模式根据铁路运营企业的介入程度可以分为自主经营、委托经营和自主经营与委托经营相结合三种方式。

（一）自主经营

自主经营是指铁路运营企业成立专门的配餐企业全程承担餐食采购、生产、配送、销售和回收等各项工作。这种经营模式使配餐企业对食品采购、制作、配送到销售的全程负责。铁路运营企业掌握整个配餐流程的作业情况，有利于对食品安全进行监督和控制。此种经营模式初期投资较大，业务涉及比较琐碎，需要引进各种人才，不利于企业的专业化分工。

（二）委托经营

由于铁路系统缺乏规模化、专业化、标准化的食品生产经验，不熟悉配餐的产业化制作流程和国家食品卫生标准的要求细节。采取委托专业公司经营餐饮业务的经营方式可以借助专业公司的力量，快速地投入生产运营，减少经营管理的压力。从长远来看，采取委托经营后，餐饮的经营由专业公司负责，如果专业公司撤出需要再找新的公司来接替，生产经营存在波动风险。高速铁路餐食配送业务可以采取业务外包的方式，采用外包的方式可以减少在专业运输中车辆、维修、配送员的开支。根据配送外包范围可以将外包形式分为大外包和小外包。大外包，即食品从成品库出库到配送上列车的配送业务全部外包。将配送业务部分外包，即小外包，小外包只将食品从成品库出库到配送至车站周转库的配送业务外包。在生产基地已经采取委托经营的情况下，可以将配送业务一起委托给生产基地。

（三）自主经营与委托经营相结合

配餐企业也可以采取部分业务自主经营和部分业务委托经营的方式。配餐基地的餐食生产业务和配送业务比较适合委托专业公司运作。配餐公司根据高速铁路每个车次餐饮需求的品种和数量向基地订购。客运段旅客服务车间规模小，主要从事列车餐车经营。

二、配餐基地业务

如果采用专业配餐公司和铁路部门共同经营的方式，配餐公司和铁路部门应当各取所长，配餐基地应该由专业化配餐公司经营，负责餐料采购、食品加工和食品运输。

餐料采购：配餐公司在餐食服务领域经验丰富，应当负责配餐餐食的原料、半成品和成品的采购。餐料采购要对供应商及其产品进行严格的评审和检验，只使用评审合格的供应商供应的检验合格的原料。

食品加工：配餐基地的餐食生产、加工环节都需要在配餐基地完成。高速铁路配餐基地由于是铁路部门与专业配餐公司共同出资建设，其专业化程度也很高。配餐基地的餐食加工能力、设施面积、设备状况、职工素质等各方面可以适应大规模配餐加工制作要求，而且有更强的地面保障支持，可以满足高速列车供餐规模化、专业化的发展要求。配餐基地对整个生产流程、卫生标准等都有不同的要求。例如，北京动车组配餐基地将餐食粗加工区与热、冷链的生产区分开，并将制作完成的餐品分类包装。

生产基地的冷链菜品制作完成时，菜品先进行室温冷却，每盒高铁套餐在通过包装机覆膜时，空调气压机会抽出盒饭内空气中的氧气、二氧化碳等，然后充满氮气保证食物不变质。在通过空调气压机封膜、金属探测仪安全检测后在盒饭标签上注明生产日期、保质期、盒饭名称，盒饭就会被放入速冻机降温，瞬间冷却至 6 ℃以内。之后由专用电梯输送至冷库储存，最终由冷藏车配送到动车组上，这一系列过程保证了食品的新鲜度。

食品运输：食品生产后配餐基地将生产好的餐食使用专业的运输工具运送到车站食品仓库的过程。食品运输属于配餐作业的后台业务，适合让配餐基地经营。

三、动车组餐饮供餐模式

我国常用的高速铁路供餐模式有冷链、热链、常温链三种。

1. 冷链供餐

冷链餐食，是将盒饭的主食和菜肴烧煮后充分冷却（在 2 h 内须使中心温度降至 10 ℃以下），并在中心温度 10 ℃以下的条件下分装、储存、运输，食用前须加热至中心温度不低于 70 ℃的盒饭。习惯上将这种在厨房内一直处于冷藏状态，在食用前快速加热达到一定温度食用的快餐食品称为冷链食品。此类食品需要车下配送设备与车上临时储存设备具有冷藏能力，食品加热后，需要保温存储设备。

冷藏盒饭送上车后装进餐车冷藏箱，保存温度为 0～4 ℃，给旅客供餐前放进微波炉或烤箱进行加热一定时间，再给旅客食用。

由于冷链供应的盒饭口味好、营养搭配均衡、价格合理，适用于列车运营两个小时后开始供餐的情况。

2. 热链供餐

热链餐食，是指主食和菜肴烧煮后加热保温，在食用前中心温度始终保持在 60 ℃以上的盒饭。习惯上让这种食品在厨房内一直处于保温状态，在食用前不需加热即可食用的快餐食品称为热链食品。它需要车下配送设备与车上临时储存设备具有保温能力，食品存储供餐前始终处于保温状态。热链供应的盒饭口味一般，保存时间短，并且需要连续高温保存，但是对食品加热设备需求小，节省能源。此种供餐方式适用于列车运营后立即开始供餐的情况。

3. 常温链供餐

常温链餐食是指主食和菜肴盛装于密闭容器中经高温灭菌，达到商业无菌要求，可在常温下保存的餐食。习惯上将这种在厨房内一直处于常温状态，在食用前快速加热达到一定温度食用的快餐食品称为常温链食品。它对车下配送设备与车上临时储存设备没有特殊要求，保质期甚至可以达到半年以上，因此在国外应用得比较广泛，但是国内研究学者发现，这种方法在我国的技术还不够成熟，储存的产品存在安全隐患，因此其推广受到限制。常温链供应的盒饭口味差，对厨房设备加热能力要求高，因此常温链供餐方式只作为应急的备用方式。

目前，动车组主要以冷链配餐方式为主，常温链配餐方式为应急方案。冷链食品始终处于低温环境中以保证质量安全，当旅客需要食用时，经过加热处理便可以供应。常温链的食品主要作为备用，以应付突发情况。动车组网络订餐大多采用热链供餐方式。

冷链供应的盒饭是采用传统中餐烹饪方法加工出来的新鲜米饭、肉食和蔬菜所构成的快餐食品，经过快速降温冷藏后，基本保持食品刚加工好时的新鲜程度。盒饭在冷藏箱内存储，保存时间通常为 24 h，饭菜口感好，符合大多数中国人的餐食口味。如果热链供应的盒饭能够即时食用，其口味要优于冷链供应的盒饭。由于在动车组的实际供餐过程中，会受到动车组运营时间段和其他条件的限制，难以做到即时食用，加上热链盒饭需要连续高温保存，容易腐败，因而实际上热链供应的盒饭口感不及冷链盒饭。

常温链供应的盒饭保存时间较长，一般为 3～6 个月，与罐头食品有相似之处，饭菜口感差，不符合大多数中国人的餐食口味。

素质拓展

党的二十大指明了我国未来经济的发展方向和奋进思路。二十大报告指出：“推动国有资本和国有企业做强做优做大，提升企业核心竞争力。优化民营企业发展环境，依法保护民营企业产权和企业家权益，促进民营经济发展壮大。完善中国特色现代企业制度，弘扬企业家精神，加快建设世界一流企业。支持中小微企业发展。深化简政放权、放管结合、优化服务改革。构建全国统一大市场，深化要素市场化改革，建设高标准市场体系。”

铁路餐饮服务企业应不忘初心，在铁路餐饮领域深耕细作，不断探索创新，在党的二十大精神指引下，以成为全球知名交通餐饮供应企业为目标，坚持把铁路餐饮工作做到实处，提高旅客的幸福感，积极发挥铁路餐饮品牌的带动作用，助力中式餐饮的标准化现代化发展，做到不负使命、不负时代。同时为适应市场的新发展、新需求，在线上线下零售渠道进行销售，让高品质美食走出列车，走进千家万户。

复习思考题

1. 简述餐饮经营涉及的法律法规。
2. 简述餐饮服务质量的特点。
3. 简述餐饮需求的类型。
4. 简述餐饮营销组合的具体内容。

5. 简述餐饮成本所涉及的内容。

实训安排

实训项目：动车组餐饮服务的法律法规调查

【实训目标】

（1）理解法律法规在动车组餐饮服务中的实际应用领域。

（2）会用法律武器维护消费者权益和餐饮从业人员自身的权益。

【实训内容与要求】

（1）以小组为单位。

（2）对动车组餐饮服务中存在的问题进行分析。

（3）针对存在的问题，收集相关资料，利用相关法律法规拟定解决方案。

【实训成果与检测】

每位学员写一份简要的书面分析报告并进行一次交流与讨论，教师根据分析报告与讨论表现为每位学员评估打分。

项目四

动车组餐饮基础服务

思政目标

● 通过了解铁路餐饮设施设备的发展，体会铁路事业的飞速发展。

引导案例

铁路餐饮设施设备的变迁

从“饭菜足量”到“粗菜细做”，从“细菜精做”到“高铁厨房”供餐模式，弥漫油烟的煤餐车变为现代化的“高铁厨房”，列车餐饮设施设备也紧随时代脚步不断进化。20 世纪 80 年代铁路餐饮设施设备如图 4-1 所示。

(a) 列车餐车

(b) 餐车服务员正在为旅客上菜

(c) 餐车服务员正在车厢售卖盒饭

图 4-1　20 世纪 80 年代铁路餐饮设施设备

20 世纪 90 年代铁路餐饮设施设备如图 4-2 所示。

(a) 餐车布置

(b) 烧煤餐车厨房

图 4-2　20 世纪 90 年代铁路餐饮设施设备

(c) 餐车自助餐

图 4-2 20 世纪 90 年代铁路餐饮设施设备（续）

21 世纪铁路餐饮设施设备如图 4-3 所示。

(a) 餐车布置

(b) 电餐车厨房

(c) 动车组餐车吧台

图 4-3 21 世纪铁路餐饮设施设备

任务一 动车组餐车的设施设备

知识目标

- 了解动车组餐车基本设备；

● 了解动车组餐车厨房设备操作。

技能目标

● 能够从动车组厨房设备布置、微波炉操作、冷藏箱、展示柜、保温箱、电开水炉等多个方面学习厨房设备的操作知识。

相关知识

动车组餐车如图 4－4、图 4－5 所示。

图 4－4　动车组餐车 1

图 4－5　动车组餐车 2

一、动车组餐车基本设备

（一）洗池模块

动车组餐车洗池模块如图 4－6 所示。

动车组餐车厨房侧墙侧设有洗池柜，洗池柜为整体式，设置外装式水龙头；洗池柜内一端设置 40 L 抽屉式垃圾箱，另一端嵌有消毒柜；洗池柜台面上设有电开水炉，为厨房提供开水；洗池柜上部设有吊柜（见图 4－7），用于厨具和物品的存储，吊柜下表面设有照明用 LED 灯；厨房侧墙侧设有 500 W 和 1 400 W 两个备用插座。

图 4－6　动车组餐车洗池模块

图 4－7　吊柜

（二）加热区橱柜及微波炉、小推车模块

动车组餐车厨房内设有微波炉柜（见图 4－8），用于放置微波炉，柜体下部为储物柜，上部为小吊柜，吊柜内设有微波炉散热用风机，微波炉后侧设有隔热板；厨房端部设有小推车柜，上部为储藏柜，柜体下部设有两个小推车；小推车高 970 mm、长 620 mm、宽 300 mm，置于小推车柜下部，小推车采用铝合金制作，前后均设门，上面设饮料存放架，内部设隔板用于餐食盒饭的存放，小推车滚轮设脚踏锁定和解除功能，小推车四个角设置防撞角；厨房内设有 4 个微波炉，置于微波炉柜中，用于食品的快速加热。

小推车如图 4－9 所示。

图 4－8 微波炉柜

图 4－9 小推车

（三）冷藏、展示及保温模块

冷藏柜的冷藏温度可在 2～8 ℃间调节，冷藏柜采用整体式独立制冷系统，设电子式温度控制器，电子式温度控制器安装在冷藏柜上部挡板上，接线盒设在柜体上部。

冷藏柜如图 4－10 所示。

图 4－10 冷藏柜

厨房展示柜为独立制冷系统的整体式；展示温度可在2～8 ℃间调节，内部设LED照明，展示柜设电子式温度控制器，电子式温度控制器安装在展示柜上部挡板上，接线盒设在柜体上部。

展示柜如图4－11所示。

厨房保温柜的保温温度可在60～110 ℃间调节，用于保存加热后的食品，保温柜设电子式温度控制器，电子式温度控制器安装在保温柜上部挡板上，接线盒设在柜体上部。

动车组餐车工作区如图4－12所示。

图4－11 展示柜

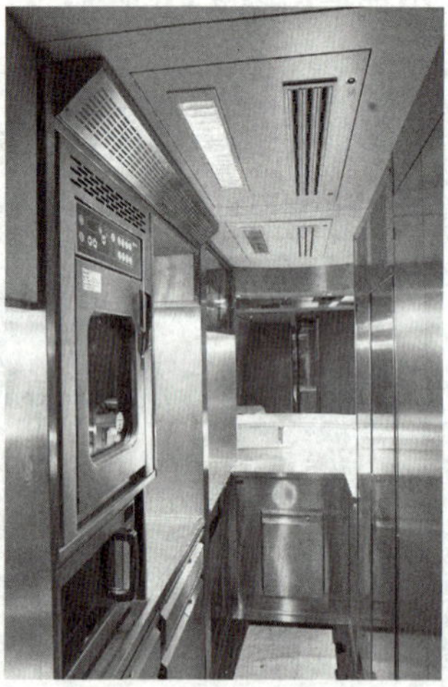

图4－12 动车组餐车工作区

二、动车组餐车电气设备安全操作

（一）动车组餐车电器设备使用要求

（1）电气化厨房设备的安全操作，直接影响到人身安全、设备的可靠性及使用寿命。因此，设备操作人员必须经过操作培训，并经考试合格后才能上岗操作。

（2）动车组运行过程中随车机械师应对电气化厨房设备进行定时巡视，发现使用人员未按安全操作规定使用设备时，应及时予以制止和纠正。

（3）在使用餐车电气化厨房设备操作前，应先确认电源控制柜技术状态，各设备开关是否在正常位，指示灯显示是否正常。

（4）动车组运行过程中和入库停留期间，在无人操作设备时，应及时将各设备开关关闭或放置在零挡位，切断电源控制柜总电源，锁闭电源柜，做到人走电断，防止发生意外。

（5）电气化厨房设备必须在明显位置粘贴操作说明和安全操作规程。

（6）动车组餐车内使用的电器，不能超过列车规定的额定功率。餐饮公司不得擅自增大用电设备的功率以防过载。

（7）动车组餐车配备的冰箱、电烤箱、微波炉、电磁炉等电器及各车厢的电开水炉插座、插头应安装牢固，保持清洁，周围不得放置杂物。

（8）厨房设备只能采用棉布蘸水（洗涤剂）清洁，不得使用金属工具刷扫。

（9）安全使用电源，正确使用电器设备。电器元件安装牢固，接线及插座无松动，按钮开关、指示灯作用良好；不乱接电源和增加电器设备，不允许超过负载。配电室（箱）、电气控制柜锁闭，禁止堆放物品。不用水冲刷车内地板、连接处和车内电器设备。

（二）消毒柜安全操作

（1）不得用水冲洗消毒柜。

（2）将餐具洗净后才能放入柜内消毒。放入餐具后，应将门关紧，并检查门是否关好。

（3）使用中不得触摸门体玻璃表面，以免烫伤。消毒柜工作结束，不得立即触摸消毒物品，需经 20 min 冷却后方可拿取消毒物品。

（4）在消毒过程中，柜内有高浓度臭氧，如突然断电，不得打开柜门，以防臭氧对人体造成伤害。

（5）清洁、保养消毒柜时应切断电源。不得使用汽油、酒精及其他有机溶剂和去污粉。紫外线灯管或臭氧发生器严禁进水。

（6）使用中出现异常和发生故障时，需及时向随车机械师反映情况。在确认设备状态良好后，方可继续使用。

（三）微波炉安全操作

微波炉如图 4－13、图 4－14 所示。

图 4－13 微波炉 1

图 4－14 微波炉 2

1. 微波炉主要功能

1）烹调方式

微波炉设有手动烹调和程序加热烹调两种模式，既能满足灵活性，又能快捷便利地用于相同加热情况的操作。

2）分段烹调

微波炉具有一、二、三段烹调的功能，提前设置不同的烹调方式，微波炉即可按照预设方式加热。

3）记忆烹调

微波炉可设置 20 个烹调记忆程序，可将加热功率和时间编排在以数字为代码的烹调记忆程序中，使用时可直接使用已设置好的烹调记忆程序。

4）一键启动

只需按一下预先设置好的烹调方式按钮，微波炉便可开始工作。

5）工作显示

微波炉工作过程中，随时能显示当前的工作状态。

6）自我诊断

微波炉能始终监视自身的工作，出现故障时能显示出来，并在使用一定的时间后提醒用户做维护、清理工作。

7）声响

微波炉带有声音，能在工作结束时提醒工作人员，声响的音量和长度都可调节。

2. 微波炉各按钮操作

微波炉示意图如图 4－15 所示。

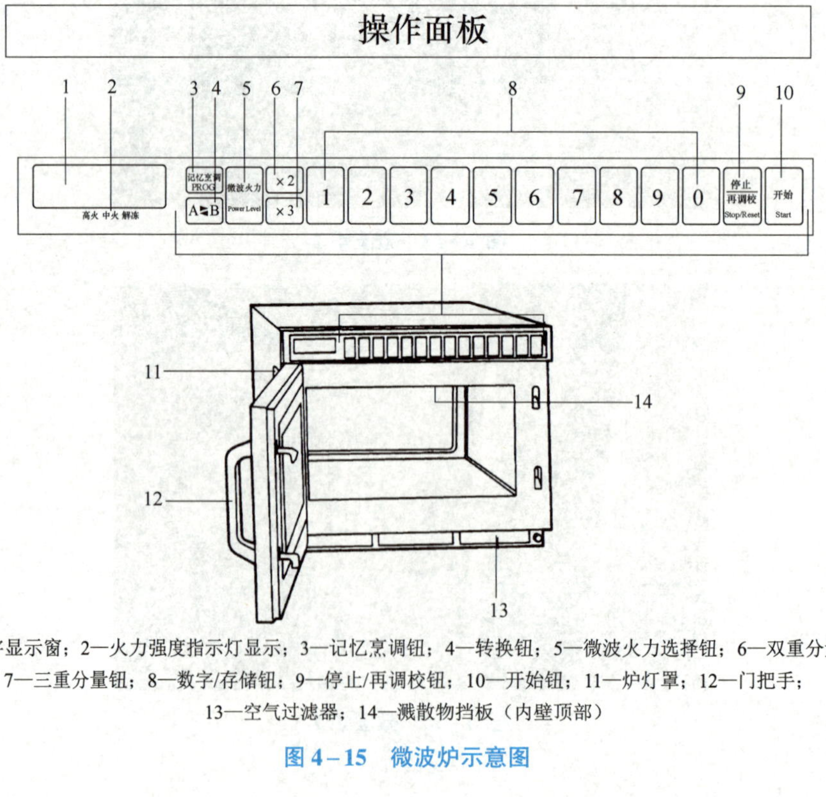

1—数字显示窗；2—火力强度指示灯显示；3—记忆烹调钮；4—转换钮；5—微波火力选择钮；6—双重分量钮；7—三重分量钮；8—数字/存储钮；9—停止/再调校钮；10—开始钮；11—炉灯罩；12—门把手；13—空气过滤器；14—溅散物挡板（内壁顶部）

图 4－15 微波炉示意图

微波炉显示屏如图 4－16 所示。

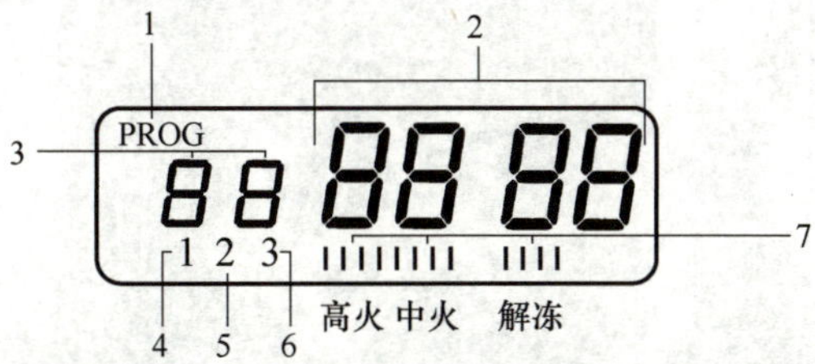

1—烹调记忆程序显示；2—烹调时间显示（分，秒）；3—烹调记忆程序数字代码显示；
4—一段烹调指示灯；5—二段烹调指示灯；6—三段烹调指示灯；7—火力强度指示灯

图 4－16　微波炉显示屏

3. 微波炉安全操作要点

（1）微波炉烹调时不得使用金属网架及其他金属和带金、银边的器皿，仅可使用陶瓷、耐热玻璃、耐热塑料等器皿。

（2）烹调前应先放入转盘支承及玻璃转盘，再将盛好食物的器皿放在玻璃转盘上进行烹调。

（3）不得直接加热装在密封容器内的液体和其他食物，以免发生爆炸。使用保鲜纸进行食物烹调时，需将保鲜纸一角摺上，使蒸汽可以逸出。

（4）当食物在塑料、纸或其他可燃材料制成的简易容器中加热或烹调时，应随时注意，防止起火。

（5）烹调少量食物时，要多观察，防止过热起火。不得用微波炉煎、炸食物。微波炉内无食物时，不得使微波炉空转，以免损坏设备。

（6）从微波炉内拿出食物和器皿时，应当使用锅夹或戴上隔热手套，以免高温烫伤。

（7）烹调过程中发生冒烟或起火现象时，应立即切断电源，不得立即打开炉门，避免空气进入而加大火势。

（8）微波炉内禁止加热不符合微波炉烹饪要求的食品。不得加热和存放任何物品。

（9）微波炉炉门或门封损坏及设备出现异常时，需及时反映情况，不得继续使用。

（10）不得用水直接冲洗微波炉，以免发生危险；不得堵塞微波炉进风口，必须保证通风良好；注意保护微波炉面板，防止重力碰撞。

（11）使用时，必须有专人操作并看守，关闭炉门后，再启动微波炉；操作完毕后，应先将火力调节旋钮放置于零挡位，再关闭供电电源；每次工作后应清洁炉体，防止任何液体侵入机器内部，造成电气短路，损坏微波炉；使用完毕，立即拔下电插座，使微波炉处于断电状态。

用微波炉加热盒饭如图 4－17 所示。

（四）电冰箱安全操作

（1）电冰箱必须由经过培训的人员进行操作。

（2）必须严格执行交接制度。接班人员需确认电冰箱状态良好后，方准进行正常操作。

（3）应避免频繁启动电冰箱，每两次启动电冰箱时间间隔不得少于 5 min，使用中避免长时间开启电冰箱门。

图 4－17 用微波炉加热盒饭

（4）箱内存放物品，应在内腔四周留出不少于 3 cm 的空隙。存放物品时，应轻拿、轻放、轻开、轻关。

（5）电冰箱不得冷藏过热物品。应使过热物品在箱外自然冷却达到室温后，方可放入箱内。

（6）蒸发器若冰层较厚，不得用敲击方法解开冰块，必须停机，待冰块完全融化后，再启动使用。

（7）应定期清除电冰箱内污物，保持电冰箱排水孔畅通。

（8）发生设备故障时，应首先切断电源并及时通知随车机械师，不得擅自拆卸电冰箱配件和打开控制箱。确认故障排除后，方准继续使用。

（五）电磁炉安全操作

（1）不能用水直接冲洗电磁炉，以免发生危险。

（2）不得堵塞电磁炉进风口，须保证设备通风良好。

（3）电磁炉有锅具自动识别功能，要使用含有导磁性材料的锅具，且与电磁炉匹配。否则，将影响热效率甚至不能工作。

（4）注意保护电磁炉面板，防止重力碰撞。不得将空锅放于电磁炉上，避免因误操作导致空锅干烧，影响产品性能，引起火情。

（5）不得使用电磁炉油炸食品。

（6）不得将铁片及罐头类密封物品放置在电磁炉面板上直接加热，避免其因高温受热膨胀而造成危险。

（7）指示灯常亮时，表示工作正常；若指示灯闪烁：

① 表示锅具不能被识别，此时要慢慢调节挡位直到工作；

② 如电磁炉因电源超电压、过热而进入自动保护状态，须待数分钟后方可使用。

（8）工作时或锅体移开一段时间内，台面仍有余热，请勿用手触摸台面，小心烫伤。

（9）操作完毕后，应先将火力调节旋钮放置于零挡位，再关闭供电电源。

（10）每次工作后应进行清洁，防止任何液体侵入机器内部，造成电气短路，损坏电磁炉。

（六）电开水炉安全操作

（1）动车组餐车电开水炉必须由经过培训的人员进行操作。

（2）必须严格执行交接制度。接班人员需确认电开水炉状态良好后，方准进行正常操作。

（3）操作时，首先确认电开水炉供水系统各阀门状态良好，位置正确，开水炉内不缺水方可合闸供电。电开水炉在使用期间，操作人员需随时监视其工作状态，离开时应将电开水炉断电。

（4）正常情况下，应将控制开关放置在正常使用位，同时严密监视电开水炉水位。当水位过低或听到报警时，应立即切断电源。

（5）发生设备故障时，应首先切断电源并及时向车辆乘务员反映情况，不得擅自拆卸电开水炉配件和打开控制箱。确认故障排除后，方准继续使用。

（6）应经常保持电开水炉清洁，严禁用水冲刷炉体。不得在电开水炉上堆（存）放各种杂物。需保持电开水炉排水系统清洁、通畅。

电开水炉如图 4－18 所示。

图 4－18　电开水炉

三、动车组餐车餐具管理

（一）餐具的使用与保管

1. 餐具的使用

（1）使用餐具时必须轻拿轻放，要注意车身摇晃，站稳拿牢，以减少破损。

（2）茶杯、酒杯应分别使用，分别存放，并要保持干净。擦抹玻璃杯时，不得以手直接接触杯体内外，应以擦碗布裹住杯体的内外，然后左手握住杯底，右手拇指在杯外，其余手指在杯内，转杯擦抹，擦后扣放在固定地点（下部应有洁白的垫布）。

（3）餐后，必须将餐具（筷、刀、勺、叉、酒具、茶具）冲净、消毒。动车组餐车由于条件所限，可用药物消毒，坚持一用（客）一消毒。西餐叉必须将叉缝内不洁之物擦掉，然后洗刷、消毒，擦干后方能使用。

2. 餐具的保管

（1）餐具保管必须专人负责，按不同性质分类进行保管，外宾及少数民族用的餐具要单独保管。餐具放置时必须有固定地点，考虑到车身摇晃，易碎品不要叠得过高，要放置在稳妥地点。换班交接时，要清点数量，认真交接。

（2）金属餐具，在保管时应放在干燥的地方，不沾水、不受潮，长期保存时，应涂油或撒上滑石粉，以防生锈。

（3）餐具使用后，必须彻底洗刷、消毒，擦抹干净后才能分类保管于固定地点，以避免污染及生锈并方便下次使用。

（二）餐具消毒

餐具消毒关系到旅客的身体健康，是防止“病从口入”的重要措施，也是动车组餐饮服务人员为旅客服务的重要内容，一定要把这项工作做好。

餐具消毒方法可分为物理方法和化学方法两大类。

1. 物理方法

（1）煮沸消毒。在 100 ℃的沸水中煮 3～5 min，可杀灭微生物繁殖体。煮沸消毒适用于餐饮具、茶具、酒具的消毒。

（2）蒸汽消毒。使用 100 ℃以上的高温蒸汽可杀灭微生物繁殖体。蒸汽消毒常用于管道、容器设备及食品的消毒，蒸汽消毒简便实用，但热能消耗大。高压蒸汽灭菌，由于使用了较高的压力和温度，灭菌效果比较好。

（3）干烤消毒。用 120～180 ℃的干热空气加热物品，可杀灭微生物。干烤消毒多用于不耐湿的物品消毒。

（4）红外线消毒。红外线消毒适用于物体表面消毒。

（5）巴氏消毒法。巴氏消毒法可分为低温 63 ℃（持续 30 min）和高温 80～90 ℃（持续 30～60 s）两种。为提高效率，缩短加热时间，减少对餐具的影响，多采用后一种方法。近年来发明了高温瞬间消毒法，即加热到 130～150 ℃（持续 0.5～2 s），细菌几乎全部被杀灭。

（6）紫外线消毒。紫外线是低能量的电磁辐射，杀菌力强，多用于食品车间、冷菜间和饮用水消毒。

2. 化学方法

理想的化学消毒剂，杀菌效果可靠，性质稳定，毒性低，来源充足，价格低，为人们普遍接受。

（1）使用含氯制剂。含氯制剂须用水配制并避光保存，其用于餐具、酒具、茶具及果蔬消毒。

（2）使用过氧化物制剂。采用擦拭、喷洒等方式使用过氧化制剂进行消毒，适用于瓜果蔬菜、餐具、茶具、酒具、容器、生产环境及工作人员手掌的消毒。

（3）使用醇美消毒剂。醇美消毒剂多用于餐具、从业人员手部的消毒。

3. 餐具清洗、消毒程序

（1）清：将剩余在餐具内的食物残渣倒入废物桶内。

（2）洗：将刮干净的餐具用加入适量洗涤剂的水清洗干净。

（3）冲：用流动的清水将附在餐具上的洗涤剂冲洗干净。

（4）消毒：使用合适的消毒方法进行消毒。

4. 餐具消毒注意事项

（1）餐具消毒后，不要用不洁抹布擦拭，以免遭受新的污染。

（2）消过毒的餐具要存放在具备防蝇、防尘功能的橱柜内。

（3）使用含氯制剂消毒，必须保证一定的有效氯含量，消毒液才能达到应有的效力。

（三）托盘

1. 托盘的种类

（1）按制作的材料分类，托盘可分为塑料托盘、金属托盘和胶木托盘。胶木托盘最佳，其特点是防滑、耐用、防腐、轻便。

（2）按规格分类，托盘可分为大、中、小三种规格托盘。

（3）按形状分类，托盘可分为长方形托盘和圆形托盘两种。

长方形托盘如图 4－19 所示。

图 4－19　长方形托盘

圆形托盘如图 4－20 所示。

图 4－20　圆形托盘

2. 托盘的使用

大、中型圆形托盘一般用于摆台、托送酒水等。大、中型长方形托盘常用于传菜、托送盘碟等较重物品。小型托盘主要用于递送账单、信件和小礼品等。托送物品时，应根据物品的不同选用不同规格的托盘，以利于餐饮工作的规范化和服务质量的提高。使用托盘的动作分轻托和重托两种。

1）轻托

轻托又称胸前托，主要用于托送较轻的物品和对客服务，所托物品一般在 5 kg 以内。

（1）轻托的动作要领。

用左手托盘，端托时大臂自然下垂，小臂向上弯曲与大臂呈 90° 垂直状，左手掌伸平，掌心向上，五指分开伸直，以大拇指指端到手掌根部和四指托住盘底，手掌自然形成凹形，掌心不与盘底接触。

（2）轻托的服务应用。

轻托适用于端托体积较小、质量较轻的物品，多用于摆台、上菜、斟酒、递送账单等。

（3）轻托的注意事项。

① 轻托时要用左手。除了在起、落台时用右手帮助扶托外，行走时禁止用右手帮助扶托。端托时需注意安全。

② 轻托时，所托物品要避开自己的鼻口部位，也不可将所托物品置于胸以下位置。

③ 轻托时，要掌握正确姿势。做到站稳、端平、托举到位、高低适中。

④ 卸盘时，要注意保持平衡。如要放下托盘，应把托盘小心放到一个已经选择好的平面处，不可在没有放好托盘之前急于取下物品，以免翻盘。

2）重托

重托又称肩上托，用于对较大且较重的物品进行端托。

重托的动作要领：用左手托盘，伸开手掌，掌心向上，平托住托盘底部的中心，在托起的同时转动托盘，使托盘在向左旋转过程中送至左肩外上方，左手指尖向后，托盘距肩 2 cm。手指指尖向前伸、向左伸均属端托不到位。

重托一般常用于餐厅传送菜肴、盘碟等物品。目前使用重托的已不多，递送重物一般用小推车，既安全又省力。

3. 托盘行走步伐

（1）常步：步距均匀，快慢适中，为平常行进的步伐，主要在餐车日常服务中使用。

（2）疾步：步距较小，步速较快但不能跑，以免汤汁外溢或影响菜形，主要在托送火候菜或急需物品时使用。

（3）碎步：步距较小，步速较快，上身保持平稳，主要在端送汤类菜肴或托较重物品时使用。

（4）垫步：当需要侧身通过时，左脚侧一步，右脚跟一步，主要在穿行列车餐车狭窄的过道，或传送物品到餐桌前，欲将所托物品放于餐桌上时使用。

（5）巧步：在列车运行时，动车组餐饮服务人员端举托盘行走时，突然遇有意外或障碍时使用。

任务二 动车组餐车车容整理

知识目标

- 掌握动车组餐车中餐摆台要求；
- 掌握动车组餐车西餐摆台要求。

技能目标

- 能够独立完成动车组餐车摆台工作；
- 能够独立折餐花。

相关知识

一、中餐摆台

摆台又称铺台、摆桌，是将餐具、酒具及辅助用品按照一定的规范，整齐、美观地铺设在餐桌上的操作过程，具体包括餐台排列、席位安排、餐具摆放等内容。摆台要求做到清洁卫生、整齐有序、放置得当、方便就餐、配套齐全。

（一）中餐台面设计

1. 餐台设计的基本要素

① 餐车环境；② 餐车座椅；③ 餐具；④ 餐台设计的辅助用品（包括台花、台牌、台布、烛台等）。

2. 餐台设计原则

① 实用性；② 美观性；③ 界域性；④ 礼仪性；⑤ 卫生性；⑥ 安全性。

3. 餐台形式设计

（1）餐台形状有圆形（花坛式、花环式和古典式三种）、方形、矩形之分。

（2）传统中餐台面类型及布置分为普通宴台面、婚庆宴台面、生日寿庆宴台面、商务宴台面、升学宴台面等。

4. 餐台台面造型设计内容

餐台台面造型设计内容包括台布、餐具、餐花、插花、菜单、台号、座位牌等。

素质拓展

中餐宴会席位设计内容

受到动车组列车内餐饮经营面积的限制，动车组餐车内只有少数 6 人位、4 人位、2 人位餐桌（动车组餐桌见图 4-21），有的动车组车型甚至未设餐桌（未设餐桌的动车组餐车见图 4-22），因此就目前而言，动车组餐车基本不存在宴会席位设计问题，但从素质拓展角度而言，相关从业人员对中餐宴会席位设计应有一定的了解。

图 4-21　动车组餐桌

图 4－22　未设餐桌的动车组餐车

中餐宴会摆台席位安排：通常以 10 人为标准，选用直径 1.8 m 的圆台。确定主人席位应根据餐厅具体环境而定。一般主人位应在面朝餐厅门正中位置，或餐厅里最突出醒目的位置，或重要装饰面的面前正中位置。主宾的位置安排在主人席位的右侧，以示对主宾的尊重；副主人的位置安排在主人位的对面，便于主人、副主人招待好整个餐桌两边的客人。多桌宴要注意突出主桌。

就一张餐台的具体座位来说，目前中餐通行的规则是：主人座于上方的正中，主宾在其右，副主宾居其左，其他与宴者依次按从右至左、从上向下排列。

（二）摆台前准备工作

（1）查看物品数量、卫生情况，将物品进行必要的整理。

（2）餐具清洗。

（3）擦拭餐台桌面，达到清洁的要求。

（4）物品整理，按照物品铺设或摆放的先后顺序、高低和使用方便性进行整理、摆放。

（5）保持个人卫生，特别是手部清洁卫生。

（6）检查餐具、玻璃器皿是否有破损、污迹及手指印，是否清洁、光亮；检查台布是否干净，是否有破损、褶皱等。

（三）台布的铺设

台布，又称桌布，主要起保洁、装饰、方便服务的作用，是摆台必备的物品之一。台布的规格及色泽的选择，应与餐台的大小、就餐环境的风格协调一致。

1. 台布的种类

台布的种类很多，因纯棉台布吸湿性能好，所以大部分情况下均使用纯棉提花台布，此外还有印花、绣花、织锦等棉质台布；台布的图案有团花、散花、工艺绣花及装饰图案等；台布的颜色有白色、黄色、粉色、红色、绿色、蓝色、紫色，等等，但多数选用白色。选择台布的颜色，要与环境相协调。台布的形状大体有四种：正方形、长方形、圆形及异形。正方形常用于正方台或圆台，长方形则多用于西餐长方台，圆形台布主要用于中餐圆台。裙布通常与台布配合使用。

2. 台布的规格

台布的规格有多种，经常使用的如下。

（1）140 cm × 140 cm，可供 2 人餐桌使用，适用于 90 cm × 90 cm 的正方台。

（2）160 cm × 160 cm，可供 2～4 人餐桌使用，适用于直径 100 cm 的圆台，或 110 cm × 110 cm 的正方台。

（3）180 cm × 180 cm，可供 4～6 人餐桌使用，适用于直径 150 cm 或直径 160 cm 的圆台。

（4）200 cm × 200 cm，可供 6～8 人餐桌使用，适用于直径 170 cm 的圆台。

（5）220 cm × 220 cm，可供 8～10 人餐桌使用，适用于直径 180 cm 或直径 200 cm 的圆台。

（6）240 cm × 240 cm，可供 12 人餐桌使用，适用于直径 220 cm 的圆台。

（7）260 cm × 260 cm，可供 14～16 人餐桌使用，适用于直径 240 cm 的圆台。

除了以上正方形台布还有长方形台布，如 160 cm × 200 cm、180 cm × 300 cm 等不同规格。这类台布适用于长方台，可根据餐台的大小形状选用不同数量的台布，一块不够用时可随意拼接。在拼接时注意将接口处接压整齐。

3. 台布铺设准备工作

台布铺设是将台布舒适平整地铺在餐桌上的过程。

铺台布之前，如果是圆桌，应将所需餐椅按就餐人数摆放于餐台的四周，使之呈三三两两的并列状；如果是正方桌则要视情况将餐椅规则摆放。然后餐饮服务人员应将双手洗净，并对准备铺用的每块台布进行仔细检查，发现有残破、油液和皱褶的台布则不能继续使用。选择熨烫整洁的与餐桌大小相配套的台布、裙布后，检查餐桌是否稳固，位置是否合适，如果餐桌不稳，应加以调整。

4. 铺设方法

铺台布时，双手将台布打开并提拿好，身体略向前倾，运用双臂的力量，将台布朝主人座位方向轻轻地抛抖出去。在抛抖过程中，做到用力得当，动作熟练，一次抖开并到位。

铺台布的基本程序是：准备物品、拉椅、站位、打开台布、合拢/折叠/提起/上肩、铺出/撒出、拉/抖、定位八个步骤。

5. 注意事项

（1）铺台布时，台布不能接触地面，拿捏在拇指和食指中的台布要适当，提、铺、抖时的距离要得当，用力不可过猛，或软弱无力。

（2）台布中间折痕的交叉点应正好在餐台的中心处，台布的正面凸缝朝上，中心线直对台面中心，四角呈直线下垂状，下垂部分距地面距离相等，铺好的台布应平整无皱纹。

（3）台布向自身拉回时，注意快慢得当，防止回拉过多，否则难以前后调整。

（4）铺好的台布应平整、无皱纹、无污渍。

（5）铺设台布过程要自然、大方、轻松、潇洒、刚柔并济、动作优美，面带微笑。

（6）正方桌的台布铺法基本同圆桌。

6. 裙布的铺设

把折叠的裙布抱在左手臂上，右手扶桌裙的边缘沿顺时针方向用尼龙搭扣或夹子将裙布边固定在餐桌的边缘。

每一个折皱相隔 5 cm 左右，距离均等；折皱下垂部分均等；接缝不能对着主位，可在陪同位之间；要求围好的裙布上边缘与桌面平齐。一般要求在 3 min 内完成一张餐台的裙布铺设工作。裙布的选择要与台布、就餐气氛等一致。

7. 台布的熨烫

清洗后的台布要熨烫，铺设好台布后，也要熨烫，一般使用便携式熨斗、台式熨斗进行熨烫。

素质拓展

上转盘芯和转盘

（1）对于一体式转盘，先将转盘搬到餐台上，用滚动的方法调整位置；也可以用掀动的方法调整，具体步骤：① 放圆形滑轨，要求其中心点与台布中心点对准。② 将转盘摆在桌面中央的圆形滑轨上，转盘中心与餐桌、台布、滑轨中心对准；③ 转盘边缘离桌边均匀，误差不超过 1 cm；④ 检查转盘是否旋转灵活。

（2）对于分开式转盘，先将转盘芯置于餐台正中，然后将转盘放于转盘芯正上方，调整转盘的位置，再检查转盘的灵活程度。

（四）中餐宴会摆台的程序与标准

中餐摆台就是在餐台上摆放各种餐具的过程。中餐餐台通常摆放的餐具、用具有骨碟、勺垫、瓷勺、筷子架、筷子、各种中式酒杯、牙签盅、烟灰缸等。

1. 摆台要求与标准

（1）摆台操作前，应将双手进行清洗、消毒，对所需的餐、饮用具进行检查，不得使用残破的餐、饮用具。

（2）餐、饮用具的摆放要相对集中，各种餐、饮用具要配套齐全；摆放时距离相等，图案、花纹要对正，做到整齐划一，符合规范标准；做到既清洁卫生，又有艺术性；既方便宾客使用，又便于餐饮服务人员服务与操作。

2. 摆台需要的餐、酒具

以 10 人座位宴会台面所需物品为例：10 人宴会用餐摆台所需餐、饮用具及物品如下：餐巾 10 块、骨碟 10 个、筷子架 10 个、筷子 10 双、勺垫 10 个、汤碗 10 个、勺子 10 把、葡萄酒杯 10 个、白酒杯 10 个、水杯 10 个、牙签盅 2 个（可以用 10 个小包装牙签代替）、烟灰缸 5 个、小毛巾 10 块、毛巾托 10 个、台牌 1 个、花瓶 1 个、菜单 2 本、座位牌 10 个、公用餐具（筷子、勺子、骨碟或筷架）、胡椒瓶、盐瓶、醋瓶、等各 2 套。

3. 摆台的顺序

在摆放以上物品时，可以用托盘分八次托摆。第一托：骨碟 10 个。第二托：勺垫 10 个、汤碗 10 个、瓷勺 10 把，筷子架 10 个、筷子 10 双。第三托：葡萄酒杯、白酒杯各 10 个。第四托：水杯 10 个（已插放好折叠成形的餐巾花）。第五托：公共餐具，胡椒瓶、盐瓶、醋瓶各 2 套（如果没有小包装牙签，还包括牙签盅 2 个）。第六托：烟灰缸 5 个（要单独一托）。第七托：小毛巾 10 个、毛巾托 10 个（有一次性湿巾也可）。第八托：台牌 1 个、花瓶 1 个、菜单 2 本、座位牌 10 个。

4. 餐具拿取规则与要求

（1）拿取餐具一律使用托盘，托盘用干净的方巾铺垫；左手托盘，右手拿取餐具。

（2）拿酒杯、水杯时应握住杯脚部；拿不锈钢器皿时，应拿柄部及边沿；拿瓷器时，应尽量避免手指与边口的接触，减少污染。

（3）落地后的餐巾，未经清洗、擦拭与消毒，不得继续使用。

5. 摆台注意事项

（1）摆台效果要求：台面各种餐具、用具摆放整齐一致，布局合理、美观，间距均等，摆放位置准确，花纹图案对正，台面用具洁净、无破损。

（2）摆放餐具从主位开始，按顺时针顺序摆放。

（3）注意正确使用托盘。

（4）餐具摆放时注意手法，确保清洁、卫生。

（5）餐具要轻拿轻放，注意安全。

（6）上面介绍的中餐宴会摆台要求只是一个基本的标准，比较齐全，可以根据不同的宴会摆台要求做适当的调整。

二、动力组餐车中餐摆台

（一）中餐便餐摆台的摆放要求

摆早餐餐具时，先放餐碟，餐碟距桌边 1 cm，餐碟的左上方放汤碗，汤碗与餐碟相距 1 cm，碗内放汤勺，勺柄朝左，餐碟的右上方放水杯（果汁杯），汤碗与水杯相距 1 cm，水杯的右侧放筷架和筷子，要求汤碗的碗心、水杯的杯心、筷架在一条直线上并且平行于桌边，筷子垂直于筷架，筷尾距桌边 1 cm。早餐餐巾叠餐花。列车上餐台为长方台，花瓶摆放在靠窗一侧，调味用具、牙签杯放在花瓶两侧。

午、晚餐的餐具摆放是在早餐餐具摆放的基础上再增加一个味碟、一个酒杯，具体摆放方法：味碟摆在汤碗的右侧，将水杯放在汤碗和味碟的正前方距汤碗和味碟 1 cm 处。

（二）中餐摆台步骤

（1）铺台布：站在餐车过道一侧，面向餐桌中心线，将台布正面朝上铺，要求桌面平整，两侧下垂长度相等。动车组餐桌铺台布效果如图 4－23、图 4－24 所示。

图 4－23　动车组餐桌铺台布效果 1

图 4-24　动车组餐桌铺台布效果 2

（2）放置花瓶、调味用具和牙签杯：花瓶放在靠窗一侧中心、调味用具和牙签杯分放花瓶两侧。

（3）摆放餐碟：餐碟距桌边 1 cm，相互间距相等。

（4）放置汤碗、汤勺、味碟：汤碗在餐碟的左上侧距餐碗 1 cm 处，汤勺放在汤碗内，勺柄朝左；味碟在餐碟的右上侧与汤碗在一条直线上并相距 1 cm。

（5）放置筷架、筷子：筷架放在味碟右侧相距 1 cm 处，筷子上 1/3 处搁在筷架上，筷尾距桌边 1 cm。

（6）放置水杯：水杯放在汤碗和味碟的正上方，距汤碗、味碟 1 cm。

（7）摆放餐花：按照餐花的摆放原则，依次摆放。

（三）中餐摆台注意事项

（1）操作顺序：摆台从主位开始，按列车运行方向依次摆放。

（2）托盘姿势：托盘要端稳，行走时要轻松自然。

（3）仪容仪表与卫生：动车组餐饮服务人员穿规定制服，化淡妆，操作时动作轻盈、神态自然，面带微笑，卫生规范。

（4）摆台要达到的整体效果：清洁卫生，布局合理，美观大方。

三、西餐摆台

（一）西餐铺台操作流程

1. 铺台布

台布中缝居中，四边下垂长度一致，四角与桌脚成直线垂直。

2. 使用托盘

托盘用干净毛巾或棉布铺垫。拿酒杯、水杯时，应握住杯脚部；拿刀、叉、匙时应握柄部；拿瓷餐具时，应避免手指与瓷餐具边口的接触，以减少污染。如有餐具落地或碰脏，不得再使用。

3. 铺餐具

（1）在席位的正前方铺设底盘，底盘与桌边保留 1 cm 距离。

（2）餐巾放在底盘中央。

（3）刀、叉、匙应按顺序从外侧向里排放，但为了把所有的刀整齐地放在一起，应将汤匙放在最外侧。

（4）在底盘右侧，按上菜顺序由外向里铺设汤匙、头盆刀、鱼刀、肉刀，匙心向上，刀口向左，柄把放成品字形，底部距桌边 1 cm 距离。鱼刀比其他刀高出 4 cm。

（5）底盘左侧与右侧对应，由外向里铺设头盆叉、鱼叉、肉叉，叉尖向上，柄把放成品字形，底部距桌边 1 cm 距离。鱼叉比其他叉高出 4 cm。

（6）叉的左侧放面包盘，面包盘上放黄油刀，刀尖向上，刀口向外。

（7）黄油刀上方放黄油盅或黄油盘。

（8）底盘上方放水果刀叉，叉在下，刀在上，叉尖朝上。

（9）水果刀上方视需要放冰激凌匙，匙把朝右。

（10）咖啡匙不在铺台时放置，而在上咖啡时与咖啡盘一起送上。

（11）在右侧刀尖上方，铺设酒杯。

（12）所铺酒杯还要视客人点的酒而定，如有些酒不饮，客人就餐时餐饮服务人员可以从客人右侧将酒杯撤去。有时西餐铺台不铺设酒杯，等客人点要酒水后才放上。铺台时坚持喝什么酒用什么杯的原则。

（13）放好调味品。调味品放在中间，小桌每桌一副，大桌每 3～4 人一副。

（14）放好花瓶。

4. 检查

（1）检查台面上的铺设有无遗漏。

（2）检查台面铺设是否规范。

（二）西餐点菜、上菜操作流程

1. 上餐前酒、点菜

1）餐前酒服务

（1）客人就座后，餐饮服务人员来到桌边，对客人表示欢迎，并作简单自我介绍：“欢迎光临，我叫××，很高兴为各位服务。”

（2）在客人右侧为客人倒冰水，倒至 4/5 杯满即可，水壶不可接触杯缘。

（3）站在客人左侧，呈上酒单，打开到开胃酒和鸡尾酒栏目，请客人点单：“这是酒水单，请问餐前需要些什么酒水？用些鸡尾酒、啤酒、果汁，您看怎样？”

（4）记住客人点的酒水饮料，并向客人复诵一遍。

（5）开三联点菜单，一联送吧台，一联放餐台上，一联交传菜员。

2）斟酒或倒饮料

（1）啤酒及有气泡的饮料应站在客人右侧沿杯壁徐徐倒入杯中至八成左右，要给泡沫留有一定的空间。

（2）斟酒忌太满。

3）上面包

（1）在为客人斟酒或倒饮料时，助理餐饮服务人员为客人上面包、黄油碟。

（2）餐饮服务人员站在客人左侧 0.5 m 处，按先女士后男士、先客人后主人的顺序顺时针进行，左手托面包篮，右手拿服务叉勺，身体微微向前倾，询问客人选择何种面包。

（3）将客人选好的面包夹入面包盘中。

（4）用托盘托黄油碟，站在客人左侧按女士优先、先宾后主的原则，顺时针方向进行，将黄油碟放在面包盘正前方。

（5）服务时要使用敬语。

4）点菜

（1）从客人左边送上菜单："这是我们的菜单，请过目。"

（2）呈递菜单后应离开桌子一会儿，让客人从容选择，5～10 min 后再回到桌边和蔼地询问客人是否准备点菜。

（3）如客人不能确定点什么菜肴时，为客人做好参谋。应向其作介绍，推荐合适的菜肴："我向您推荐××，这是我们今天的特色菜""××是我们厨师长的拿手菜，此外，我们还有些非常新鲜的蔬菜"。

（4）将客人点的菜记在点菜单上，字迹要清晰。

（5）将客人点菜内容复诵一遍，请客人确认："您点的是××，对吗？"

（6）如客人点菜中有煮蛋、牛排等，要问清客人需要的生熟程度。

（7）客人用餐时间较紧的话，如点的菜费时较长，应及时提醒并征求意见："您点的××烹制可能需要××（时间），您愿意等待吗？"在征得客人同意后，可换其他菜品。

（8）如客人对菜肴有特殊要求，须在菜单上注明。

5）点佐餐酒

（1）客人点完菜后，询问客人需要点何种酒水来配点的菜。择机向客人推荐（白酒配白肉，红酒配红肉）。

（2）在点菜单酒水栏中登记相关酒水信息。

（3）点完菜后，将点菜单各联分别交收银员、酒水员、传菜员。

2. 上菜

传菜员按顺序将菜品由厨房传出，放在工作柜上，由餐饮服务人员为客人上菜，从客人左边上菜，主宾和女宾优先，且做到同来的宾客同时上菜。

（1）上头盘开胃菜。

（2）上汤：冷汤配冷垫盘，热汤配热垫盘。上汤的同时，撤走头盘开胃菜及其配套使用的餐具。

（3）上沙拉：吃完沙拉后，桌上所有吃沙拉及汤用的碟子、扁平餐具都应从右边拿走。

（4）上主菜。

① 上主菜时若配有专门的酒，应首先为客人倒一点酒，让其品尝一下，如得到认可，则依次序为客人倒酒。

② 主菜一般是每人一份。若客人要求，也可为其派菜：餐饮服务人员站在客人左边，左手托盘，右手拿叉匙，按女士优先，先宾后主的次序派菜。派菜时除了要注意速度外，还需保持优美的姿势，派菜时先派主菜，后派配菜。

③ 客人开始吃主菜后，餐饮服务人员应询问一下客人对主菜是否满意。

④ 客人用完主菜后，撤走菜盘，但留下面包、黄油碟及黄油刀。

⑤ 注意补充面包，及时倒酒。

3. 上水果

（1）从客人右侧摆甜品叉、勺。

（2）吃完水果，撤掉面包、黄油碟、刀和其他餐具，只留下水杯。

4. 上甜品

上甜品前，把甜品叉、勺等从客人右边放到相应位置（有时在上水果前就已摆好甜品叉、勺，水果叉也可用甜品叉代替）。

5. 上咖啡或茶

从客人右边上咖啡或茶。咖啡杯放于杯碟上，碟上放一把咖啡匙，再上糖、奶，注意随时添加。

（三）后续工作操作流程

1. 结账

① 客人用餐完毕，问清不再需要什么时，可为客人结账。

② 问清客人付账方式。

③ 呈送账单前先核实。

④ 用收银夹递上账单："这是您的账单，请过目。"

⑤ 不要报出账单上的金额。

2. 送客

① 为客人递上衣帽，在客人穿衣时配合协助。

② 用微笑向客人道别，并再次表示感谢。

③ 迎宾员在门口微笑送客，并说："谢谢！欢迎再次光临。"

④ 及时检查是否有客人遗忘的物品并及时送还。

3. 收台

① 将餐具分类交厨房清洗。

② 收拾台面并补充相关器物，为下一餐做好准备。

西餐餐饮服务工作注意事项如下。

（1）上菜时，要控制出菜速度，随时与厨房联系。

（2）注意添加酒、饮料、冰水、面包、黄油、咖啡或茶等。

（3）调换碰脏的餐具，失落的刀、叉、匙等。

（4）上菜时须报菜名。

（5）点菜按女主宾—女士—男主宾—男士—主人的顺序进行。

西餐餐饮服务工作流程图如图 4－25 所示。

四、动车组餐车西餐摆台要求

动车组餐车西餐摆台与上菜流程较西餐厅的摆台与上菜流程简单得多，实际工作中可根据需要，进行简化处理。

（一）动车组餐车西餐台布

动车组餐车西餐台布为正方形台布，规格一般为 160 cm × 160 cm，长方形台布有 160 cm × 200 cm 和 180 cm × 300 cm 两种。

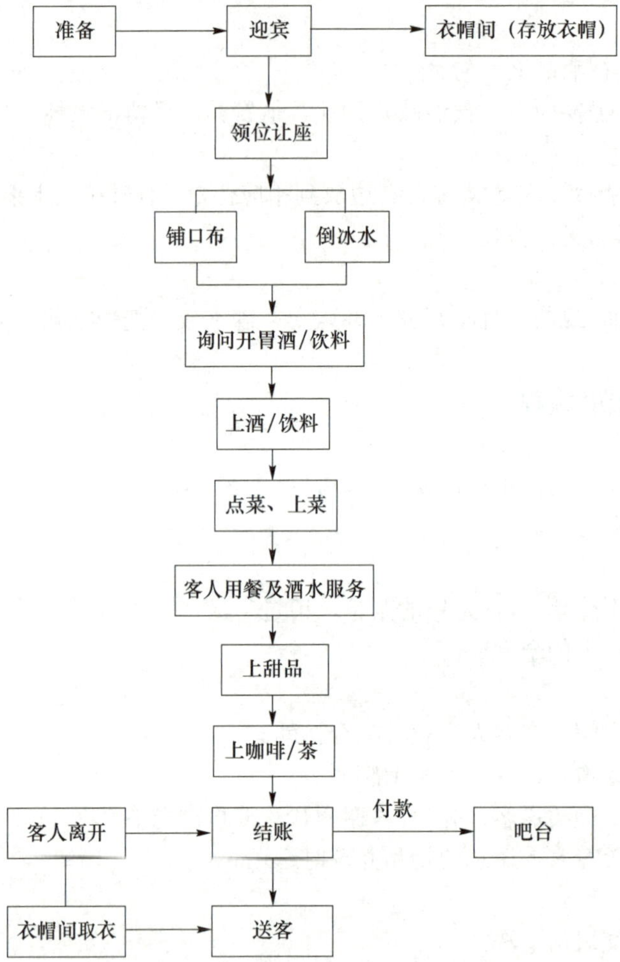

图 4－25　西餐餐饮服务工作流程图

（二）动车组餐车西餐台布铺设方法及要求

1. 准备工作

铺台布之前，检查台布有无残破、油渍和皱褶。

2. 西餐铺台布的方法

铺台布时，动车组餐饮服务人员站立于餐台长侧边，将台布横向打开，双手捏住台布一侧边，将台布送到餐台另一侧，然后将台布从餐台另一侧向身体一侧慢慢拉，台布的正面向上，台布折叠线的凸线向上置于餐台的中心位置，两侧下垂部分匀称。

3. 西餐用具

西餐餐饮用具品种多样，动车组餐车受经营面积等因素制约，一般只使用常用的刀、叉、匙等。

4. 动车组餐车西餐便餐摆台

1）早餐摆台要求

底盘放在席位的中间，底盘左边放叉，右边放刀，刀刃向左，叉尖向上；餐叉左侧摆面包盘和黄油刀，黄油刀放在面包盘中轴线右侧 1/2 处，刀口朝盘心；黄油碟放在黄油刀的上方；咖啡杯放在餐刀的右侧，咖啡杯倒扣于垫碟中，用时翻转过来，咖啡杯柄和勺把朝后，将折好的餐花放于盘中，花瓶、调味用具放在靠窗一侧。

2）午、晚餐摆台要求

底盘放在席位的中间，底盘左边放叉，右边放刀，刀刃向左，叉尖向上，餐叉左侧摆面包盘和黄油刀，黄油刀放在面包盘中轴线右侧 1/2 处、刀口朝盘心；黄油碟放在黄油刀的上方；水杯放在餐刀的上方；餐勺放于餐刀的右侧，将折好的餐花放于盘中，花瓶、调味用具放在靠窗一侧。

（三）动车组餐车西餐摆台注意事项

（1）注意操作顺序，从主位开始，按列车运行方向依次摆放。

（2）注意托盘姿势，保持姿势正确，操作时托盘要端稳，行走要轻松自然。

（3）注意仪容仪表与卫生，动车组餐饮服务人员穿规定制服，化淡妆，操作时动作、神态自然，面带微笑，卫生规范。

（4）注意整体效果，台面清洁卫生，整体布局合理，美观大方。

（5）动车组餐车毕竟不同于西餐厅，受条件所限，不可能也没必要遵循严格的西餐摆台规范，简单、随意的动车组餐车西餐摆台（见图 4-26）往往更加方便与实用。

图 4-26　简单、随意的动车组餐车西餐摆台

素质拓展

折　餐　花

餐巾又称为口布，是酒席宴会上专用的保洁方巾。一块平常的餐巾，通过餐饮服务人员的巧妙构思和一双巧手，变成了千姿百态的造型（餐花），对台面起到了点缀、美化的作用，增添了庄重、热烈的气氛，带给人们美好和艺术的享受。

任务三　动车组商品、食品、备品放置标准

知识目标

- 了解动车组商品、食品、备品放置标准；
- 了解小推车陈列标准。

技能目标

- 能够按动车组商品、食品、备品放置标准进行摆放。

相关知识

一、商品、食品、备品放置标准

动车组商品、食品、备品放置效果图如图 4－27 所示。

图 4－27　动车组商品、食品、备品放置效果图

动车组商品、食品、备品放置应遵循的标准：安全第一，摆放符合规范要求；保持整洁美观；操作便利；食品与非食品分开存放；私人物品不得随意摆放。

1. CRH380AL 型动车组商品、食品、备品放置标准

（1）餐车门左边保险柜与冰箱之间的空地摆放一等座专项物品及蓝色整理箱，重的、体积大的放在下面，码放整齐、箱口封闭。

（2）餐车门右边第一个三角吊柜摆放洁具。

（3）微波炉上方的若干吊柜用于摆放整件或整箱常温储存的商品，摆放时确保外包装完好、陈列整齐。

（4）冰箱与水池中间的台面摆放托盘、水壶，托盘保持洁净，横靠壁板；水壶置托盘上面，壶嘴朝内，壶把对外，稍倾斜。

（5）吧台、微波炉下面的储藏柜摆放整件商品，摆放过程中确保外包装完好，码放整齐。

（6）微波炉下方的抽屉摆放餐服班组台账及相关备品，要求摆放整齐。

（7）吧台靠近过道的板壁上放挂画，挂画下面摆放价目表，吧台另一端摆放卫生许可证。

（8）吧台旁边的玻璃展示柜内摆放饮品，从上至下，第一层摆放高瓶瓶装饮料；第二层摆放中瓶瓶装饮料；第三层摆放小瓶瓶装饮料；第四层摆放罐装啤酒饮料。每层第一排摆放不同品种商品，每一列为同一品种，要求左高右低，摆放得整齐美观，汉字商标朝外。

（9）水池上方的储藏柜陈列干货小食品、袋装食品、盒装糕点，按照品种、包装规格、数量归类放置，袋装食品左高右低整齐排列，盒装食品码放整齐。

（10）水池上面摆放抹布，抹布叠好，按颜色分开摆放。

（11）冰箱、保温箱整齐摆放餐食，储藏温度适宜，分类摆放，非餐车供应餐食一律不得摆放。整齐摆放餐食如图 4－28 所示。

图 4－28　整齐摆放餐食

（12）咖啡机摆放在微波炉与吧台之间的空台面上，咖啡机内槽、水槽、出水口保持清洁、无污渍，摆放平稳牢固，旁边不得放杂物。

（13）小推车摆放在一等座专项物品和蓝色整理箱旁的靠近车门处，置于刹车状态，不得阻挡车门，妨碍进出。推车上层水壶摆放在右手边，壶嘴朝内，壶把朝外，45° 倾斜；水壶周边摆放瓶装饮品，每个品种摆放一至两瓶，左高右低，排列整齐美观，汉字商标朝外；袋装食品每个品种一至两袋，左低右高依次叠放，正面朝外；在袋装食品两侧摆放盒装点心，左低右高，摆放整齐美观，汉字商标朝外；价目表插放在袋装食品前排，正面朝外；第二层左边摆放瓶装饮品，左高右低，每个品种摆放一至两瓶，摆放整齐，汉字商标朝外；右边摆放袋装食品和点心，摆放要求跟上层一样；第二层以下抽屉摆放其他食品，要求摆放整齐美观。

（14）一等座专项服务车定位在一等座车厢。专项服务车展示台的前部防倒架内摆放各品种饮料各一瓶，汉字商标朝外，面向旅客；防倒架内前排左手处摆放一次性航空杯或纸杯一提，不拆包装倒放。中部紧挨防倒架摆放 2 个水壶，壶嘴向内，壶把向外，不得倾斜。专项服务车内上部用 2 个托盘隔出上、下两层，上层的托盘放置备用茶包、统计表、记录本、笔、清洁布，下层摆放特色点心盒，点心盒正面朝上竖放，排列整齐；专项服务车内下层摆放适量特色点心盒及饮料各品种 3 瓶，瓶盖向外倒放，左中右每列为同一品种，还可放置一次性航空杯或纸杯适量。

2. CRH_5型动车组商品、食品、备品放置标准

（1）吧台上方的网式陈列架陈列小食品，上层摆放袋装食品，中层摆放盒装食品，下层摆放杯装食品，品种齐全，按照左高右低，同一商品摆放一列，摆放整齐美观，汉字商标朝外；价目表摆放在陈列架下层中间位置，正面朝外。

（2）吧台左侧的玻璃展示柜里摆放饮品，要求左高右低，摆放整齐美观，汉字商标朝外。

（3）电开水炉与微波炉旁边的空台上摆放卫生许可证、托盘、水壶，卫生许可证背靠微波炉一侧板壁；托盘保持洁净，叠放整齐，水壶置于托盘上面，壶嘴对内，壶把对外，稍微倾斜。

（4）微波炉下方的冰箱用于冷藏饮、食品，饮品按种类码放平稳，不得冷藏非餐车供应的饮品和食品。

（5）微波炉侧边立式冷藏冰箱用于储藏餐食，上层摆放旅客餐，下层摆放乘务餐，餐食包装完好，码放整齐，不得混放，严禁私人物品和其他物品放入冰箱。

（6）餐车门旁面向吧台的立式冷藏冰箱用于专项水果储藏，储藏的水果外包装完整，按类别分开摆放。

（7）紧挨餐车门的三层储物柜，上层为动车组餐饮服务人员衣物柜，中层为乘务员衣物柜，要求衣物折叠整齐；下层存放整件或整箱商品，商品外包装密封，码放整齐。

（8）水池上方三层铁架摆放清洁用品，抹布叠好，按颜色分开摆放。

（9）微波炉下面的储藏柜摆放整件食品，食品外包装完好，码放牢固、整齐。

（10）微波炉下面三层抽屉：上层放餐服班组台账及相关备品，摆放整齐；中层摆放餐车备品，例如纸杯、纸巾等常用备品，分类摆放，摆放整齐；下层摆放餐车垃圾袋，垃圾袋叠放整齐；旁边的四层抽屉摆放餐具，餐具外包装完整、摆放整齐。

（11）小推车摆放在吧台右侧的板壁旁，小推车上的商品摆放整齐，商品汉字商标对齐朝外，小推车保持刹车状态。

（12）动车组餐饮服务人员乘务箱摆放在操作间外、监控室对面下方储物柜中间一格，乘务箱整齐平放。

二、动车组餐车商品展示柜陈列

动车组餐车商品展示柜陈列标准一览表如表 4－1 所示。

表 4－1　动车组餐车商品展示柜陈列标准一览表

车型	陈列标准	饮料展示陈列标准		食品展示陈列标准	
		陈列位置	陈列品种	陈列位置	陈列品种
CRH380AL 型	物品陈列做到安全整齐、表里美观，摆放稳固。始发时按照上货单品种摆放，不得缺项，汉字商标正面朝外，面向旅客。商品竖直摆放，不得倒放。途中可根据经营情况进行商品位置调整	立式玻璃门冰箱	从上至下，第一层摆放高瓶瓶装饮品；第二层摆放中瓶瓶装饮品；第三层摆放小瓶瓶装饮品；第四层摆放罐装啤酒和饮品。每层第一排摆放不同品种商品，每一列为同一品种，按左高右低摆放	水池上部食品柜	袋装食品、盒装糕点按照品种、包装规格归类放置

续表

车型	陈列标准	饮料展示陈列标准		食品展示陈列标准	
		陈列位置	陈列品种	陈列位置	陈列品种
CRH2C 型	同上	吧台玻璃展示柜	从上至下，第一层摆放高瓶瓶装饮品；第二层摆放中瓶瓶装饮品；第三层摆放小瓶瓶装饮品、罐装啤酒和饮品。每层第一排摆放不同品种商品，每一列为同一品种，左高右低摆放	卧式冰箱上部陈列柜	左边陈列柜摆放袋装食品、盒装糕点、罐装食品，按照品种包装规格归类放置；右边陈列柜放置餐服班组台账及相关备品，物品分类放置，做到整齐美观
CRH2A 型	同上	吧台玻璃展示柜	正面上层摆放中、小瓶瓶装饮品，下层摆放高瓶瓶装饮品，弧形区至侧面上、下层摆放罐装啤酒和饮品。每层第一排摆放不同品种商品，每一列为同一品种，左高右低摆放	食品陈列柜	从上至下，第一层摆放杯装食品，第一排摆放不同品种商品，每一列为同一品种；第二层摆放袋装食品，按照品种、包装规格竖直摆放；第三层摆放盒装糕点，按品种、包装规格竖直摆放
CRH5A 型	同上	吧台玻璃展示柜	从上至下，第一层摆放高、中瓶装饮品：第二层摆放小瓶瓶装饮品、罐装啤酒和饮品。每层第一排摆放不同品种商品，每一列为同一品种。左高右低摆放	不锈钢陈列架	从上至下，第一层摆放袋装食品，按照品种、包装规格竖直摆放；第二层摆放盒装糕点，按照品种、包装规格竖直摆放；第三层摆放杯装、罐装食品，第一排摆放不同品种商品，每一列为同一品种

三、小推车商品陈列标准

小推车上物品的陈列要做到安全整齐、便利美观，摆放稳固。始发时按照上货单品种摆放，不得缺项，汉字商标正面朝外，面向旅客，竖直摆放，不得倒放。途中可根据经营情况调整商品摆放位置。

（一）航空商品推车商品陈列标准

航空商品推车展示台：前部中间摆放袋装食品，两侧摆放盒装糕点，按照品种、包装规格归类放置，前高后低。中、后部摆放杯装罐装食品和矿泉水饮料，各品种摆放 1～2 瓶，前低后高。后部右手处摆放 1 个水壶，壶嘴向内，壶把向外，倾斜 45° 角。

航空商品推车内的上部：1 号食品盒摆放矿泉水、饮料各品种适量；2 号食品盒摆放盒装糕点适量。航空商品推车内的中部：1 号食品盒摆放袋装食品；2 号食品盒摆放杯装、罐装食品，按照品种、包装规格归类放置。航空商品推车内的下部：摆放其他需要售卖的食品。

（二）不锈钢商品推车商品陈列标准

不锈钢商品推车上层前部食品架摆放袋装食品，两侧摆放适量大杯装、大罐装饮品，按照品种、包装规格归类放置，前低后高。后部食品架摆放矿泉水，各品种 2～4 瓶，前低后高，后部食品架右手处摆放 1 个水壶，壶嘴向内，壶把向外，倾斜 45° 角。

不锈钢商品推车中层摆放盒装糕点。不锈钢商品推车下层前部食品架左边摆放杯装、罐装食品各品种 2～4 个，前低后高；右边摆放适量方便面等商品。不锈钢商品推车下层后部食品架摆放矿泉水、饮料各品种 2～4 瓶，前高后低。

（三）动车组一等座专项服务车商品陈列标准

动车组一等座专项服务车商品陈列标准一览表如表 4－2 所示。

表 4－2　动车组一等座专项服务车商品陈列标准一览表

陈列标准	饮料展示陈列标准	食品展示陈列标准
	陈列品种	陈列品种
物品陈列要做到安全整齐、便利美观，摆放稳固。始发时按照上货单品种摆放，不得缺项，汉字商标正面朝外，面向旅客，竖直摆放，不得倒放，途中可根据销售情况调整商品摆放位置	专项服务车展示台：前部防倒架内摆放各品种饮料一瓶。汉字商标正面朝外，面向旅客。防倒架内前排左手处摆放一次性航空杯或纸杯一提，不拆包装倒放。中部紧挨防倒架摆放 2 个水壶，壶嘴向内，壶把向外、不得倾斜	专项服务车内上部用 2 个托盘分出上、下两层，上层的托盘放置备用茶包、统计表、记录本、笔、清洁布，下层摆放特色点心盒。专项服务车内下部摆放适量特色点心盒及饮料各品种 3 瓶，瓶盖向外倒放，还可放置一次性航空杯或纸杯适量

素质拓展

“我在火车上工作了 40 年，虽然只是个厨师，但是在这火车上，我就能感受到咱们国家变得越来越强大，老百姓的生活也越来越好。”2020 年 10 月 7 日，87 岁高龄的中国铁路哈尔滨局集团有限公司老职工王庆久老人由衷感慨。

20 世纪 50 年代：几分钱的苞米面舍不得买

王庆久，1949 年 7 月 12 日，16 岁的他考入佳木斯铁路列车段，成为一名乘务员。第二年，他又从乘务员的岗位转换成了一名餐车售货员，专门服务旅客餐饮供应，这一干就是 40 多年。

都说“民以食为天”，在列车上也不例外，当年的火车运行速度慢，老百姓出行时间短则半天长则数天，所以，当年的旅客出门都带着好几个大包裹，里面光吃的东西就占了一半。

“当时新中国刚刚成立，列车餐车都是头一回听说，在列车上就能做饭吃饭，我们都觉得新鲜。”王庆久记忆犹新。当时，他们值乘的是日本造的列车，车厢全部是木头座椅，冬天四处漏风，还没有供暖设备，更不要提餐车了。每天，他就拎个竹篮子，里面装着苞米面大饼子，还有提前切好的咸菜疙瘩，然后挨个车厢售卖，几分钱一个，但是很少有旅客购买，大家都是自带干粮，舍不得花那个钱。

10年后，王庆久值乘的日本造列车退出了历史舞台，国产的绿皮列车奔驰在铁道线上，列车也开始有了餐车，能够供应大众快餐、炒菜。王庆久系统学习了三个月餐车作业程序，他荣幸地成为第一代餐车长。

20世纪70年代：在“蒸屉”里做饭，吃完的饭盒要回收

即便有了餐车，但还是以供应盒饭为主，主要是因为餐车设备简陋，炒个菜耗费的时间太长，旅客等不及。

“餐车上做饭的设备就是一个茶炉、两个烧菜炉，炒菜都要先准备好煤块再生火烧炉，有时忙活了半天，就炒了一个菜，而且一到夏天，炉火的温度让厨房能飙升到五六十摄氏度，人在里面工作，简直是和放在笼屉里蒸的馒头一样。”厨房里又热又呛，王庆久和餐车的同事们常常是穿着短裤、打着赤膊、脖子搭条毛巾，所以，只在饭点前炒好几盆菜，然后装在事先准备好的铁盒子里推到车厢售卖。

“全是素菜，好点的加上半个鸡蛋。那种铁皮盒饭十分畅销，基本上趟趟卖光。”王庆久说。卖盒饭是个体力活，赶上过年过节，车厢里挤得满满的，旅客吃完还要把铁饭盒收回来。“挤成沙丁鱼的滋味，现在想起来都打怵。”

到了20世纪70年代，国产CA21型餐车相继投入使用。餐车宽敞、美观。长途列车增加了小灶单炒菜，炒菜的速度明显快了许多，而且还开始供应早点。

改革开放初期，王庆久值乘的餐车再次换型，旅客就餐的座椅变成了软座，铺上了洁净的餐巾，菜品变得更丰富多样了，尤其是增加了荤菜品种。厨房里装配了抽烟机，工作环境有了极大的改善。

“改革开放后，最明显的变化就是来餐车消费的旅客要求更高了，他们不只是为了吃饱饭，对菜的品种和口味有了新要求，有些旅客还会在车上点上几个肉菜，小酌几杯。”王庆久感叹，“那会儿老百姓的生活真的好了！”

20世纪80年代：从“苞米面”到“烤鱼片”

发展的速度远超王庆久的想象，随后，餐车安装了空调，彻底告别了“大蒸笼”的厨房，旅客除了当年只能在餐车用餐以外，在列车沿途停靠的部分站台上，面包、泡面、火腿肠等速食食品，以及茶叶蛋、烧鸡、花生米等便利食物的大规模出现，让旅客的选择越发丰富起来。

“花生瓜子烤鱼片，啤酒饮料八宝粥。”对于这两句老百姓传唱已久的笑谈，王庆久却说：“这就是幸福啊。”谁还记得他们当年吆喝的是“窝头咸菜苞米面，刚烧好的白开水呢”。

20世纪80年代中期，王庆久退休，他的女儿王敏接了他的班，巧合的是，她如今也成了一名餐车服务员。“听我姑娘说，现在的列车餐车厨房炒菜使用的是电磁炉，蒸米饭用的是电蒸汽，车上的菜品分为多个档次，有的车上还推出了自助餐、快餐，做出的菜那真是色香味俱全。”王庆久越发感慨变化之大。

现在：手机点餐，把饭馆“搬”上车

2018年9月，哈佳铁路动车组开通前夕，85岁的王庆久作为中国铁路哈尔滨局集团有限公司老职工代表参与了试乘活动，也许是多年的职业习惯，王庆久在家人的搀扶下，特意去看了动车组列车上的餐饮设备。

“看不到一个炉具的影子，盒饭都是提前做好的，全程冷链储藏，荤素搭配合理。旅客需要时，用微波炉操作，几分钟后，一盒热气腾腾的营养餐就送到面前了，时间不过几分钟。”

王庆久看得连连点头。

一旁的乘务员告诉老人："如今，高铁上的旅客，还可以通过铁路 12306 服务热线、手机软件、微信等方式预订餐食和沿线品牌餐饮。"虽然这些名词对于老人来说还很陌生，但王庆久很快就明白了其中的功能，"坐在火车上预订沿线饭馆的美食，这不是把饭馆搬到火车上了嘛！"

从设施简陋到功能完备，从吃得饱再到吃得方便吃得好，王庆久说他很庆幸，自己亲眼见证并亲历了中国铁路的发展变化："咱们国家越来越强大，老百姓的日子也过得越来越好，在火车上吃宴席，这是做梦都不敢想的啊。"

复习思考题

1. 化学消毒的要求有哪些？
2. 动车组餐车摆台的要求有哪些？
3. 动车组餐车设备有哪些？
4. 动车组商品、食品、备品放置标准是什么？

实训安排

实训项目：动车组餐车摆台

【实训目标】

（1）了解动车组餐车摆台的类型。

（2）掌握动车组餐车摆台的注意事项。

【实训内容与要求】

（1）以小组为单位。

（2）对动车组餐车摆台中存在的问题进行分析，并提出解决方案。

【实训成果与检测】

每位学员写一份简要的动车组餐车摆台工作书面分析报告并组织一次交流与讨论，教师根据分析报告与讨论表现为每位学员评估打分。

项目五

动车组餐饮作业

思政目标

● 通过提升铁路餐饮的规范化和标准化水平，满足不同层次旅客的需求。

引导案例

舌尖上的归途：动车春运餐饮忙，让旅客吃上热饭菜

新年的气息在空气中弥漫，忙碌了一年的人们走上回家的路。然而，有这么一群人一直坚守在自己的岗位上，在风驰电掣的列车里，他们坚持为乘客送上热腾腾的餐食。

2018 年 2 月某日早上 7 时 30 分，广州南站的餐饮工作人员已经开始了一天的忙碌，来到仓库清点餐食、餐具，查看封签是否完整。

动车的餐食从原料采购最终到达旅客的餐桌，都经过了多道工序，每道工序都有严格的量化标准和食品安全卡控标准。8 时 35 分，距离发车还有 20 分钟，站台配送人员拉着餐食快步疾走，将食品送上列车。8 时 55 分，G96 次列车准时出发。走进餐饮车间。高高挂起的红灯笼、精致的窗花、倒立的"福"字，让列车多了一份回家的温暖。随着餐食的到位，乘务员已经对食品分门别类、做好卫生，以灿烂的笑容迎接旅客。广州动车组餐饮有限公司早在几个月前就开始筹备春运餐饮供应工作，准备了 20 多种新产品，确保让旅客吃到热腾腾的饭。

戴上口罩，套好手套，动车组餐饮服务员手脚麻利地对餐食进行加工、加热。一位旅客购买了 3 份早餐，餐饮服务员快速地为旅客打包好，微笑叮嘱旅客小心烫。忙了 2 个小时，餐饮服务员终于有时间吃饭。这时，一位旅客前来购买餐食。顾不上饥肠辘辘，餐饮服务员又热情相迎。午餐后，距离下午茶还有一段时间，必须抓紧时间清洁，餐饮服务员用毛巾擦拭不同的地方。

从介绍餐食品种和价格，到主动为老人端茶倒水；从提醒家长注意保护乱跑的小朋友，到遇到突然事件时冷静处理……在疾驰的高铁上，众多的餐饮服务员忙碌着为乘客提供服务。

任务一 动车组餐饮工作规定

知识目标

- 了解动车组餐饮工作的有关规定。

技能目标

- 能够按动车组餐饮工作的有关规定开展相关工作。

相关知识

一、动车组餐饮有关规定

（1）列车餐饮服务由与中国铁路各局集团有限公司（以下简称铁路局）签订餐饮服务合同的专业餐饮公司承担。为列车提供餐饮服务的企业必须通过 ISO 9000 或 HACCP 质量认证。列车上销售的食品、饮品应当为全国名优产品。

（2）铁路局应当监督餐饮企业严格遵守国家卫生法律法规的规定，建立健全加工食品的场地、加工程序、设备、保管、运输、列车供餐服务质量、商品价格等各环节管理和考核制度。

（3）列车上销售的食品和商品，必须由餐饮公司统一采购。餐饮公司销售人员应将上车食品、商品的出库单交列车长以备检查。列车销售的食品和商品应当明码标价、一货一签，并有“CRH”标记。

（4）加热后未售出的食品严格实行定时报废制度。在列车上，报废的食品在未处理前应醒目标明“报废”字样。

（5）动车组餐饮服务人员负责列车运行中餐车的清洁卫生。餐车展示柜布置应当美观丰富，其他商品、备品存放不得侵占通道和影响安全。列车开车、到站时，乘务服务人员应当在餐车门内立岗迎送旅客。

（6）动车组供应的食品、饮品应当品种丰富，价格合理。餐饮企业应当经常征求旅客对餐饮服务的意见，并根据旅客的意见调整所供应商品的品质、品种，改善服务质量。

（7）站、车要利用各种渠道大力宣传品牌，用于为动车组旅客服务的用品、商品应有“CRH”图形标记。

二、餐饮供应规定

（1）制订科学合理、营养健康、绿色环保的餐饮品种体系，针对不同区域、不同季节、不同时段、不同层次旅客的需求，提供规范标准的餐饮产品。

（2）餐饮商品应品类丰富、口味多样、方便快捷，应根据旅客的要求及时调整。

（3）餐饮商品的各项主辅料搭配要定量化，设置科学合理的上下限标准，并在外包装中标明。

（4）各种餐饮食品营养搭配合理，各种营养素含量符合国家有关标准。

（5）餐饮商品应质价相符、物有所值，满足旅客旅行中的基本餐饮需求。要充分考虑铁路票价和旅客的消费水平，提供高、中、低档不同的供应方案。对于旅客必需的餐食品种，要坚持保本微利原则。对于非必需的餐饮品种，可根据市场情况提供差异化服务。乘务餐不得高于成本价。

（6）餐食原料绿色化，不提供以野生保护动、植物为原料的食品。餐具环保化，一次性餐盒必须可降解或可回收。餐食应符合列车环境要求，禁止销售存在旅客人身安全隐患、影响列车环境卫生的食品。

三、动车组销售食品应符合的要求

（1）实行烹调加工的配送食品，冷藏温度持续不高于 10 ℃，供餐前应经充分加热，加热后中心温度应持续不低于 60 ℃；无适当存放条件的，存放时间不得超过 2 h。

（2）预包装食品应标明生产厂名、厂址、生产时间、保质期和食用方法，符合国家卫生标准。

（3）一次性餐饮具必须符合《一次性可降解餐饮具通用技术条件》，达到绿色环保要求；餐饮具必须洗净消毒，符合《食（饮）具消毒卫生标准》。

（4）为旅客提供餐饮服务的动车组应配备必要的食品储存、加热、冷藏或热藏、水池、餐（饮）具消毒、保洁等设施、设备，并做到安全无害、清洁卫生。餐饮具、食品应定位存放，避免生熟混放、混用。

四、餐饮包装

（1）餐饮外包装必须标明餐饮成分、食用方法、保质期、生产日期、质量安全图示等标识。

（2）包装材料必须选择可重复使用、可回收利用或可降解的材料，确保印制或粘贴的标识、标签无毒，且不直接接触食品。

（3）CRH 商标的使用要严格按《商标使用许可协议》施行，CRH 商标应印制在产品外包装的显著位置。未经许可，餐饮服务运营商不得标注自有商标标识。

五、食品配送

（1）须冷链配送的食品的配送过程应坚持全程冷链原则。准冷链配送时，必须严格控制时间，确保食品安全。

（2）配送的餐饮商品要确保包装完好，交接流程要规范。配送的物品、车辆清洁卫生。配送人员服装统一，整洁卫生。

（3）餐饮要及时送至站台，确保开车前 5 min 所有餐食上车完毕。

六、销售服务

（1）要做到销售服务规范，销售方式新颖，销售工具先进，销售价格透明，服务态度温馨，就餐环境宜人。

（2）车上销售人员不少于 3 人，根据重联情况最多不得超过 5 人。

（3）销售人员聘用条件符合《动车组列车旅客运输管理办法》的要求。餐饮配送和销售人员应经过铁路知识和专业技能培训，持证上岗。销售人员要树立活力、热情、文明、自信的专业形象，服装得体大方，语言文明礼貌，服务规范要符合《动车组站车客运人员服务规范》的要求。

（4）车上餐饮经营必须备有发票。

（5）移动售货在列车始发 5 min 后方可开始，终到前 10 min 停止。不得兜售，不得干扰旅客正常休息，服务过程中主动避让旅客。售货小推车应印有铁路标识，具有良好的防撞、刹车性能，使用过程中不得影响旅客通行。

（6）餐车经营要确保环境整洁，秩序良好。餐饮宣传品摆放位置合适，不得随意粘贴。列车终到前，动车组餐饮服务人员要及时整理餐车，恢复原貌。餐车备品符合国家环保要求，印有 CRH 商标。

（7）未经同意，不得在动车组列车上发布任何广告。

（8）运行途中的饮用桶装水由动车组餐饮服务人员负责更换，折返站饮用桶装水由餐饮服务运营商负责配送。

（9）餐食垃圾必须采用专用回收工具和容器，及时分类回收，达到全密封处理，不渗漏，杜绝交叉污染。列车终到后将回收物交接到指定地点，进行集中处理。

七、餐饮安全

（1）餐饮服务运营商在采购、加工、储存、配送、销售、回收过程中，必须确保餐饮质量卫生安全；在配送、销售、回收过程中，应避免造成旅客人身伤害。

（2）餐饮服务运营商在站内作业时，必须遵守车站相关管理规定，服从车站工作人员指挥，确保铁路行车安全。

（3）餐饮服务运营商在站内和列车上进行食品加热、加工作业时，应规范操作，确保不发生火灾事故。

（4）发生上述安全事故时，按照《动车组餐饮服务授权经营合同》的规定，明确责任，及时处理。

八、监督检查

（1）对动车组餐饮工作的监督检查包括《动车组餐饮服务授权经营合同》或《动车组餐饮服务合作合同》履行情况，餐饮服务运营商质量管控制度的制定及执行情况，应急预案制定与执行情况，动车组餐饮相关设备管理情况、安全管理情况等。

（2）车上监督检查原则上由列车长负责，地面由铁路局指定的部门负责。

（3）监督检查形式包括旅客问卷调查、日常检查和年度综合评估等。检查中发现的问题，由铁路局开具整改通知书。

（4）铁路局根据日常检查和年度评估结果，按照《动车组餐饮服务授权经营合同》或《动车组餐饮服务合作合同》的规定对餐饮服务运营商进行奖励或处罚。

任务二 动车组餐车作业标准

知识目标

- 了解动车组餐车的作业标准。

技能目标

- 能够按动车组餐车的作业标准开展相关工作。

相关知识

一、动车组餐车作业管理

（一）动车组餐车整备

1. 动车组餐车出库标准

动车组餐车橱、柜、箱干净无异味，分类标志清晰，商品、食品、备品分类定位放置。保洁工具及小推车等备品定位放置，不影响旅客的使用空间。定期消、杀、灭、蚊、蝇、蟑螂等病媒，昆虫指数及鼠密度符合国家规定。

2. 动车组餐车途中标准

动车组餐车餐桌、吧台、工作台，以及微波炉和各橱、箱、柜内保持洁净。售货车配热水瓶，售货时为有需要的旅客提供补水服务。

3. 动车组餐车到站立即折返标准

动车组餐车橱、柜、箱干净无异味，分类标志清晰，餐、饮品等各类商品和备品分类定位放置。保洁工具及售货车等备品定位放置，不影响旅客的使用空间。

（二）动车组餐饮服务人员服饰标准

仪容整洁，着装统一，整齐规范。餐吧车加热、供应餐食时，动车组餐饮服务人员戴口罩、手套；女性穿围裙。

（三）发票管理

（1）铁路局、站段必须给列车和车站的餐饮服务人员配备足量发票以供使用。旅客消费后需要发票时，餐饮服务人员必须及时提供，不得推诿拒绝。

（2）动车组餐车发票为单张两联式，即存根联和发票联平行设置，左侧为存根联，右侧为发票联。定额发票的面值为壹元、贰元、伍元、拾元、贰拾元、伍拾元和壹佰元。

（3）动车组餐车发票不得超范围使用、倒买倒卖等违反发票管理法规的行为，各级税务机关将严格依照《中华人民共和国税收征收管理法》和《中华人民共和国发票管理办法》及其实施细则进行处理。

（4）各班组餐服长为发票保管责任人，凭装订完整的存根联换领新票。

（5）定额发票只能用于旅客在列车上餐饮消费的收据。各班组需要按提供餐饮服务的额度，提供发票并按照收款项的日期如实填写开票日期。

（6）各班组对发票日常管理应严防丢失、损坏。退勤时应清点发票的使用情况。

二、动车组餐车保洁作业

（一）动车组餐车出库保洁作业

1. 作业内容

清洁地面、边角、空调口、天花板、微波炉、消毒柜、保温箱、冰箱、烤箱、电磁炉、抽油烟机、服务台、垃圾桶、车内门缝、备份箱格、装饰板、化妆镜、餐台、餐桌（含桌腿）、座椅（含椅腿）、不锈钢部件、显示屏表面，壁柜、地柜、台面、扶手、水池、冰箱、展示柜，清理隐蔽部位杂物等。

2. 动车组餐车卫生工作准则

动车组餐车的空调口、天花板、各处不锈钢壁板表面无污迹、无灰尘；微波炉、保温箱、电冰箱、烤箱内无碎渣、无油迹；服务台台面、操作台干净整洁；垃圾桶内无垃圾，桶内无异味，桶内套袋；车门缝干净、无污迹；备品柜格、装饰板表面无污迹、无灰尘，化妆镜干净明亮；餐桌、餐椅整齐，桌（椅）缝无杂物、无碎渣；显示屏屏幕表面干净；地面清洁干净，无污物，无卫生死角；座椅靠垫干净、整洁。

（二）动车组餐车途中保洁作业

1. 清理方法

清洁服务台面、柜面，用半干毛巾擦拭；小推车易沾杂质处需用去污剂、塑料刷等进行清理，再用清水冲洗，最后用干净抹布擦拭。热水炉下的水池滤网下有锈垢，需用去污剂、钢丝球擦拭；清洁备份箱格、电开水炉、微波炉等用半干毛巾擦拭，微波炉内用干净抹布擦拭。

2. 清洁内容及标准

清洁餐车地板；清洁水池、电开水炉；清洁服务台面；清洁微波炉、电冰箱、冷冻柜、冷藏柜；清洁展示柜内部、表面；整理冰柜、显示柜上物品。

垃圾桶内装袋，桶外无垃圾，桶内无异味，在定点站及时卸下垃圾；餐车地面无垃圾、无污物、无水迹；水池、电开水炉内无水垢、污渍、锈迹；服务台表面干净、整洁，缝隙内无污物；微波炉、电冰箱、冷冻柜、冷藏柜内无碎渣、无残余食品、无油渍；展示柜内部无污迹、无锈迹，冰柜、显示柜上物品摆放整齐、不杂乱、无杂物；餐桌表面无杂物、无污迹，及时清理剩余食品。

三、动车组餐服长作业流程

（一）旅客上车前作业

1. 出乘准备

提前到排班室报到，接受命令，确认当日担当乘务情况，填写《乘务日志》。

（1）接受并记录派班员传达的上级命令、电报、注意事项及对本趟工作要点安排。编制《当趟餐服计划》，交派班员审阅。同时领取有关餐饮经营的报表、资料、票据、备用金等。

（2）确认值乘交路、车底编号、停靠站台及有关注意事项。

（3）核对乘务清单，核实当趟考勤情况。

（4）携带健康证、上岗证，并接受派班员检查。

2. 出乘会

（1）餐服长组织餐服乘务组召开出乘会，布置餐服计划、重点工作，安排具体工作。学习有关文件、通知和业务知识。

（2）检查动车组餐饮服务人员（以下简称餐服务）的着装、仪容仪表、上岗证和健康证，以及对讲机、耳机等出乘用品性能。

（3）结合重点内容对动车组餐饮服务人员进行试问，对业务学习计划进行业务考核。

（4）组织好餐服乘务组成员准时到派班室列队、点名。

3. 进站理货

组织餐服乘务组开车前进站，并进行库房理货。

（1）列队时，所有私人物品均放入乘务箱内，右手拉箱子。

（2）接受安检，人过安全门，包过安检机，遵守安检制度。

（3）请领单据、发票、营业执照、卫生许可证、食品安全承诺书。

（4）领取消毒用品、垃圾袋、封箱条、一次性手套等。

（5）进行库房理货，按出库打印单据检验货品，认真检质、检数、检有无破损，确认后签字（货品由配送人员送站）。

4. 立岗接车

配货完毕，组织动车组餐饮服务人员按规定时间提前到达到指定站台并按标准立岗接车。

（1）全体佩戴制帽，统一右手拉箱，餐服长走在动车组餐饮服务人员的前面，动车组餐饮服务人员按照顺序，列队进站台接车。

（2）站台交接。与配送人员交接货品件数，仔细清点，签字确认。

（3）与本次列车列车长接洽，沟通相关工作。

（4）在站台列车中间车厢相应位置，听取列车长指挥，面向站台或线路方向，在客运乘务员后排以餐服长为第一位，动车组餐饮服务人员横向一字排开，乘务箱包统一放置于每人右侧，以立岗迎客的标准站姿迎接车底进站。

（5）听取列车长布置有关重点工作。

5. 列车始发前准备

列车进站时，面带微笑行注目礼。列车停稳后，组织动车组餐饮服务人员按照分工，按时做好始发前准备工作。

（1）掌握餐车卫生质量情况。餐车卫生检查项目包括：餐车墙板、地面、操作台、吧台、电冰箱内外、烤箱、小推车内外、座椅、餐桌、窗台、垃圾箱。

如发现卫生质量不达标，及时告知列车长并先行采取补救措施。

（2）确认设备状态良好，接通电源查看微波炉、咖啡机、电开水炉、电冰箱、保鲜柜、冷冻柜、冷藏柜、小推车使用性能是否良好。发现问题及时通知机械师修复。

（3）货品、商品、餐食按储存要求及时存放。

（4）餐车整备。按照标准铺放台布、套座套、靠背纱、摆花瓶、放纸巾盒和价目表、悬挂卫生许可证和挂钟；准备好当餐所需餐具等。

（5）销售准备。准备好当餐销售餐食、饮品，适当预热部分餐食。

（二）列车开车后作业

（1）列车开车铃声响时，组织动车组餐饮服务人员按标准站姿定位立岗等待出站。

（2）向到餐吧的旅客宣传餐食。

（3）按照餐饮供应标准做好早、中、晚旅客餐食、饮品等服务。

（4）乘务饭供应。随车就餐乘务人员应准时到达餐车，签字确认后用餐（用餐时间内实行轮流用餐制，并回避旅客用餐高峰时段以保证旅客及时用餐）。

（5）恢复整容。随时恢复餐车卫生，物品归位摆放，设施设备卫生保洁。

（6）中途停站时，向在餐车用餐的旅客做到站提示（到达车站站名、到站时间、停车时间，防止旅客坐过站，并提示旅客看管好自己随身携带的行李物品）。

（7）到站前及时清理垃圾。

（8）投放垃圾时，将垃圾袋封口投放在停车站的指定位置，严禁污物外泄。

（三）折返作业

（1）卫生整容，到站前在规定时间内将餐车进行彻底清扫，确保设备清洁、无污物，餐具彻底消毒。

（2）核对账目，清点现金、票据，做好核对工作，现金及时入柜加锁。

（3）餐食、备品按规定打包装箱，做好账目登记、异地存储交接工作。

（4）检验设备。

（5）投放垃圾。

（6）接受指示，到站听取列车长指示，接收返程 VIP 旅客信息。

（7）异地补货，确认货单，按货品清单认真验货、检数、检质、检有无破损，核对签字。

（四）列车终到前作业

（1）到站前在规定时间内将餐车进行彻底清扫，确保设施设备清洁、无污渍。

（2）清点货品，与动车组餐饮服务人员一起核对、清点货品，确保账款相符，不信用交接。

（3）核对现金、商品、餐具，认真核对账目清单，做到账款相符。

（4）餐食、备品按规定打包装箱、封箱，做好退库准备。

（5）检查电器设备，确认电源处于关闭状态。

（6）填写备品交接本、商品营业情况报表。

（7）列车到达终到站前，征求旅客意见的同时，提醒旅客带齐私人物品，致告别语。

（8）终到前作业标准：

① 商品销售数量、剩余数量与钱款相符。

② 剩余商品打包摆放平整，重不压轻，严防打包造成商品破损。

③ 钱款专人负责，严防被盗。

（五）列车终到作业

（1）定位立岗。列车到站前，以标准站姿定位立岗。

（2）投放垃圾。到达终到站后将垃圾袋封口投放在指定位置，严禁污物外泄。

（3）填缴款单。填写缴款单。

（4）到达票据。整理好乘务报表、销售报表、营业款、各类票据等，送交派班室。

（5）备品交接。备品打包装箱后，做好账目登记。涉及异地存储交接工作的，须与地勤人员进行服务备品箱交接。

（6）列车终到作业标准：

① 保持餐车洁净，备品、餐具清洗、消毒后退库。

② 剩余商品清点准确，账物相符。

③ 报表准确填写，按时上报。

④ 报表、票据、钱款交接准确，报表填记无差错。

⑤ 按规定对动车组餐饮服务人员进行考核。

（六）退乘作业

（1）统一下车。统一从车内列队行走，按照顺序下车。

（2）列队退乘。听从列车长指挥，走黄色安全线外侧直线列队退乘。

四、动车组餐饮服务人员作业流程

（一）旅客上车前作业

（1）提前到派班室报到，参加出乘会，接受命令，整理仪容仪表、着装，检查相关物品及有关通信设备、备品的携带情况。

① 参加出乘任务布置会，接受餐服长重点工作布置。

② 参加业务学习，考核。

③ 检查对讲机性能。

④ 整理制帽、胸卡、头饰、皮鞋、制服及乘务箱、车门钥匙等。

⑤ 列队集合，明确值乘交路、车底编号、停靠站台及有关注意事项。

⑥ 核对乘务名单，核实当趟考勤情况。

⑦ 携带健康证、上岗证并接受派班员检查。

（2）开车前按规定时间列队进站，并进行库房理货。

① 列队时，所有私人物品均放入乘务箱内，右手拉箱子。

② 接受安检，人过安全门，包过安检机，遵守安检制度。

③ 协助餐服长请领单据、发票、营业执照、卫生许可证、食品安全承诺书，领取消毒用品、垃圾袋、封箱条、一次性手套等。

④ 进行库房理货，按出库打印单据检验货品，认真检质、检数，检有无破损。

⑤ 配货完毕离开分拨中心，在规定时间内到达指定站台，按标准立岗接车。

⑥ 全体佩戴制帽，统一右手拉箱，走在餐服长的后面，按照规定的顺序列队进站台接车。

⑦ 站台交接。与配送人员交接货品件数，仔细清点，签字确认。

⑧ 列车到达前在规定时间内列队由餐服长带领到站台接车。在列车中部车厢列队接车，与上一班班组办理交接。

⑨ 听取列车长布置有关重点工作。

（3）列车进站时面带微笑，行注目礼，列车停稳后，按照分工按时做好始发前准备工作。

① 检查餐车卫生质量情况。餐车卫生检查项目包括：餐车墙板、地面、操作台、吧台、电冰箱内外、烤箱、小推车内外、座椅、餐桌、窗台、垃圾箱。如发现卫生质量不达标，及时告知列车长并先行采取补救措施。

② 确认检查设备状态良好情况，接通电源查看微波炉、咖啡机、电开水炉、电冰箱、保鲜柜、冷冻柜、冷藏柜、小推车使用性能是否良好。发现问题通知餐服长后及时通知机械师修复。

③ 货品定位，商品、餐食按储存要求及时存放。

④ 餐车整备。按照标准铺放台布、套座套、靠背纱、摆花瓶、放纸巾盒和价目表、悬挂

卫生许可证和挂钟；准备好当餐所需餐具等。

⑤ 销售准备。准备好当餐销售餐食、饮品，适当预热部分餐食。

（二）列车开车后作业

（1）列车开车铃声响时，分别在车厢内中部餐桌处和服务台按标准站姿定位立岗等待出站。

（2）列车始发后，在规定时间内，一名动车组餐饮服务人员移动售卖；一名动车组餐饮服务人员用托盘下车厢销售饮品，并做用餐登记。

（3）按照相关供应标准供应早、中、晚餐食、饮品。

（4）及时补充货物，巡回销售。

（5）协助恢复整容，随时恢复餐车卫生，物品定位摆放，保持设施设备卫生清洁。

（6）中途停站时，在车内售卖时应提示周边旅客（到达车站站名、到站时间、停车时间，防止旅客坐过站，并提示旅客看管好自己随身携带的行李物品）并停止销售，到不开门的一边，等候旅客上下车，不得堵塞通道，影响旅客上下列车。

（三）折返作业

（1）卫生整容。到站前在规定时间内将餐车进行彻底清扫，确保设备清洁、无污物，餐具彻底消毒。

（2）核对账目，清点现金、票据，做好核对工作，现金及时入柜加锁保存好。

（3）餐食、备品按规定打包装箱，做好账目登记、异地存储交接工作。

（4）检验设备。

（5）投放垃圾。

（6）接受指示，到站听取列车长指示，接收返程 VIP 旅客信息。

（7）异地补货，确认货单，按货品清单认真验货、检数、检质、检有无破损，核对签字。

（四）列车终到前作业

（1）到站前在规定时间内将餐车进行彻底清扫，确保设施设备清洁、无污渍。

（2）清点货品，与餐服长核对、清点货品，确保账款相符，不信用交接。

（3）核对现金、商品、餐具，认真核对账目清单，做到账款相符。

（4）餐食、备品按规定打包装箱、封箱，做好退库准备。

（5）检查电器设备，确认电源处于关闭状态。

（6）列车到达终到站前，征求旅客意见的同时，提醒旅客带齐私人物品，致告别语。

（五）列车终到作业

（1）列车到站前，从标准站姿定位立岗。

（2）到达终到站后将垃圾袋封口投放在指定位置，严禁污物外泄。

（3）协助餐服长整理好乘务报表、销售报表、营业款、各类票据等，送交派班室。

（4）集体退乘返回。

（5）参加退乘会，总结本趟工作。

复习思考题

1. 简述动车组餐饮工作的有关规定。

2. 简述动车组餐车作业管理规定。
3. 简述动车组餐车保洁作业规定。
4. 简述动车组餐服长、餐饮服务人员作业流程。

素质拓展

铁路部门一直想提供给旅客价廉物美的食品，高速铁路动车组不断增加餐饮品种供应，推出包子、馒头、三明治等低价食品。

2016年“中国铁路餐饮”系列产品横空出世。铁路部门听取民意，即时改革，借全国铁路大调图的机会推出自己的餐饮品牌，降低快餐价格，使更多的人吃得起列车上的快餐。

“中国铁路餐饮”品牌，由铁路企业针对不同区域、不同季节、不同时段、不同消费的需求，在原有快餐盒饭基础上，研发推出包子、饺子、面条及多种富有地域特色的餐食，品种由原来的300余种增加到400余种，各铁路餐饮企业将不断研发更多的新品种。可以看出，铁路所承诺的“餐改”，不仅仅是随便增加一些廉价的产品，铁路部门正用前所未有的力度，为出行旅客带来更多的“舌尖上的体验”。

铁路部门推出的“中国铁路餐饮”系列产品，不仅是为了打造高铁餐饮名牌，同时也是让列车上的餐食呈现出标准化和专业化水准。这是铁路部门担当和创新精神的体现，也是顺应旅客需求的明智之举。“中国铁路餐饮”品牌，必将提升铁路餐饮的规范化和标准化，给旅客带来更丰富的视觉感受和更美味的味觉享受，让旅客更加放心安心。再加上种类和价格的多元化，必将引来更多旅客的青睐。高速发展的中国铁路，不仅能用速度抓住旅客的心，也可以用美味抓住旅客的胃。

实训安排

实训项目：动车组餐车作业标准

【实训目标】

（1）了解动车组餐车作业标准；

（2）掌握动车组餐车作业流程。

【实训内容与要求】

（1）以小组为单位；

（2）针对动车组餐车作业标准、作业流程进行实操。

【实训成果与检测】

每位学员进行动车组餐车作业实操，由教师根据每位学员的表现评估打分。

项目六

动车组餐饮服务人员职业素养

思政目标

● 学习党的二十大关于人才强国战略的相关精神，立足岗位，提升自身素质，立志成才。

引导案例

高铁小年夜春运更温情

2017 年 1 月 20 日农历腊月二十三，在青岛开往北京的 G186 次高铁上，一场“温馨小年，多彩旅程”主题活动正在进行，只见餐车服务员穿着火红的中国传统民族服饰为旅客服务，列车长杨蕾和乘警长肖军，以及山东济铁旅行服务有限公司青岛高铁餐饮管理分公司的餐车服务员与动车旅客一起，共同包水饺、唱欢歌、话家常、品美食，共度小年。旅客们不约而同地来到餐车入座，大家纷纷拿出手机拍照，发朋友圈，分享小年旅行的喜悦。餐车吧台内，服务员在高铁列车的后厨用专用微波吉塔锅和微波炉为大家煮水饺。车长、乘警与餐饮部部长一起将热腾腾的水饺端上了桌。服务员们准备了春运旅行知识问答、唱歌、跳舞等寓教于乐的活动，还邀请旅客们一起唱歌、互动、演节目。餐饮服务人员就是这样一群多才多艺的铁路人，他们既要做好餐饮服务的本职工作，又要回答旅客问询，立岗迎客上车，安排旅客下车，做好餐车安全管理，因此餐饮服务岗位对从业人员的素质要求是非常高的。

任务一　动车组餐饮服务人员基本素质

知识目标

- 了解动车组餐饮服务人员的职业道德要求；
- 了解动车组餐饮服务人员应具备的基本心态。

技能目标

- 能够具备良好的职业道德和基本心态为旅客服务。

相关知识

一、餐饮服务人员的职业素养

（一）动车组餐饮服务工作的服务本质

动车组餐饮服务工作是与人打交道的工作。动车组餐饮服务人员应具备高度的政治觉悟、高尚的道德情操、自觉的组织纪律性，乘务过程中动作、姿态应规范，具有丰富的专业知识、强烈的事业心和责任感，成为精神文明的倡导者和实践者。

（二）动车组餐饮服务人员应具备的服务意识

（1）以服务为宗旨，待旅客如亲人。

（2）注重礼仪，礼貌热情，不卑不亢。

（3）一诺千金。对旅客所做的承诺一定要实现。

（三）动车组餐饮服务人员应具备的综合素质

1. 动车组餐饮服务人员的职业道德

优质服务，做到主动热情，细心周到。

文明待客，做到行为规范，举止端庄。

勤恳敬业，做到工作勤奋，业务熟练。

廉洁奉公，做到不徇私情，公道正派。

顾全大局，做到密切配合，团结协作。

遵章守纪，做到执行标准，服从命令。

2. 良好的精神品质

（1）热爱动车组餐饮服务事业，忠于职守，具有高度的工作责任心和全心全意为人民服务的精神。

（2）严守国家机密，遵守国家法令、法规，以及铁路行业条例、规章。

（3）关心铁路发展，爱护列车设备，团结友爱，谦虚谨慎，平等待人，树立文明风尚。

（4）遵守纪律，廉洁自律，公私分明，不贪占列车上的财物。

（5）加强学习，不断提高自身的服务技能和处理突发事件的能力，以适应动车组餐饮事业发展的需要。

3. 卓越的职业风貌

（1）听从指挥，热爱集体，团结协助，工作认真，有严谨的工作作风。

（2）精神饱满，仪容整洁，行为端庄，举止文明，有健康向上的风貌。

（3）服务主动，细致周到，表情亲切，言语和蔼，有亲和力。

（4）执行标准、落实制度、遵章守纪，有严于律己的自觉性。

4. 自我提升的职业素质

（1）勤奋学习，钻研业务，有较高的文化素养和较为全面的专业知识。

（2）能运用标准普通话，熟练掌握常用英语会话，具备良好的语言和文字表达能力。

（3）了解旅客的不同需求及心理特点，掌握较为全面的服务技巧，具备较高的服务技能。

（4）熟知作业程序和标准，熟悉餐饮服务设备设施的基本性能，熟练使用餐饮服务设备设施，能为旅客提供优质的服务。

（5）熟知安全措施和应急预案，熟练使用安全设备设施，具备妥善处理突发事件的应变能力。

二、动车组餐饮服务人员工作中应具备的基本心态

1. 树立自身的阳光心态

面对各种不同的旅客，乐观是心胸豁达的体现，是人际交往的基础，是工作顺利和生理健康的保证，是避免挫折的法宝。

在从事餐饮服务工作时，来自旅客、上级、个人等各方面的困扰会影响自身心理变化，如何对待并以最快的速度调整好情绪尤为重要。

首先，要树立为人民服务的思想和正确的人生观、价值观、世界观。

其次，不要对自己过分苛求，应该把奋斗目标定在自己能力所及的范围之内，使自己有圆满完成目标的可能。

最后，工作中要学会自我调节情绪，排除不良干扰，使自己有一个愉快的工作环境和氛围。

2. 快乐地服务

愉快的氛围可以缩短人与人之间的距离，化解令人尴尬的僵局；快乐是沟通彼此心灵的渠道，使人产生一种安全感、亲切感、愉快感。创造一种快乐的服务环境，让旅客在快乐中购买商品，是每一个动车组餐饮服务人员努力的方向。

3. 服务要充满爱心

动车组餐饮服务人员在销售的过程中，让旅客体验到正面的情绪影响，这是优质服务的秘籍。要让旅客产生愉快的体验，就必须付出爱心，做到爱你的产品，爱你的旅客，爱你周围的人，让旅客看到世界光明和温暖的一面。

4. 微笑是一种力量

动车组餐饮服务人员在满面笑容地进行餐饮产品推销时，要对旅客抱有积极的期望。你的笑容越真挚，旅客快乐的感觉越强烈，成交的可能性也就越大。微笑是对自己的一种鼓励，是给自己的一种力量，微笑是可以传递的“兴奋剂”。很多时候，旅客购买的不仅是产品本身，更是动车组餐饮服务人员身上的热情、自信和力量。

5. 用热情打动旅客，用自信赢得尊重

动车组餐饮服务人员用热情的态度来感染旅客的时候，旅客也会用同样的热情来回报你。即使一个旅客在你的热情面前仍面不改色，那也不代表他无动于衷。冰是被热度融化的，而水也是因为热度而沸腾的。如果让一个旅客领略到前所未有的优质服务和热情，相信他终究会被你打动并达成销售。

动车组餐饮服务人员在进行餐饮产品销售的过程中，会与形形色色的人打交道，有财大气粗、权力显赫者，也有博学多才、学识渊博者，还有其他各类型的人士。要想与在某些方面优于自己的人打交道，并且能够说服他们，赢得他们的信任和欣赏，首先必须坚信自己的能力，然后信心百倍地去面对旅客，从容不迫地与他们交流沟通。充满自信的动车组餐饮服务人员是具备独特人格魅力的人，是能够赢得旅客信任和尊重的人。

6. 对待旅客要宽容，耐心应对旅客的不合作

动车组餐饮服务人员需要有包容心，要包容和理解旅客。真正优质的服务是根据旅客的需求使他获得满意。不管面对什么样的旅客，都要有一颗宽容的心，要习惯站在旅客的立场上考虑问题，把工作做到周到、细致，要学会察言观色、控制自己的情绪，这样，你的销售和服务工作才会做得更好。工作中遇到不配合的旅客时，需要耐心地沟通，真诚微笑地服务，全面考虑，掌握重点，同等重视所有旅客，才能保证实现优质服务，达到旅客满意的目的。

7. 尽善尽美，服务到底，负责到底

随着经济的发展和社会的进步，现在的消费者要比过去的消费者更加精明和理智，在购买商品过程中获得更优质的服务已经成为他们的常规要求。动车组餐饮服务人员需要具备负责到底的态度，具备更高、更好的服务意识，不断完善，不断进步。在销售过程中，动车组餐饮服务人员要义不容辞地承担起为旅客提供服务的责任，为旅客提供令其感到满意的优质服务。

任务二　动车组餐饮服务人员形象塑造要求

知识目标

- 了解动车组餐饮服务人员的仪容要求；
- 了解动车组餐饮服务人员的仪态要求。

技能目标

- 能够掌握动车组餐饮服务人员形象塑造的要求。

相关知识

一、动车组餐饮服务人员的仪容要求

仪容是指人的容貌，主要是指人的面部和头部，是个人形象的重要组成部分之一。通过对面部与头发的修饰，展现每个人的个性、喜好、修养等。仪容不仅表现为打扮和美容，实际上是人的精神面貌的体现，能使人在工作中保持良好的精神风貌。

（一）发型、发式方面的仪容

（1）男性动车组餐饮服务人员要保持头发干净、整洁，并且要经常注意修饰、修理发型。头发不应过长：一般认为男士前部的头发不要遮住眉毛，侧部的头发不要盖住耳朵，同时不要留过厚或者过长的鬓角；男士后部的头发，应该不要长过自己西装衬衫领子的上部。

（2）女性动车组餐饮服务人员的发型、发式应该保持美观、大方，发不过肩，刘海长不遮眉，短发不短于两寸。要经常洗发和梳理，以保持头发整洁，没有头屑。需要特别注意的一点是，在女性餐饮服务人员选择发卡、发带的时候，其式样应该庄重大方。“女人看头”，女性餐饮服务人员的发型要时尚得体、美观大方、符合身份。

（二）化妆方面的仪容

（1）男性动车组餐饮服务人员要注意清洁与适当的修饰。为了使自己容光焕发，显示活力，男士胡须要剃净，鼻毛应剪短，不留胡子。

（2）女性动车组餐饮服务人员必须淡妆上岗，不能浓妆艳抹，并避免使用气味浓烈的化妆品。

客运服务箱包中应携带化妆包，在工作中遇到脱妆时需要及时补妆。出乘之前必须携带口红、粉底、眼影、腮红、梳子、定型水、擦鞋器、备用丝袜、香皂、护手霜等。补妆应避免在旅客面前进行，应选择在洗手间或工作间进行补妆。

化妆过程中要注意选择与自己肤色相近的粉底液（霜）的颜色，使其起到提亮肤色和均

匀肤色的效果，并让整个面部、颈部达到肤色统一、均匀、柔和的效果。注意避免在脖颈之间出现明显的“分界”。

眉毛的颜色应接近头发颜色，应修剪得秀丽、整齐，眉笔应使用黑色、深棕色为宜。眼线应使用黑色、深棕色为宜，不可描得过重。睫毛膏应以黑色、深棕色为宜，不可使用假睫毛。眼影颜色的选择应与制服颜色协调，不得使用颜色过于艳丽的眼影。

面部的腮红颜色应与口红颜色协调，根据自己的脸型决定腮红的位置。口红的颜色挑选以大红、深红、桃红、玫瑰红为宜。唇线的颜色应与口红的颜色一致，不得使用“夸张”颜色的口红。

双手一定要保持清洁健康，指甲修剪整齐美观，指甲保持肉色，可涂自然色指甲油，但不得有脱落现象，绝对不要涂有色的指甲油。不能留长指甲，指甲的长度不应超过手指指尖。要保持指甲的清洁，指甲缝中不能留有污垢。

喷洒香水时应以清香、淡雅型香水为宜，不可过香、过浓，可以喷口香剂来保持口气的清新。

（三）着装方面的仪容

工作时统一穿制服，衣扣、拉链整齐。着裙装时，丝袜统一，无破损。系领带时，衬衣束在裙子或裤子内。外露的皮带为黑色。佩戴的外露饰物款式简洁，限手表一只，戒指一枚，女性还可佩戴发夹、发箍或头花，以及一副直径不超过 3 mm 的耳钉。不歪戴帽子，不挽袖子和卷裤脚，不敞胸露怀，不赤足穿鞋，不穿尖头鞋、拖鞋、露趾鞋，鞋跟高度不超过 3.5 cm，其直径不小于 3.5 cm。

要佩戴职务标志。胸章牌（长方形职务标志）戴于左胸口袋上方正中，下边沿距口袋 1 cm 处（无口袋的戴于相应位置），胸章牌包含单位、姓名、职务、工号等内容。菱形臂章佩戴在上衣左袖肩下四指处。按规定应佩戴制帽的工作人员，在执行职务时戴上制帽，帽徽在制帽折沿上方正中。

二、动车组餐饮服务人员的仪态要求

仪态，是指人们在行为中展示的姿态和风度，通常是指身体在站立、就座、行走时的样子及各种手势和面部表情等。优雅的仪态不仅让对方感觉舒适得体，还体现了行为者自身的修养和品质。同时，仪态也是一种无声的语言，即体语。一个人的每一种仪态都真实地反映其当时的某种心理状态。

（一）动车组餐饮服务人员仪态规范的一般要求

（1）动车组餐饮服务人员站立、行走姿态要端正。不背手、叉腰、抱膀、插兜，不高声喧哗、嬉笑打闹、勾肩搭背，不在旅客面前做吃食物、吸烟、剔牙齿和其他不文明、不礼貌、不雅观的动作。

（2）动车组餐饮服务人员指示方位时，应五指并拢，切忌用单个手指指示方位。

（3）为旅客拿东西时，应该轻拿轻放；拿水杯时，应该拿水杯的下 1/3 处；为旅客递送东西时，应该站在旅客的正面，递送东西到位，当对方接稳后再松手。

（4）在旅客多的地方行走时应先打招呼，不与旅客抢道、并行；与旅客迎面时应主动让路；无意碰撞或影响了旅客，应表示歉意。

（5）与旅客交谈时，要面对对方，保持适当距离（0.5～1.0 m）；站姿端正，可采取稍弯

腰或下蹲等动作来调节体态和高度；目光要平视对方的眼睛，以表示尊敬和正在注意听取对方的谈话。

动车组餐饮服务人员的仪态，不仅展示着个人的素养和职业规范，而且得体的举止体现了良好的工作态度。姿态不雅就是对旅客的不尊重。不当的举止还可能导致旅客的误解。因此，仪态的训练十分必要。

（二）仪态礼仪

仪态可以概括为面部仪态、静态仪态、动态仪态三类，主要包括目光、微笑、站姿、坐姿、行姿、蹲姿、鞠躬和手势等。

1. 面部仪态

1）目光

目光的注视往往是见面交流的第一步。“眉目传情”说的就是目光可以传达思想和感情，并且这种情感的流露比语言更加真实、直接、有效。古代孟子甚至认为，观察人的眼睛便可知道人的善恶。在服务中，若能善于运用目光，可以使自己变得更加友善和亲切，更容易得到旅客的信任。

（1）视线。视线的把握，要求注意目光注视的角度，即视角。视角可以分为三种。

① 平视。

观察物与眼睛平齐时，视线水平，即为平视。与人交谈时应当尽量做到平视对方。在服务工作中，平视是一种常规要求。平视表现出双方地位的平等。

② 仰视。

抬起头朝上看容易表现出敬仰、高度重视。低着头朝上看往往表现出羞涩、胆怯、谦虚、低调。服务中，仰视并不多用。

③ 俯视。

俯视往往带有自高自大、傲慢不屑，服务中应该避免这种注视方式。如果对方的位置低于自己的眼睛，如客人坐着，餐饮服务人员站着时，应当轻微俯身，尽量减小俯视的视角差。

（2）目光运用技巧。

① 正视对方。

与人打招呼、交谈、致谢、道歉时，如果能够用眼睛看着对方，会使人感到你的真诚、友善、信任、尊重。交谈中，还要注意目光注视对方的同时，应使身体伴随对方的移动而适当转动。尽量使自己面朝对方，注视对方。这是一种基本的礼貌。斜眼看人、扭头视人或者偷偷看人，都难以表达出尊重他人的意思。

② 注视对方。

与人交谈时，往往会伴有目光的交流。面对面交谈时，出于礼貌，我们需要注视对方。如果目光左顾右盼、东张西望，对方会感到你心不在焉，缺乏诚意或心中有鬼。注视中应当正确把握视域，非亲人之间，注视对方的头顶、胸部、腹部、臀部或大腿，都是失礼的表现。特别是与异性交谈时，更要注意控制视域。

③ 避免盯视、扫视。

目光的运用应该“散点柔视”，即让目光均匀地洒在对方脸上。如果谈话中出现短暂的沉默，应当将视线暂时从对方脸上移开，恢复交谈时再注视对方脸部。一直盯着对方看，会给对方造成心理压力，使对方感到紧张。

扫视，即用目光上下打量他人，这种目光会让被注视的人感觉自己被怀疑、不被尊重。这是一种对他人极不礼貌的目光，在日常社交中忌用这种目光。动车组餐饮服务人员在工作中尤其应当避免对客人使用扫视的目光。

2）微笑

微笑是一种健康的、文明的、令人愉悦的举止，它是无声的语言，是人际交往的润滑剂，是自信、友好、善意的表示。正像一首法国诗里所说："微笑一下并不费力，但它却能产生无穷魅力，受惠者变得富有，施予者也并不贫穷。它转瞬即逝，却往往留下永久的回忆……"由于微笑可以迅速带来融洽的沟通氛围，它已成为一种基本的服务岗位礼仪规范。

（1）微笑的意义。

日常生活中，笑有很多种：大笑、微笑、偷笑、冷笑、嘲笑、怪笑、狞笑、狂笑等。每一种笑都传达出不同的心理，并产生不同的感受。微笑，给人以平静、柔和、亲切、善意、信任之感，从而成为交往中通行的礼貌举止。人际交往中，保持微笑，至少具有以下一些作用。

① 显得心境良好。面露平和、欢愉的微笑，说明心情愉快，充实满足，乐观向上，善待人生，这样的人更容易展示性格的魅力，也更容易吸引他人。

② 显得充满自信。保持微笑，表明对自己的能力有充分的信心，以不卑不亢的态度与人交往，使人产生信任感，容易被别人真正地接受。

③ 显得真诚友善。微笑反映自己心底坦荡，善良友好，待人真心实意，而非虚情假意，使人在与自己交往的过程中自然放松，不知不觉地缩短了心理距离。

④ 显得爱岗敬业。工作岗位上保持微笑，是热爱本职工作、恪尽职守的表现。同时，微笑更是可以创造一种和谐融洽的气氛，让服务对象倍感愉快和温暖。

（2）微笑的要领。

微笑是指嘴角上扬的浅笑，往往笑不露齿。在服务接待工作中，尤其是女性服务员，露出牙齿的笑容看上去更加甜美、亲切。因此，有"露出 8 颗牙齿的微笑最美丽"之说。不论露齿与否，微笑都应面含笑意，笑不作声。

微笑时，先要放松自己的面部肌肉，然后让自己的嘴角两端平均地向上翘起，使嘴唇呈现弧形。

2. 静态礼仪

静态礼仪包括人们在社交活动中各种姿态行为的规范，包括人的站姿、坐姿。优美的站姿、坐姿都会给人留下良好的印象。

无论是在人们的日常交往中，还是在社交场合，站立的姿势都是最基本的举止。虽然站姿属于以静为主的动作，但是又不能太死板。"站如松"虽然要求站立时要像傲然挺立的松树一样，但也不能面无表情地站立。它的基本美学原则是：男士要挺拔、庄重；女士要舒展、优雅。要想达到此美学标准，必须长期坚持严格训练，像军人一样，威武阳刚；像空姐一样，仪态万方。

（1）站姿的基本要求。

头正，肩平，胸宽，背直。双目平视，下颌微收，面带微笑，挺胸，收腹，立腰，双肩放松，双臂自然下垂。

① 男士站姿要求。

两膝并严，脚跟靠紧，脚掌分开呈 V 形，挺髋立腰，吸腹收臀，双手置于身体两侧，自然下垂；也可以两腿分开，两脚平行，但不能超过肩宽。这种垂手式站姿一般用于较为正式的场合，如参加企业的重要庆典、聆听贵宾的讲话、谈判后的合影等。当然，也有叉手站姿和背手站姿。

② 女士站姿要求。

双脚呈 V 形，膝和脚后跟尽量靠拢，或者一只脚略前，一只脚略后，前脚的脚后跟稍稍向后脚的脚背靠拢，后脚的膝盖向前靠拢。在基本站姿的基础上，双手搭握，稍向上提，放于小腹前。

（2）站姿的注意事项。

① 在站立的姿势中，要尽量避免僵硬化，肌肉不能绷得太紧，可以适时地变换姿态，追求动感美。静中有动，庄重又不失灵动。

② 站立的时候，不要靠着门、墙、廊柱等。双手在交谈的过程中，可以自然地带一些手势，但是动作幅度不要太大。不要将手插入衣袋或者裤袋里，或者交叉抱在胸前、叉在腰间，更不能下意识地做小动作，如双手发抖、抠指甲、弄衣服角。

③ 站立的时候，不要耸肩驼背，弓腰缩胸，东倒西歪，左摇右晃。

④ 要注意精神气质，不能萎靡不振，要神清气爽。否则，会给人一种缺乏自信的表现，不要将那些透露你内心世界的姿势展示给别人。

3. 动态礼仪

1）走姿

（1）走姿要求。

走姿要规范、优美。人的正常走姿，应当是身体直立，收腹挺胸，两眼平视前方，行走时，轻而稳，胸要挺，头抬起，两眼平视，步幅和步位合乎标准。应该脚尖向着正前方，脚跟先落地，脚掌紧跟着落地，两腿交替迈步，并且大致走在一条直线上。脚步要干净利索，要“行如风”，步履要轻快，两臂应在身体两侧自然摆动，节奏快慢适当，给人一种矫健轻快、从容不迫的动态美。

女性的步态要自如、匀称、轻柔，以显示出端庄、文静、温柔、典雅的女子窈窕之美。穿裙子时，要走成一条直线，使裙子的下摆与脚的动作显示出优美的韵律感，穿裤子时，走成两直线，步幅稍微加大，才显得生动活泼。走路的美感产生于下肢的频繁运动与上体稳定之间所形成的和谐，以及身体的平衡和对称。要做到出步和落地时脚尖都正对前方，挺胸抬头，迈步向前。

走路时步态美不美，是由步幅和步位决定的。如果步幅和步位不符合标准，那么全身的姿态就失去了协调的基础，也就失去了自身的步韵。女士穿的是旗袍或筒裙，脚下又穿了高跟鞋，那么步幅就要比平时穿裤子或平底鞋小一些。走路时，膝盖要富于弹性，肩膀应自然轻松地摆，使自己走在一定的韵律中，显得自然优美；否则会失去节奏感，显得浑身僵硬。

（2）走姿的注意事项。

① 切忌身体摇摆。行走时切忌晃肩、摇头，上体左右摆动，给人以庸俗、无知和轻薄的印象，脚尖不要向内或向外，走“鸭子”步，或者弯腰弓背，低头无神，步履蹒跚，给人以压抑、疲倦、老态龙钟的感觉。

② 双手不可乱放。无论男女，走路时不可把手插在衣服口袋里，尤其不可插在裤袋里，也不要叉腰或倒背着手，因为这样不美观；两臂前后均匀随步伐摆动。

③ 目光注视前方。走路时眼睛注视前方，不要左顾右盼，不要回头张望，不要盯住行人乱打量，更不要一边走路一边指指点点地对别人评头论足，这不仅有伤大雅，而且不礼貌。

④ 脚步干净利索。走路时，脚步要干净利索，有鲜明的节奏感，不可拖泥带水，抬不起脚来；也不可重如打锤，砸得地动楼响。

⑤ 有急事莫慌乱。如果碰到急事，可以加快脚步，但切忌慌乱。

⑥ 同行不要排成行。几个人在一起走路时，不要勾肩搭背，不要拍拍打打。多人在一起走路时，不要排成行。

⑦ 走路要用腰力。走路时腰部松懈，不美观，拖着脚走路，更显得难看。要做到出步和落地时脚尖都正对前方，抬头挺胸，迈步向前。穿裙子时要走成一条直线，使裙子下摆与脚的动作显出优美的韵律感。

2）蹲姿

有时动车组餐饮服务人员不得不蹲下去，为旅客服务，但一般人比较习惯随意地弯下腰，使臀部向后翘起，上身向前倒，这样看上去实在不雅观，也不礼貌，而且容易损伤腰部的肌肉。动车组餐饮服务人员，尤其是女性动车组餐饮服务人员，应该注意蹲的姿态。

（1）正确的蹲姿。

① 一只脚在前，另一只脚在后，向下蹲下，前一只脚的小腿垂直于地面，用全脚撑地，两大腿紧靠，后一只脚的脚跟提起，并用前脚掌撑地；前脚的膝盖高于后脚的膝盖，臀部向下，上身基本保持直线，稍向前倾。

② 也可以两脚并拢弯下。膝盖朝下蹲，臀部向下，上身保持直线。

（2）蹲姿的注意事项。

① 女士下蹲时，一定要将两腿靠紧，臀部向下。

② 男士下蹲时，两腿间可有适当距离，如果能注意到头、胸和膝关节的角度，会使蹲姿更加优美。

3）手势

手是传情达意的有力工具。正确、适当地运用手势，可以增强感情的表达。手势是服务工作中必不可少的一种体态语言，动车组餐饮服务人员手势的运用应当规范、适度，且符合礼仪。

（1）手势的规范标准。

五指伸直、并拢，掌心向斜上方，腕关节伸直，手与前臂形成直线，以肘关节为轴，肘关节既不要成 90°，也不要完全伸直，弯曲 140° 左右为宜，手掌与地面基本上成 45°。

（2）手势礼仪要点。

一般认为：掌心向上的手势有一种诚恳、尊重他人的含义；掌心向下的手势意味着不够坦率，缺乏诚意等；伸出手指来指点是要引起他人的注意，含有教训人的意味。因此，在引路、指示方向等时，应注意手指自然并拢，掌心向上，以肘关节为支点，指示目标，切忌伸出食指来指点。

需要特别注意的是，在任何情况下，不要用拇指指着自己或用食指指点他人，用食指指点他人的手势是不礼貌的行为，食指只能指物品。谈到自己时应用手掌轻按自己的左胸，这样会显得端庄、大方、可信。

（3）服务工作中的常用礼仪手势。

① 横摆式“请进”手势。

引导旅客时，动车组餐饮服务人员要言行并举。

首先轻声地对客人说“您请”，然后可采用“横摆式”手势：五指伸直并拢，手掌自然伸直，手心向上，肘作弯曲，腕低于肘；以肘关节为轴，手从腹前抬起向右摆动至身体右前方，不要将手臂摆至体侧或身后，同时脚站成右丁字步。头部和上身微向伸出手的一侧倾斜，另一手下垂或放在背后，目视宾客，面带微笑。

② 前摆式“请进”手势。

如果右手拿着东西或扶着门，要向宾客作向右“请”的手势时，可采用“前摆式”手势：五指并拢，手掌伸直，由身体一侧从下向上抬起，以肩关节为轴，手臂稍曲，到腰的高度再由身前向右方摆去，摆到距身体 5 cm，在不超过躯干的位置时停止。目视旅客，面带微笑，也可双手前摆。

③ 直臂式“请往前走”手势。

为旅客指引方向时，可采用“直臂式”手势：五指伸直并拢，手心斜向上，曲肘由腹前抬起，向应到的方向摆去，摆到肩的高度时停止，肘关节基本伸直。应注意在指引方向时，身体要侧向来宾，眼睛要兼顾所指方向和来宾。

④ 斜摆式“请坐”手势。

接待旅客并请其入座时，可采用“斜摆式”手势：左手或右手屈臂由前抬起，以肘关节为轴，前臂由上向下摆动，使手臂向下成一斜线，表示请旅客入座。

⑤ 双臂横摆式“诸位请”手势。

当旅客较多时，表示“请”的动作可以幅度大一些，可采用“双臂横摆式”手势：两臂从身体两侧向前上方抬起，两肘微曲，向两侧摆出。其中一只手臂应抬高一些，伸直一些；另一只手臂应稍低一些，曲一些。

⑥ 介绍手势。

为他人做介绍时，手势动作应文雅。无论介绍哪一方，都应手心朝上，手背朝下，四指并拢，拇指张开，手掌基本上抬至肩的高度，并指向被介绍的一方，面带微笑。在正式场合，不可以用手指点或拍打被介绍一方的肩和背。

⑦ 鼓掌手势。

鼓掌时，用右手掌轻击左手掌，表示喝彩或欢迎。掌心向上的手势表示诚意、尊重他人；掌心向下的手势意味着不够坦诚，缺乏诚意等。

⑧ 举手致意手势。

举手致意时，要面向对方，手臂上伸，掌心向外，切勿乱拜。

⑨ 挥手道别手势。

挥手道别时，要做到：身体站直，目视对方，手臂前伸，掌心向外，左右挥动。

⑩ 递接物品手势。

递接物品时，以双手为宜（至少用右手），应主动上前（主动走近接物者，坐着时应站立），以方便接拿。

4）鞠躬

鞠躬是中国、日本、韩国等国家传统的、普遍使用的一种礼貌举止。常用于欢迎、致谢、道歉、悼念等场合。鞠躬用于服务中，更能显示服务者热情、真诚、恭敬的服务态度，往往会给旅客良好的印象。

（1）鞠躬的不同姿态。

根据幅度大小不同，鞠躬一般分为四种：轻微的鞠躬（点头礼）——15°鞠躬；普通的鞠躬（中礼）——30°鞠躬；恭敬的鞠躬（敬礼）——45°鞠躬；诚恳的鞠躬（致歉礼）——90°鞠躬。

（2）鞠躬动作要领。

行礼时面对客人，并拢双脚，视线由对方脸上落至自己的脚前 1.5 m 处（15°鞠躬）及脚前处（30°、45°、90°鞠躬）。男性双手放在身体两侧，女性双手合起放在身体前面，由腰开始上身向前弯曲，弯腰速度适中，之后抬头直腰，动作慢些，这样会令人感觉很舒服。

三、餐饮服务的语言要求

铁路餐饮服务的语言要求主要包括客运服务的常用礼貌用语、服务用语规范、服务禁忌用语等。

（一）常用礼貌用语

1. 称呼

先生、女士、小姐，同志、师傅，大爷、大娘，小朋友、小同学等。

2. 问候语

“您好！”“你们好！”“各位旅客好！”“早上好！”“中午好！”“晚上好！”“路上辛苦了！”等。

3. 送语

“您好！欢迎乘车！”“欢迎您到餐车用餐。”“请慢走。”“这是您的东西，请拿好，多谢！”“再见！”“祝您旅途愉快！”“祝您一路平安！”“下次旅行再见！”等。

4. 询语

“需要我帮您做些什么吗？”“您还有别的事情吗？”“您需要……吗？”“如果您不介意的话，我可以……”“您好，请问您还需要什么吗？”“您觉得车内温度合适吗？”“我们为您准备了××、××、××，您需要哪一种？”“您需要添些水吗？”等。

5. 答语

“不必客气”“没关系”“这是我应该做的”“照顾不周的地方，请多多指教”“是的”“我明白了”“我马上来”等。

6. 谢语

“非常感谢”“谢谢您的好意”“谢谢您对我们工作的配合与支持”等。

7. 歉语

“请原谅”“打扰您了”“失礼了”“实在对不起”“谢谢您的提醒”“是我们的错，对不起”“好的，我们马上办好”“请不要介意”“对不起，让您久等了”“对不起，请借过一下”等。

8. 托语

“请问……”“请稍候”“请多关照”“请慢走”“请注意”“请小心……，借过一下”“对不起，我们还没有听说”“承您的好意，但是……”“抱歉，我需要请示一下领导”等。

（二）服务用语规范

1. 多使用礼貌语言

餐饮服务岗位的基本礼貌用语有：您好、请、谢谢、对不起、再见。

在服务过程中，应当尽可能多地使用礼貌语言与旅客交流。应当做到“五声”服务：旅客来时有迎客声；遇到旅客有称呼声；受人帮助有致谢声；麻烦旅客有道歉声；旅客离去有送客声。如此一来，能够体现动车组餐饮服务人员的待客热情与主动，旅客能够获得“被重视”“被关注”的服务优越感。

动车组餐饮服务人员与旅客进行语言交流时，应当遵循“‘请’字开路，‘谢谢’压阵，‘对不起’不离口”的规范原则。“请”字开路，能够充分表达对旅客的尊重；“谢谢”压阵则是通过表达动车组餐饮服务人员的感谢之情来获得旅客好感，增进双方的情感共鸣；“对不起”不离口，不是说动车组餐饮服务人员不断地出现工作失误而向客人道歉。“对不起”不是责任的划分和追究，只是动车组餐饮服务人员对旅客的一种感谢的表达。当因其他旅客的疏忽导致旅客的利益受到损失，或是由于列车晚点致使旅客不能按时到达目的地，或是由于列车、车站的设备设施不够人性化、设备设施的损害导致旅客意外受伤等情况发生时，餐饮服务人员都应当有主动承担责任的服务意识，应当立即向受到损失、伤害的旅客表示歉意。

2. 注意仪态与语言的配合

（1）与旅客交谈时，目光要注视对方的眼睛，以示尊敬。要注意听取对方的谈话，不可东张西望。

（2）与旅客交谈，切忌边走边讲或不断地看手表，手不要放到口袋里，或双臂抱在胸前，也不要扶着座椅靠背，或坐在扶手上。

（3）旅客提出的意见和要求，不要有厌烦的情绪和神色，更不能使用责备的口吻甚至粗鲁的语言。

（4）碰撞或干扰了旅客，应表示歉意，以取得对方的谅解，在旅客离开时还应择机再次道歉。

（5）在车站或列车上遇到旅客应主动打招呼并行礼问候，以表示欢迎。

（6）向旅客推荐商品样品时，应主动介绍名称，严格遵循样品发放原则：先左后右，先里后外，先宾后主，先女后男。

（7）旅客提出的要求，能做到的应尽量满足，不能做到时，应耐心解释，不能怠慢旅客。应允的事情一定要落实，不能言而无信。

（8）对挑剔的旅客要耐心、热情，避免与旅客发生口角和正面冲突；对恶意挑衅或举止不端的旅客，应镇静回避，必要时可报告乘警、列车长。

3. 应当避免的情形

与旅客交谈时，应当注意避免出现如下一些情形。

（1）食用大蒜、大葱和韭菜等有强烈刺激性气味的食品。

（2）在公共场所修指甲、挖鼻孔、剔牙齿、掏耳朵、伸懒腰，以及用手指人。

（3）随地吐痰，乱扔杂物。

（4）与旅客嬉笑玩闹，对旅客评头论足。

（5）与同事在公共区域大声喧哗、谈笑，聊与工作无关的事情。

（6）在旅客面前接打手机。在公共区域接打电话时，声音过大。

（7）咳嗽、打喷嚏、打哈欠时不掩面、不遮挡。

（8）不加说明地打断旅客的谈话，直接插话，甚至制止旅客讲话。

（三）服务禁忌用语

1. “不”

对旅客直接说“不”“不行”“不可以”，会让旅客感觉动车组餐饮服务人员过于强势，感觉自己被动车组餐饮服务人员和铁路行业所排斥。

2. “不知道”

遇到旅客询问，甚至多次追问时，动车组餐饮服务人员应当保持耐心。如果告诉旅客“不知道”，会让旅客感觉动车组餐饮服务人员不够专业或不尽职。

3. “这不是我的问题 / 责任”

面对旅客的质疑，动车组餐饮服务人员应当敢于面对、寻找对策、正确处理。每一位餐饮服务人员都应当怀有“我是铁路人，铁路是一家”的工作责任心，不应将责任一味地推卸给其他部门，而让旅客感到铁路行业冷漠待客。

4. “你不懂”

类似于“你不懂”“多管闲事”“已经告诉你了，怎么还不明白”等语言，具有明显的蔑视旅客的意味，是动车组餐饮服务人员待客工作的最大禁忌之一。旅客的服务体验和感受很大程度取决于其是否有“面子”，因此，给旅客留“面子”就是给旅客提供礼貌的服务。

5. “没见我正忙着吗？”

这句话会引起旅客的愤怒，甚至导致服务危机。

任务三　动车组餐饮服务技巧

知识目标

- 了解动车组餐饮营销语言技巧；
- 了解处理投诉的基本方法。

技能目标

- 能够运用餐饮营销语言技巧与处理投诉的方法为旅客服务。

相关知识

一、餐饮营销语言技巧

餐饮营销是餐饮服务工作的主要环节，营销语言的巧妙应用是动车组餐饮服务人员专业知识和服务技巧的集中体现。动车组餐饮服务人员在营销的时候要具备高度的责任心和耐心，以及对旅客的宽容心，在与旅客沟通时要主动热情，用语文明礼貌，尽量使用选择性、建议性语言，不强买强卖。

动车组餐饮服务人员推小推车到车厢进行宣传销售或为旅客进行订餐服务时，要说普通话，口齿清晰，音量适中（以旅客座位两排内能听清为宜），可根据实际情况编辑一些朗朗上口的宣传语言。

（1）可以根据现有经营品种编辑宣传用语：如："各类零食、饮料、小吃、点心、酒水供应，有需要的旅客吗？""午餐/晚餐供应……有需要的旅客吗？"等。

（2）可以根据现有品种名称编辑宣传用语：如"鸭脖、牛肉干，凤爪、花生，有旅客需要吗？""现供应红烧牛肉，宫保鸡丁……套餐，有需要的旅客吗？"注意一次不要喊过多的品种，语句不宜过长，以免旅客听不清楚。

（3）利用品牌效应编辑宣传用语：如"精武鸭脖，青岛啤酒，雀巢咖啡，有需要的旅客吗？"等。

旅客在餐车或者小推车上选购商品时，动车组餐饮服务人员要主动热情地为旅客服务。

（1）礼貌问候"您好，很高兴为您服务""您好，欢迎光临"等。

（2）征询旅客需要，如"您需要什么吗？""您需要喝点什么吗？""您需要零食还是饮料？""您需要用餐吗？""您需要订餐吗？""您大概什么时间用餐？"等。

（3）与旅客沟通帮助旅客做出选择，如"您爱吃甜食吗？""您平常能吃辣吗？""这个是低糖的，适合您吗？""这个是微辣的，需要来一份吗？""我们现在有××、××、……几种套餐，您喜欢哪一种呢？""您是喜欢吃牛肉还是鸡肉呢？"等。

（4）可适当通过语言诱发旅客的其他需要。如"您还需要什么吗？""您需要搭配什么饮料吗？""可以再来瓶啤酒，您需要吗？""您可以各来一个，味道都很好的""两种搭配一起吃，会有不一样的味道哦！""这个是我们地方特色食品，您可以带回去给亲人朋友品尝一下，需要多来一份吗？""您用餐时需要配汤吗？"等。

（5）在旅客犹豫不决的时候，可以适当地给旅客加点压力以促成销售，这个时候注意语气要亲切，态度要和蔼，一定要保持微笑。如"您需要的话就得抓紧了，车上存货已经不多了。""这个可是我们的明星产品，卖得最好了。""小推车上卖得只剩最后一个了，待会儿推回来可能就没有啦！"等。

（6）小推车上没有旅客需要的食品而餐车有时，可向旅客做好解释，如"不好意思，小推车上卖完了，您如果需要，我等会儿给您带过来"或"小推车上没有了，但是餐车还有，您可以去餐车选购，餐车在××号车厢。""您可以去餐车用餐，餐车现在有空位。"等。

（7）订送餐时旅客所点餐食需加热，或加热时间较长时，应主动解释，告知等待时间，如"不好意思，您点的餐需加热，你可能需要多等一会儿，可以吗？"如果旅客等不及，可主动推荐一些快捷食品，如"您如果等不及，可以先吃点其他食品，我们这里还有一些蛋糕点心"等。

作为一名销售人员，为了更好地为旅客介绍产品，必须先了解你的产品。对于列车上的商品，需要了解它们的一些基本信息，比如商品品牌、名称、规格、生产地、有效时间、基本味道等。在这个基础上也可以再了解一些商品的广告标语、趣味故事、营养成分、制作工艺等，在推销的时候可以更好地刺激旅客的购买欲望，以提高商品的销售量。如"这个精武鸭脖是武汉的特色小吃，味道很好的”“精武鸭脖可是全国有名的”“您可以放心吃，这个鸭脖辣口不辣心的，吃了不上火的（广告语）”“这款食品营养丰富着呢”“这个是低脂肪的，可以益气补血，降血脂”等。

在介绍餐食时要突出重点并有针对性，对特殊情况要做好事先说明。如“热链熟食无须加热，可即食；冷链餐食微波炉加热充分后方可食用；常温链餐食为真空包装罐头类食品，卫生安全，微波炉加热后食用更佳”等。

旅客选好商品后要跟旅客核实购买情况，准确无误后再结账，结账时要唱收唱付（提供订送服务时还要做好登记，登记内容：旅客所在车厢号，座位号，预订食品品种、数量、价钱，食用时间等），如“您买了××套餐 2 份，蛋花汤 2 份，矿泉水 1 瓶，合计××元”“收您××元，找您××元，您清点一下”“您好，您点的餐好了，麻烦您接一下，小心烫，谢谢您”“请您慢用”等。

二、动车组餐饮服务人员处理旅客投诉应采取的基本方法

动车组餐饮服务人员应维护旅客的合法权益，自觉接受旅客监督，虚心听取旅客意见，认真及时地处理旅客投诉，实行首问首诉负责制，让旅客满意。对非本职工作的投诉应及时转告列车长，接到关于餐饮工作的投诉要立即核实并向相关部门汇报。

1. 千万不要推卸责任

作为一名动车组餐饮服务人员，责任心就是你的信誉，也决定着你的业绩。优秀的动车组餐饮服务人员知道如何帮旅客解决困难，让他们感受到关心，不会因为事情重大就找借口推卸责任。当遇到旅客投诉时，推卸是最愚蠢的办法，因为不仅逃不掉责任，还会令旅客对你失望，更会影响到高速铁路的形象。

2. 道歉总是难免的

面对旅客的投诉，无论旅客为何抱怨，都是对铁路的一种不满。站在旅客的立场上去思考，将心比心，你才能够诚心诚意地向旅客表示理解和同情。对于所有旅客投诉的处理，无论已经被证实还是未被证实，不论责任在谁，都应先向旅客表示歉意，这才是最重要的。

3. 言语不触及个人

大多数时候，旅客只对产品有意见，而不是对你本人有意见。他们往往是因为觉得自己的利益受到了损害而大发脾气。如果你因此而大放厥词，只图一时痛快，造成的损失是预想不到的。合格的动车组餐饮服务人员会保持理智和冷静的心态，积极思考解决问题的办法，而不是与旅客争辩。

4. 巧妙对付“难缠”旅客

在列车员服务与销售产品的过程中，总会遇到一些“难缠”的旅客，而这些旅客往往是用一种分裂的、破坏性的手段来使别人注意自己的心理需求。在面对这些旅客的时候，给予对方尊严是基本交往原则，要明白自己的工作职责是解决问题，并以协商的口吻与对方进行交流，真切地征求对方的意见；放自己的真心在旅客的手心，锻炼自己的宽容之心和爱心；当旅客坚持其无理要求而自己确实无法应对时，可提交餐服长、列车长或其他相关人员来解决。

5. 用幽默缓和气氛

销售中的幽默是自信的表现，是能力的闪光，它反映着动车组餐饮服务人员的思想、能

力、气质与心境。特别是在面对旅客投诉时，利用幽默的特殊作用可以缓和与旅客之间的尴尬气氛，拉近与旅客之间的距离，给旅客留下良好的印象。

6. 巧妙避开双方的异议

当旅客提出异议时，动车组餐饮服务人员首先要耐心、积极地倾听；其次，利用肢体语言或口头语言表达出你在用心体会他的意见：再次，在领会了旅客的意思后，要探索性地反问，找到异议根源；最后，选择恰当的技巧和解决方案来解决。

7. 给旅客意外惊喜

旅客投诉通常都是希望能获得补偿，他们要求的其实不多，如果能在自己权限范围内，给予其一些意外的惊喜，通常会有“柳暗花明又一村”的感觉，会轻松消除旅客的抱怨与不满。

8. 分流你的坏情绪

无论是谁，都会有不开心的时候，这时，微笑实在是勉为其难的事情。优秀的动车组餐饮服务人员应该有效地管理自己的情绪，把烦恼留在工作之外。处理旅客投诉工作需要有好的心情，要把自己的坏情绪分解掉。分解和淡化烦恼与不快，时时刻刻保持一种轻松的情绪，把欢乐传递给旅客，是动车组餐饮服务人员需要学习、掌握的技术。

素质拓展

党的二十大报告指出：“深入实施人才强国战略。培养造就大批德才兼备的高素质人才，是国家和民族的长远发展大计。功以才成，业由才广。坚持党管人才原则，坚持尊重劳动、尊重知识、尊重人才、尊重创造，实施更加积极、更加开放、更加有效的人才政策，引导广大人才爱党报国、敬业奉献、服务人民。完善人才战略布局，坚持各方面人才一起抓，建设规模宏大、结构合理、素质优良的人才队伍。加快建设世界重要人才中心和创新高地，促进人才区域合理布局和协调发展，着力形成人才国际竞争的比较优势。加快建设国家战略人才力量，努力培养造就更多大师、战略科学家、一流科技领军人才和创新团队、青年科技人才、卓越工程师、大国工匠、高技能人才。加强人才国际交流，用好用活各类人才。深化人才发展体制机制改革，真心爱才、悉心育才、倾心引才、精心用才，求贤若渴，不拘一格，把各方面优秀人才集聚到党和人民事业中来。”

高速铁路动车组餐饮服务人员是新时代高技能人才的重要组成部分，高速铁路动车组餐饮服务工作关系到人民群众旅行过程中的基本需求和身体健康，是一个富含饮食、营养、健康、经营、管理、礼仪、公关等专业知识，对脑力和体力要求均很高的岗位，高速铁路动车组餐饮服务人员要提升自身素质，立足岗位成才。

复习思考题

1. 简述动车组餐饮服务人员的接待礼仪。
2. 简述动车组餐饮服务人员服务用语规范。
3. 简述动车组餐饮服务人员服务用语禁忌。
4. 简述动车组餐饮服务人员的仪态规范。

5. 简述动车组餐饮服务人员应该具备的素质要求。
6. 简述动车组餐饮服务人员应该具备的营销技巧。
7. 简述动车组餐饮服务人员处理旅客投诉的基本方法。

实训安排

实训项目：动车组餐饮服务礼仪

【实训目标】

（1）了解动车组餐饮服务礼仪的基本要求。

（2）掌握动车组餐饮服务人员的素质要求。

【实训内容与要求】

（1）以小组为单位。

（2）针对动车组餐饮服务人员的仪容、仪态要求进行实操。

【实训成果与检测】

召开动车组餐饮服务礼仪汇报展示会，由教师根据每位学员的仪容、仪态实操训练表现评估打分。

项目七

动车组餐饮服务新模式、新技术

思政目标

● 学习二十大关于技术创新的相关精神，体会通过餐饮服务技术创新提升旅客的满意度。

引导案例

新春走基层：高铁站里的外卖“跑叔”

2023年1月12日央视《朝闻天下》节目报道了中国铁路南昌局集团有限公司某站的“跑叔”——张捷。

春运期间，铁路部门不断优化客运服务，铁路12306平台新增多个高铁外卖订餐车站。中国铁路南昌局集团有限公司某站高铁外卖订单量日均200多单。59岁的张捷是该站客运值班员。春运中，他还干起了送外卖的活，每日行走近三万步，被大家亲切地称为“跑叔”。

随着春运的到来，高铁外卖订单数量激增，张捷和他的高铁外卖配送小团队每天要送出200单以上的外卖订单，配送餐食数量日均超过300份。

张捷所在车站结构设计特殊，行走路线较远，配送点到站台不是上天桥就是下地道。高铁停站时间短，最远站台往返配送一次订单需要15分钟。

为保证送餐质量，张捷跑的时候步子变小、频率提高、重心压低，这样就能跑得又快又稳，外卖中的汤汤水水也不容易洒。

为了让团队更好地安排送单时间，张捷还制作了高铁外卖配送时刻表。在准确掌握每一趟订单列车进站停靠信息的同时，还可以判断出最佳配送路线，提前到站台等候。

车站有合福高铁、沪昆高铁、沪昆铁路三个站场，每日停靠旅客列车将近400列，不少旅客要在车站中转换乘。遇到问路的旅客，张捷即使着急送单，也会抽空引导，提供帮助。

晚上7点15分，还有5分钟G1583次列车即将经停车站，“跑叔”早早就等在5站台，这是他今天要送的最后一份外卖。等车的时候，他向记者展示了他的微信步数，说道：“每天送餐都要走将近三万步，在朋友圈里经常排第一。”

到2023年春运，张捷参加工作已有43年，过了这个新年就60岁了，车站领导多次建议“跑叔”调到比较轻松的岗位，都被他回绝了。他说：“这些点餐的旅客大部分和我儿子差不多年龄，能让他们吃上一口热乎饭菜，我感觉挺开心的。”

任务一　动车组餐饮服务新模式

知识目标

- 了解动车组餐饮服务新模式。

技能目标

- 能够紧跟技术发展趋势，采用新模式完成餐饮服务工作。

相关知识

一、车上订餐新模式

传统的动车组车上订餐模式有两种：一种是移动售货车到各车厢流动售餐，另一种是旅客到动车组餐车吧台购买餐食。

随着网络技术（特别是移动互联网技术）、通信技术、大数据技术等科技领域的进步，产生了动车组车上网络订餐新模式。

动车组网络订餐发展时间轴如图 7－1 所示。

2017　**12306网络订餐正式上线**

7月：首批开通27个供餐站

2018　**特产预订业务上线**

1月：订餐截止下单时间由开车前2小时调整为开车前1小时，同时推出特产预订服务；

6月：新增11个供餐站，供餐站达到38个；

11月：铁路12306首次参加“双11”大促

2019　**日订单峰值突破30 000单**

5月：新增徐州东站、曲阜东站两个供餐站，供餐站达到40个；

12月：12306扫码点餐在兰州铁路局集团公司正式上线

2020　**普速车网络订餐服务正式上线**

6月：新增郑州站、金华站、上饶站3个供餐站，供餐站达到43个；

9月：普速车网络订餐服务正式上线；

10月：新增千岛湖站供餐站，供餐站达到44个，同期车站用餐服务上线试运行

2021　**累计开通51个供餐站**

1月：新增7个餐站，供餐站达到51个供餐站；

5月：首届“12306美食节”活动上线

图 7－1　动车组网络订餐发展时间轴

动车组网络订餐方法如下。

（1）登录铁路 12306 账号完成购票，进入“餐饮·特产”即可订餐，如图 7－2 所示。

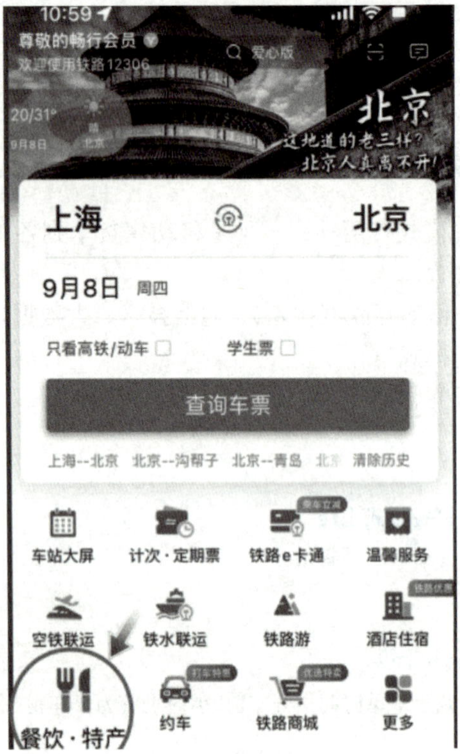

图 7-2　单击“餐饮·特产”

（2）自动显示所购车次标签，单击车次标签即可直达订购，如图 7-3 所示。

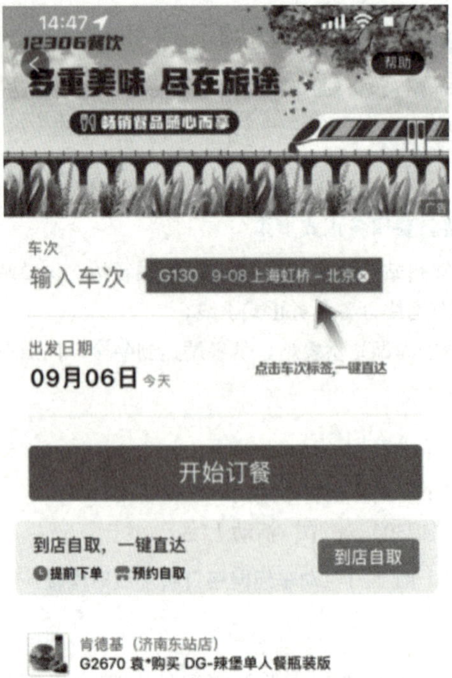

图 7-3　单击车次标签直达订购

（3）可使用多重标准综合排序和特色标签分类两种方式快速捕捉优质店家，沿途所经车站均可手动切换，如图 7－4 所示。

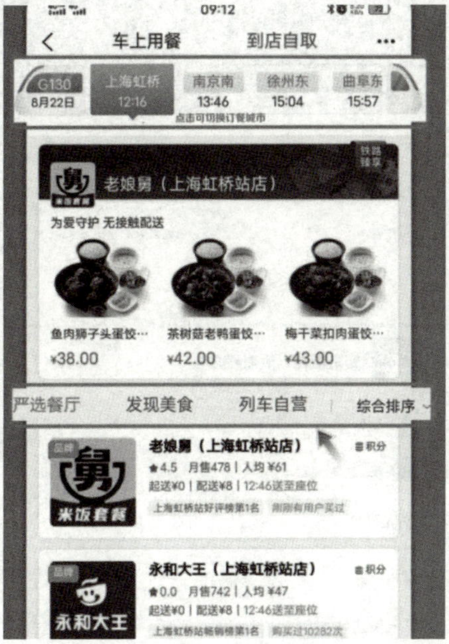

图 7－4　用餐设置

（4）单击“发现美食”，可以获取热销套餐和特色新品等信息，如图 7－5 所示。

图 7－5　在“发现美食”中获取热销套餐和特色新品等信息

（5）确认信息后，等待送餐到座，如图 7－6 所示。

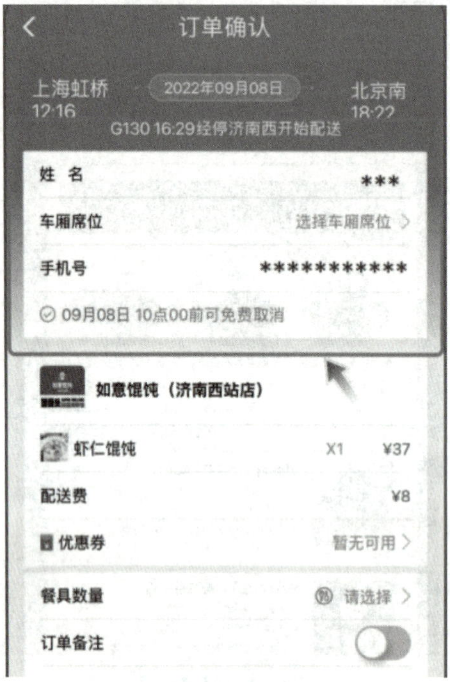

图 7－6　确认信息

除了铁路 12306 手机 App 外，使用微信小程序（见图 7－7）或扫描座位上的订餐二维码（见图 7－8），也可以订餐。

图 7－7　微信订餐小程序

图 7－8　座位上的订餐二维码

二、车站用餐新模式

继推出车上网络订餐服务，车站餐饮门店订餐新模式也已上线。旅客通过到店订餐模式，出发前可堂食补充体力，下车后可品味当地特色美食，一次旅途多重满足。

（1）登录铁路 12306 App 购票出行，选择出行日期及车次完成支付，即可单击车次便签直达订餐功能模块，同时无须购票也可提前下单预约自取，如图 7－9 所示。

（2）可以通过“严选餐厅”“优质店家”“发现美食”直接选购，可选出发站或到达站为订餐车站。可单击页面左上角任意切换车站购买当地特产，如图 7－10 所示。

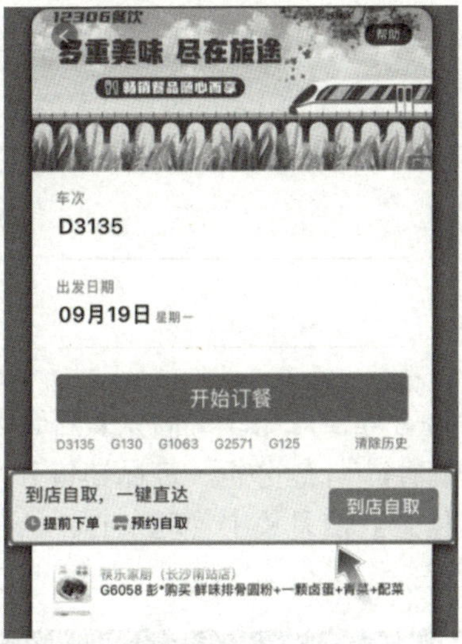

图 7－9　单击“到店自取”模块

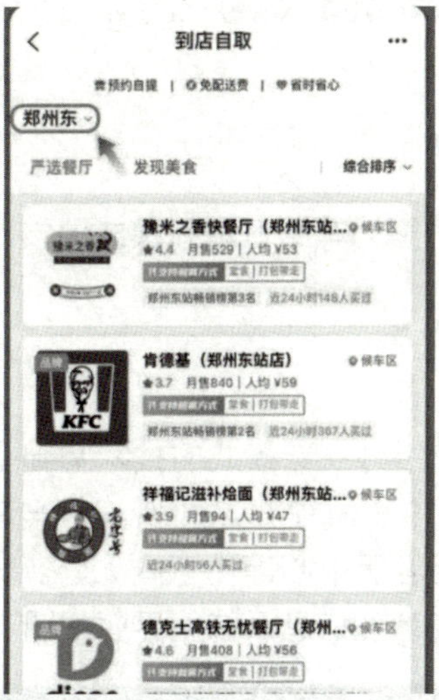

图 7－10　切换车站，购买当地特产

（3）进入店家即可选购、结算商品，如图 7－11 所示。

（4）订单确认，如图 7－12 所示。

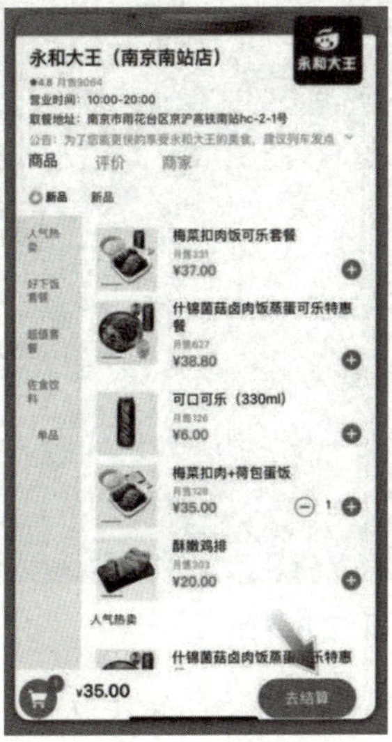

图 7－11　结算

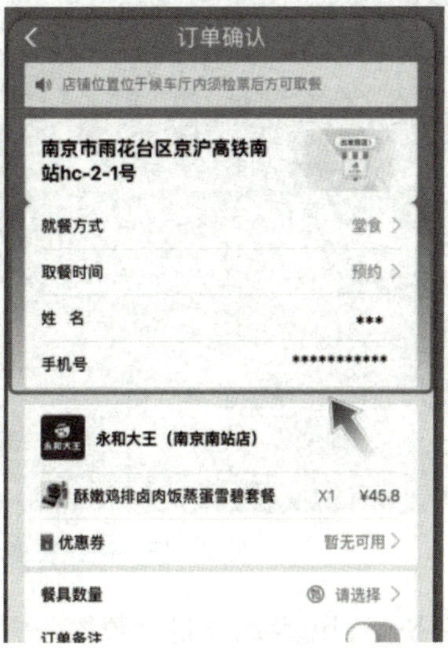

图 7－12　订单确认

任务二　动车组餐饮服务新技术

知识目标

- 了解动车组餐饮服务新技术。

技能目标

- 能够了解动车组订单新模式的技术基础。

相关知识

高铁动车组订餐新模式的技术基础是高铁餐售管理信息系统。高铁餐售管理信息系统集ERP管理、“多彩旅程”App管理、当面付管理、生产计划分析、商品销售分析、数据统计分析、互联网客服中心等于一体，是多功能现代化企业信息集中管理中心。

高铁餐售管理信息系统主界面如图7－13所示。

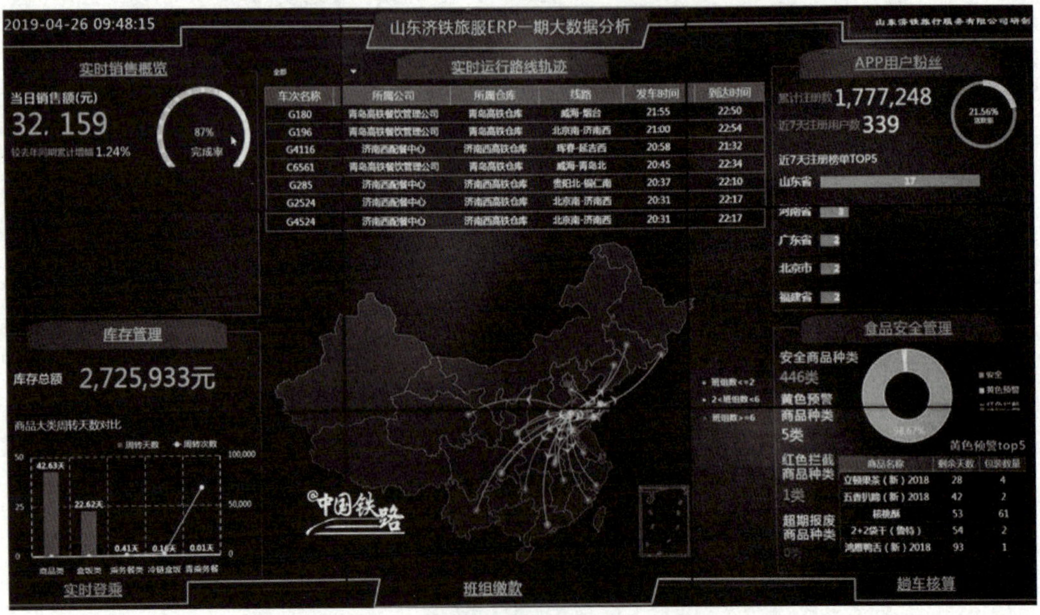

图7－13　高铁餐售管理信息系统主界面

高铁餐售系统可利用移动支付、数据分析、远程监控等渠道收集大数据，通过智能分析汇总，能够有效掌握旅客的口味、喜好等，便于及时调整餐品种类。高铁餐售管理信息系统餐食、商品实时管理界面如图 7－14 所示。

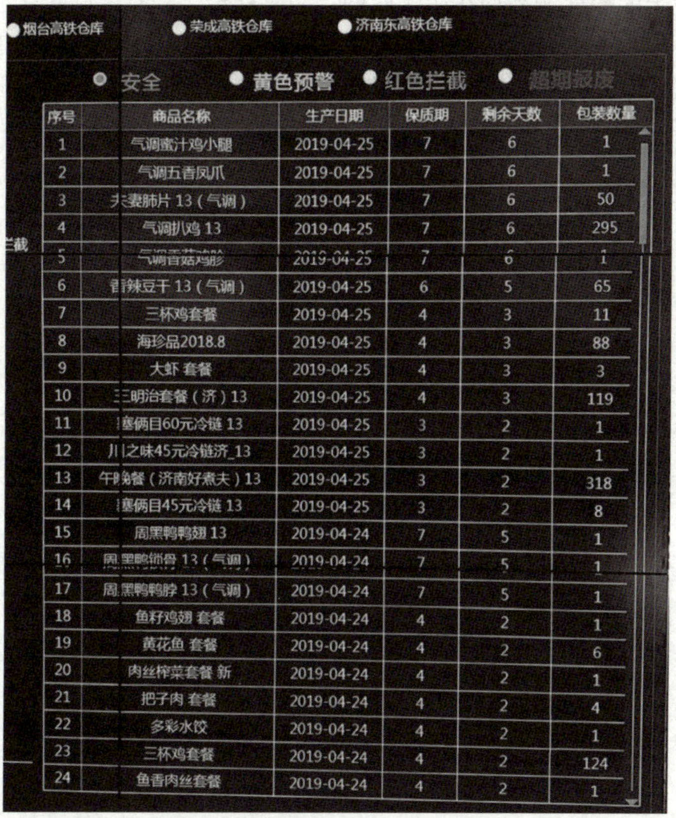

序号	商品名称	生产日期	保质期	剩余天数	包装数量
1	气调蜜汁鸡小腿	2019-04-25	7	6	1
2	气调五香凤爪	2019-04-25	7	6	1
3	夫妻肺片 13（气调）	2019-04-25	7	6	50
4	气调扒鸡 13	2019-04-25	7	6	295
5	气调香菇鸡胗	2019-04-25	7	6	1
6	香辣豆干 13（气调）	2019-04-25	6	5	65
7	三杯鸡套餐	2019-04-25	4	3	11
8	海珍品2018.8	2019-04-25	4	3	88
9	大虾 套餐	2019-04-25	4	3	3
10	三明治套餐（济）13	2019-04-25	4	3	119
11	塞俩目60元冷链 13	2019-04-25	3	2	1
12	川之味45元冷链济_13	2019-04-25	3	2	1
13	午晚餐（济南好煮夫）13	2019-04-25	3	2	318
14	塞俩目45元冷链 13	2019-04-25	3	2	8
15	周黑鸭鸭翅 13	2019-04-24	7	5	1
16	周黑鸭锁骨 13（气调）	2019-04-24	7	5	1
17	周黑鸭鸭脖 13（气调）	2019-04-24	7	5	1
18	鱼籽鸡翅 套餐	2019-04-24	4	2	1
19	黄花鱼 套餐	2019-04-24	4	2	6
20	肉丝榨菜套餐 新	2019-04-24	4	2	1
21	把子肉 套餐	2019-04-24	4	2	4
22	多彩水饺	2019-04-24	4	2	1
23	三杯鸡套餐	2019-04-24	4	2	124
24	鱼香肉丝套餐	2019-04-24	4	2	1

图 7－14　餐食、商品实时管理界面

素质拓展

引入“互联网+”，搭建向社会开放的高铁餐饮供应信息服务平台，将符合条件的餐饮产品在同一平台明码标价，供旅客自主选择。表面上看，这是国铁集团丰富高铁餐饮品种、方便旅客用餐的一项服务举措；实际上，充分显示出中国国家铁路集团有限公司坚持以人民为中心的发展思想，着力提升旅客旅行获得感的内涵深意。高铁餐饮的小小变化，彰显铁路部门以人为本的大情怀。

这种变化和情怀，首先体现在网上订餐的便捷性上。在这个差不多人人都用互联网、人人都会网上消费的时代，铁路部门顺应潮流，继实施网络购票之后，又推出了网上订餐服务，让智能化代替人工，让点餐、下单、支付全部实现自动。乘坐 G、D 字头动车组列车出行的旅客，只要动动手指，就可通过 12306 网站、12306 手机 App 方式实现网上订餐。这一举措，让铁路“互联网+”遍及车上车下，适应了社会发展需要，惠及更多人群。网上订餐的快速和便捷，也适应了现代人越来越快的生活节奏。

其次体现在网上订餐的多样性上。过去，人们在高铁动车上用餐，只有屈指可数的几样盒饭可选择。实施网上订餐后，铁路部门初期确定了 27 个主要省会级城市及部分计划单列市所在地主要高铁车站为供餐站。这些车站规模较大，供餐商家较多，旅客选择的餐食品种也较多，这些符合规定的餐饮产品均在 12306 网上明码标价，同时餐吧车供应的冷链盒饭也可进行网上预订。下一步，铁路部门还将随着铁路网络订餐、配送流程的完善，根据旅客需求逐步增加高铁供餐站数量。从以往单一的餐车、冷链盒饭供应到互联网多家供应，这个转变让旅客用餐更加多元多样。

附录A　网络餐饮服务食品安全监督管理办法

国家食品药品监督管理总局令

第36号

《网络餐饮服务食品安全监督管理办法》已于2017年9月5日经国家食品药品监督管理总局局务会议审议通过，现予公布，自2018年1月1日起施行。

局长：毕井泉

2017年11月6日

网络餐饮服务食品安全监督管理办法

第一条　为加强网络餐饮服务食品安全监督管理，规范网络餐饮服务经营行为，保证餐饮食品安全，保障公众身体健康，根据《中华人民共和国食品安全法》等法律法规，制定本办法。

第二条　在中华人民共和国境内，网络餐饮服务第三方平台提供者、通过第三方平台和自建网站提供餐饮服务的餐饮服务提供者（以下简称入网餐饮服务提供者），利用互联网提供餐饮服务及其监督管理，适用本办法。

第三条　国家食品药品监督管理总局负责指导全国网络餐饮服务食品安全监督管理工作，并组织开展网络餐饮服务食品安全监测。

县级以上地方食品药品监督管理部门负责本行政区域内网络餐饮服务食品安全监督管理工作。

第四条　入网餐饮服务提供者应当具有实体经营门店并依法取得食品经营许可证，并按照食品经营许可证载明的主体业态、经营项目从事经营活动，不得超范围经营。

第五条　网络餐饮服务第三方平台提供者应当在通信主管部门批准后30个工作日内，向所在地省级食品药品监督管理部门备案。自建网站餐饮服务提供者应当在通信主管部门备案后30个工作日内，向所在地县级食品药品监督管理部门备案。备案内容包括域名、IP地址、电信业务经营许可证或者备案号、企业名称、地址、法定代表人或者负责人姓名等。

网络餐饮服务第三方平台提供者设立从事网络餐饮服务分支机构的，应当在设立后30个工作日内，向所在地县级食品药品监督管理部门备案。备案内容包括分支机构名称、地址、法定代表人或者负责人姓名等。

食品药品监督管理部门应当及时向社会公开相关备案信息。

第六条 网络餐饮服务第三方平台提供者应当建立并执行入网餐饮服务提供者审查登记、食品安全违法行为制止及报告、严重违法行为平台服务停止、食品安全事故处置等制度，并在网络平台上公开相关制度。

第七条 网络餐饮服务第三方平台提供者应当设置专门的食品安全管理机构，配备专职食品安全管理人员，每年对食品安全管理人员进行培训和考核。培训和考核记录保存期限不得少于两年。经考核不具备食品安全管理能力的，不得上岗。

第八条 网络餐饮服务第三方平台提供者应当对入网餐饮服务提供者的食品经营许可证进行审查，登记入网餐饮服务提供者的名称、地址、法定代表人或者负责人及联系方式等信息，保证入网餐饮服务提供者食品经营许可证载明的经营场所等许可信息真实。

网络餐饮服务第三方平台提供者应当与入网餐饮服务提供者签订食品安全协议，明确食品安全责任。

第九条 网络餐饮服务第三方平台提供者和入网餐饮服务提供者应当在餐饮服务经营活动主页面公示餐饮服务提供者的食品经营许可证。食品经营许可等信息发生变更的，应当及时更新。

第十条 网络餐饮服务第三方平台提供者和入网餐饮服务提供者应当在网上公示餐饮服务提供者的名称、地址、量化分级信息，公示的信息应当真实。

第十一条 入网餐饮服务提供者应当在网上公示菜品名称和主要原料名称，公示的信息应当真实。

第十二条 网络餐饮服务第三方平台提供者提供食品容器、餐具和包装材料的，所提供的食品容器、餐具和包装材料应当无毒、清洁。

鼓励网络餐饮服务第三方平台提供者提供可降解的食品容器、餐具和包装材料。

第十三条 网络餐饮服务第三方平台提供者和入网餐饮服务提供者应当加强对送餐人员的食品安全培训和管理。委托送餐单位送餐的，送餐单位应当加强对送餐人员的食品安全培训和管理。培训记录保存期限不得少于两年。

第十四条 送餐人员应当保持个人卫生，使用安全、无害的配送容器，保持容器清洁，并定期进行清洗消毒。送餐人员应当核对配送食品，保证配送过程食品不受污染。

第十五条 网络餐饮服务第三方平台提供者和自建网站餐饮服务提供者应当履行记录义务，如实记录网络订餐的订单信息，包括食品的名称、下单时间、送餐人员、送达时间以及收货地址，信息保存时间不得少于 6 个月。

第十六条 网络餐饮服务第三方平台提供者应当对入网餐饮服务提供者的经营行为进行抽查和监测。

网络餐饮服务第三方平台提供者发现入网餐饮服务提供者存在违法行为的，应当及时制止并立即报告入网餐饮服务提供者所在地县级食品药品监督管理部门；发现严重违法行为的，应当立即停止提供网络交易平台服务。

第十七条 网络餐饮服务第三方平台提供者应当建立投诉举报处理制度，公开投诉举报方式，对涉及消费者食品安全的投诉举报及时进行处理。

第十八条 入网餐饮服务提供者加工制作餐饮食品应当符合下列要求：

（一）制定并实施原料控制要求，选择资质合法、保证原料质量安全的供货商，或者从原料生产基地、超市采购原料，做好食品原料索证索票和进货查验记录，不得采购不符合食品安全标准的食品及原料；

（二）在加工过程中应当检查待加工的食品及原料，发现有腐败变质、油脂酸败、霉变生虫、污秽不洁、混有异物、掺假掺杂或者感官性状异常的，不得加工使用；

（三）定期维护食品贮存、加工、清洗消毒等设施、设备，定期清洗和校验保温、冷藏和冷冻等设施、设备，保证设施、设备运转正常；

（四）在自己的加工操作区内加工食品，不得将订单委托其他食品经营者加工制作；

（五）网络销售的餐饮食品应当与实体店销售的餐饮食品质量安全保持一致。

第十九条　入网餐饮服务提供者应当使用无毒、清洁的食品容器、餐具和包装材料，并对餐饮食品进行包装，避免送餐人员直接接触食品，确保送餐过程中食品不受污染。

第二十条　入网餐饮服务提供者配送有保鲜、保温、冷藏或者冷冻等特殊要求食品的，应当采取能保证食品安全的保存、配送措施。

第二十一条　国家食品药品监督管理总局组织监测发现网络餐饮服务第三方平台提供者和入网餐饮服务提供者存在违法行为的，通知有关省级食品药品监督管理部门依法组织查处。

第二十二条　县级以上地方食品药品监督管理部门接到网络餐饮服务第三方平台提供者报告入网餐饮服务提供者存在违法行为的，应当及时依法查处。

第二十三条　县级以上地方食品药品监督管理部门应当加强对网络餐饮服务食品安全的监督检查，发现网络餐饮服务第三方平台提供者和入网餐饮服务提供者存在违法行为的，依法进行查处。

第二十四条　县级以上地方食品药品监督管理部门对网络餐饮服务交易活动的技术监测记录资料，可以依法作为认定相关事实的依据。

第二十五条　县级以上地方食品药品监督管理部门对于消费者投诉举报反映的线索，应当及时进行核查，被投诉举报人涉嫌违法的，依法进行查处。

第二十六条　县级以上地方食品药品监督管理部门查处的入网餐饮服务提供者有严重违法行为的，应当通知网络餐饮服务第三方平台提供者，要求其立即停止对入网餐饮服务提供者提供网络交易平台服务。

第二十七条　违反本办法第四条规定，入网餐饮服务提供者不具备实体经营门店，未依法取得食品经营许可证的，由县级以上地方食品药品监督管理部门依照食品安全法第一百二十二条的规定处罚。

第二十八条　违反本办法第五条规定，网络餐饮服务第三方平台提供者以及分支机构或者自建网站餐饮服务提供者未履行相应备案义务的，由县级以上地方食品药品监督管理部门责令改正，给予警告；拒不改正的，处 5 000 元以上 3 万元以下罚款。

第二十九条　违反本办法第六条规定，网络餐饮服务第三方平台提供者未按要求建立、执行并公开相关制度的，由县级以上地方食品药品监督管理部门责令改正，给予警告；拒不改正的，处 5 000 元以上 3 万元以下罚款。

第三十条　违反本办法第七条规定，网络餐饮服务第三方平台提供者未设置专门的食品安全管理机构，配备专职食品安全管理人员，或者未按要求对食品安全管理人员进行培训、考核并保存记录的，由县级以上地方食品药品监督管理部门责令改正，给予警告；拒不改正的，处 5 000 元以上 3 万元以下罚款。

第三十一条 违反本办法第八条第一款规定，网络餐饮服务第三方平台提供者未对入网餐饮服务提供者的食品经营许可证进行审查，未登记入网餐饮服务提供者的名称、地址、法定代表人或者负责人及联系方式等信息，或者入网餐饮服务提供者食品经营许可证载明的经营场所等许可信息不真实的，由县级以上地方食品药品监督管理部门依照食品安全法第一百三十一条的规定处罚。

违反本办法第八条第二款规定，网络餐饮服务第三方平台提供者未与入网餐饮服务提供者签订食品安全协议的，由县级以上地方食品药品监督管理部门责令改正，给予警告；拒不改正的，处 5 000 元以上 3 万元以下罚款。

第三十二条 违反本办法第九条、第十条、第十一条规定，网络餐饮服务第三方平台提供者和入网餐饮服务提供者未按要求进行信息公示和更新的，由县级以上地方食品药品监督管理部门责令改正，给予警告；拒不改正的，处 5 000 元以上 3 万元以下罚款。

第三十三条 违反本办法第十二条规定，网络餐饮服务第三方平台提供者提供的食品配送容器、餐具和包装材料不符合规定的，由县级以上地方食品药品监督管理部门按照食品安全法第一百三十二条的规定处罚。

第三十四条 违反本办法第十三条规定，网络餐饮服务第三方平台提供者和入网餐饮服务提供者未对送餐人员进行食品安全培训和管理，或者送餐单位未对送餐人员进行食品安全培训和管理，或者未按要求保存培训记录的，由县级以上地方食品药品监督管理部门责令改正，给予警告；拒不改正的，处 5 000 元以上 3 万元以下罚款。

第三十五条 违反本办法第十四条规定，送餐人员未履行使用安全、无害的配送容器等义务的，由县级以上地方食品药品监督管理部门对送餐人员所在单位按照食品安全法第一百三十二条的规定处罚。

第三十六条 违反本办法第十五条规定，网络餐饮服务第三方平台提供者和自建网站餐饮服务提供者未按要求记录、保存网络订餐信息的，由县级以上地方食品药品监督管理部门责令改正，给予警告；拒不改正的，处 5 000 元以上 3 万元以下罚款。

第三十七条 违反本办法第十六条第一款规定，网络餐饮服务第三方平台提供者未对入网餐饮服务提供者的经营行为进行抽查和监测的，由县级以上地方食品药品监督管理部门责令改正，给予警告；拒不改正的，处 5 000 元以上 3 万元以下罚款。

违反本办法第十六条第二款规定，网络餐饮服务第三方平台提供者发现入网餐饮服务提供者存在违法行为，未及时制止并立即报告入网餐饮服务提供者所在地县级食品药品监督管理部门的，或者发现入网餐饮服务提供者存在严重违法行为，未立即停止提供网络交易平台服务的，由县级以上地方食品药品监督管理部门依照食品安全法第一百三十一条的规定处罚。

第三十八条 违反本办法第十七条规定，网络餐饮服务第三方平台提供者未按要求建立消费者投诉举报处理制度，公开投诉举报方式，或者未对涉及消费者食品安全的投诉举报及时进行处理的，由县级以上地方食品药品监督管理部门责令改正，给予警告；拒不改正的，处 5 000 元以上 3 万元以下罚款。

第三十九条 违反本办法第十八条第（一）项规定，入网餐饮服务提供者未履行制定实施原料控制要求等义务的，由县级以上地方食品药品监督管理部门依照食品安全法第一百二十六条第一款的规定处罚。

违反本办法第十八条第（二）项规定，入网餐饮服务提供者使用腐败变质、油脂酸败、霉变生虫、污秽不洁、混有异物、掺假掺杂或者感官性状异常等原料加工食品的，由县级以上地方食品药品监督管理部门依照食品安全法第一百二十四条第一款的规定处罚。

违反本办法第十八条第（三）项规定，入网餐饮服务提供者未定期维护食品贮存、加工、清洗消毒等设施、设备，或者未定期清洗和校验保温、冷藏和冷冻等设施、设备的，由县级以上地方食品药品监督管理部门依照食品安全法第一百二十六条第一款的规定处罚。

违反本办法第十八条第（四）项、第（五）项规定，入网餐饮服务提供者将订单委托其他食品经营者加工制作，或者网络销售的餐饮食品未与实体店销售的餐饮食品质量安全保持一致的，由县级以上地方食品药品监督管理部门责令改正，给予警告；拒不改正的，处 5 000 元以上 3 万元以下罚款。

第四十条　违反本办法第十九条规定，入网餐饮服务提供者未履行相应的包装义务的，由县级以上地方食品药品监督管理部门责令改正，给予警告；拒不改正的，处 5 000 元以上 3 万元以下罚款。

第四十一条　违反本办法第二十条规定，入网餐饮服务提供者配送有保鲜、保温、冷藏或者冷冻等特殊要求食品，未采取能保证食品安全的保存、配送措施的，由县级以上地方食品药品监督管理部门依照食品安全法第一百三十二条的规定处罚。

第四十二条　县级以上地方食品药品监督管理部门应当自对网络餐饮服务第三方平台提供者和入网餐饮服务提供者违法行为作出处罚决定之日起 20 个工作日内在网上公开行政处罚决定书。

第四十三条　省、自治区、直辖市的地方性法规和政府规章对小餐饮网络经营作出规定的，按照其规定执行。

本办法对网络餐饮服务食品安全违法行为的查处未作规定的，按照《网络食品安全违法行为查处办法》执行。

第四十四条　网络餐饮服务第三方平台提供者和入网餐饮服务提供者违反食品安全法规定，构成犯罪的，依法追究刑事责任。

第四十五条　餐饮服务连锁公司总部建立网站为其门店提供网络交易服务的，参照本办法关于网络餐饮服务第三方平台提供者的规定执行。

第四十六条　本办法自 2018 年 1 月 1 日起施行。

参 考 文 献

［1］刘颖异，隋东旭. 高速铁路动车组餐饮服务与管理. 北京：北京交通大学出版社，2018.
［2］李丹. 高速铁路动车餐饮服务. 成都：西南交通大学出版社，2016.